ゲッターズ飯田の五星三心占い

タイプと命数の調べ方

あなたのタイプをチェック!

タイプはサイトから…

https://www.as…24/

五星三心占いとは?

ゲッター…、占いの勉強…プがあり、羅針盤座…座、カメレオン座、イルカ座と、…つけています。それぞれに「金」「銀」か…っている欲望をかけ合わせた、全120タイプで細…を分析し、運命を読み解きます。

三心

羅針盤座　インディアン座　鳳凰座　時計座　カメレオン座　イルカ座

金　銀　金　銀　金　銀　金　銀　金　銀　金　銀

12タイプ

×

10種類

五星

自我欲　食欲・性欲　金欲・財欲　権力・支配欲　創作欲

陽　陰　陽　陰　陽　陰　陽　陰　陽　陰

かけ合わせて全120!!

STEP 3 あなたのタイプはこちら!

STEP 1 で調べた【命数】から、あなたのタイプがわかります。

命数 **1〜10** 羅針盤座

命数 **11〜20** インディアン座

命数 **21〜30** 鳳凰座

命数 **31〜40** 時計座

命数 **41〜50** カメレオン座

命数 **51〜60** イルカ座

おさらいしよう!

例 **1992年5月8日生まれの人の場合**

1 命数表で、生まれた月と日の交わるマスにある数字 → 「25」
2 命数表の西暦年の上にあるのは「金」or「銀」 → 「金」
3 上の図で命数が「25」のタイプは? → 「鳳凰座」
4 あなたは【命数25の金の鳳凰座】です。

P.173〜の「命数別」ページでは、【命数】ごとにさらに詳細な性質や2024年の運勢が占えます。

STEP 2 「金」と「銀」がありますが あなたはどっち？

「金」or「銀」の調べ方

あなたの生まれた西暦は
偶数年ですか？ 奇数年ですか？

ここをチェック

金

1992

日＼月	1	2	3	4	5	6
1	18	43	19	49	14	49
2	17	42	20	48	11	50
3	16	41	17	47	12	47
4	15	49	18	46	19	48
5	14	50	15	45	20	45
6	13	47	16	44	17	46
7	12	48	13	43	18	53
8	11	55	14	52	25	54
9	30	56	21	51	26	51
10	29	53	22	60	23	52
11	28	54	29	59	24	59
12	27	59	30	58	21	60
13	26	60	27	57	24	57
14	25	57	28	54	21	58
15	24	58	25	53	22	55
16	21	55	25	52	29	57

偶数年生まれなら >>> 金

たとえば… 1962、1974、1986、1998、2000…など

奇数年生まれなら >>> 銀

たとえば… 1963、1975、1987、1999、2001…など

ATTENTION!

あなたが「金」か「銀」かは、
生まれた年（西暦）が偶数か奇数かで決まります。
【命数】が偶数か奇数かではありません。

※偶数は２で割り切れる数、奇数は２で割り切れない数のことです。

STEP 1 あなたの【命数】は?

五星三心占いでは、生年月日ごとに【命数】と呼ばれる数字が
割り当てられています。

命数の調べ方

1 P.18からの「命数表」で
「生まれた年」を探す。

2 横軸で「生まれた月」を探す。

3 縦軸で「生まれた日」を探す。

4 2と3が交差したマスにある数字が、
あなたの【命数】です。

※命数表の【命数】に、さらに別の数字を足したりかけたりする必要はありません。

例 1992年5月8日生まれの場合

1 生まれた年
2 生まれた月
3 生まれた日
4 この人の
【命数】は
「25」です

金
1992

日＼月	1	2	3	4	5	6	7
1	18	43	19	49	14	49	20
2	17	42	20	48	11	50	19
3	16	41	17	47	12	47	18
4	15	49	18	46	19	48	17
5	14	50	15	45	20	45	16
6	13	47	16	44	17	46	16
7	12	48	13	43	18	53	24
8	11	55	14	52	25	54	23
9	30	56	21	51	26	51	22
10	29	53	22	60	23	52	21
11	28	54	29	59	24	59	30
12	27	59	30	58	21	60	29
13	26	60	27	57	24	57	28
14	25	57	28	54	21	58	27
15	24	58	25	53	22	55	26
16	21	55	25	52	29	57	25
17	30	56	24	58	30	6	32

命数表の月と日が交わる箇所の数字が【命数】です。
1992年5月8日生まれの人は「**25**」になります。

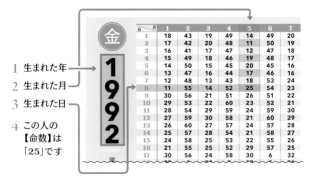

3年間の苦労が
終わり
動き出す年。

恋はすぐにははじまらない

慎重に
なりすぎない

人間関係が変わってくる

新メンバー

周囲も自分も
動き出す

重荷は下ろす

変化を
恐れない

GOLD CHAMAELEON

金のカメレオン座

新しい道に進む

慣れない
環境

2024年のキーワード

目の
疲れに
注意

とりあえず
やってみる

視野を広げる

年齢に見合ったおしゃれを

情報をたくさん集める

学び直し

新たな友人が
できるチャンス

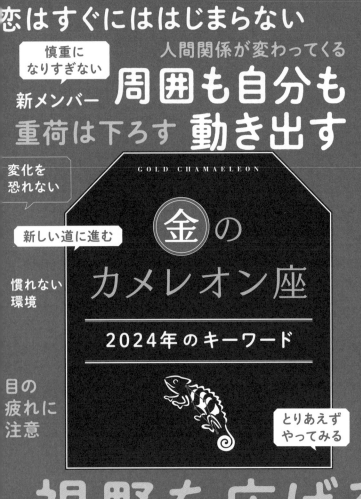

環境が変わる

部署異動
新たな仕事を任される

好奇心がカギ

計画通りに
進まないことを楽しむ

失敗がマイナスに
ならない年

年末に人脈や方向性が
変わる

気になった習い事は
はじめてみる

チャレンジを
繰り返す

希望の光が
見えてくる

買い替えで出費が増える

「新しい」に敏感に

新しい美容サロン

失敗にヒントが

転職、独立、起業に
いいタイミング

資格取得の勉強スタート

「はじめまして」が増える

固定観念を捨てる

再スタート

CONTENTS

＼｜／
ときどき見返そう

第2部

金のカメレオン座が さらに運気を上げるために

この本を手にしたあなたへ

『ゲッターズ飯田の五星三心占い2024』をご購入いただき、ありがとうございます。占いは「当たった、外れた」と一喜一憂したり、「やみくもに信じるもの」ではなく、人生をよりよくするための道具のひとつ。いい結果なら当てにいき、悪い内容なら外れるよう努力することが重要です。この本を「読んでおしまい」にせず、読んで使って心の支えとし、「**人生の地図**」としてご活用いただけたら幸いです。

2024年は「金・銀の鳳凰座」「金のインディアン座」「金の羅針盤座」の運気がよく、**個の力が強くなるような流れ**になります。個人の力を育て、しっかり根を張り芽を伸ばす大切な年。また2024年は辰年で、辰は目に見えない龍ですから、どれだけ水面下で頑張り、努力しておくかが重要になります。結果をすぐに出そうと焦らず、じっくりゆっくり力をつける1年を目指してみるといいでしょう。

この本の特長は、**2024年の開運３か条**（P.74）、**毎月の開運３か条**（P.96～）、**命数別の開運アクション**（P.175～）です。これらをできるだけ守って過ごせば開運できるようになっているので、何度も読み返してください。**運気グラフ**（P.72、94）を見ておくことも大事。大まかな運気の流れがわかると、計画を立てやすくなるでしょう。

また、「占いを使いこなす」には、他人を占い、それに応じた行動をしてこそ。2024年の人間関係をよくするためにも、**ほかのタイプや気になる人の命数ページ**も読んでみるといいでしょう。

2024年の目標を立てる、他人のことを知る、話のネタにする……。自分も周りも笑顔にするために、この本をたくさん使ってください。

金のカメレオン座が

2024年をよりよく過ごすために

「金のカメレオン座」の2024年は、「チャレンジの年1年目」。環境や気持ちの変化がはじまり、本来のあなたらしい考えや進むべき道が見えてくるでしょう。

2024年をよりよく迎えるために、2023年の下半期のうちに、身軽になっておくことが大切です。新たな目標が見つかって前に進もうというときに、重荷を背負っていてはいいスタートダッシュが切れません。自分の向き不向きを冷静に考え、不要だと思うことから離れる決断をすることが重要です。

とくに人間関係はしっかり整理し、ときには永遠の別れも必要なことを覚悟しておくように。人を不幸にする原因のひとつは執着です。手放す勇気をもちましょう。また、体調に不安がある場合は、治療や生活習慣の見直しをして2024年を迎えるようにしてください。

2024年は、失敗も挫折もいい経験になり成長につながるため、「新しい」と思うことにドンドン挑戦を。慎重になると流れに乗り遅れてしまいます。「悩んだらGO」くらいの気持ちでいるといいでしょう。

ゲッターズ飯田

12タイプ別

2024年の相関図

銀のインディアン座
マイペースな
中学生タイプ
新しいことを
楽しむ遊び仲間
近くにいるとお得
金の鳳《ほう》凰《おう》座
忍耐強い情熱家
金のイルカ座
負けず嫌いな
頑張り屋
一緒にいると発見がある
金のカメレオン座
学習能力が高く
現実的
背中を押してくれる
銀のイルカ座
遊び好きで華やか
映し鏡のようで
イライラするかも
金のカメレオン座
（あなたと同じタイプの人）

あなたを中心とした、2024年の全タイプとの関係を図にしました。
人間関係や付き合い方の参考にしてみてください。

自分にない価値観がいい刺激に → **金のインディアン座**

好奇心旺盛で
楽観的

出遅れて見える → **銀のカメレオン座**

冷静沈着で器用

価値観の違いを感じる → **金の時計《とけい》座**

平等で人にやさしい

前向きな話が大切な者同士 → **銀の鳳凰《ほうおう》座**

意志を貫く信念の塊

互いに学べることがある → **銀の時計《とけい》座**

思いやりがあり
人脈が広い

テンポが合わない → **銀の羅針盤《らしんばん》座**

気品があり真面目

成長に必要な相手 → **金の羅針盤《らしんばん》座**

正義感が強く
礼儀正しい

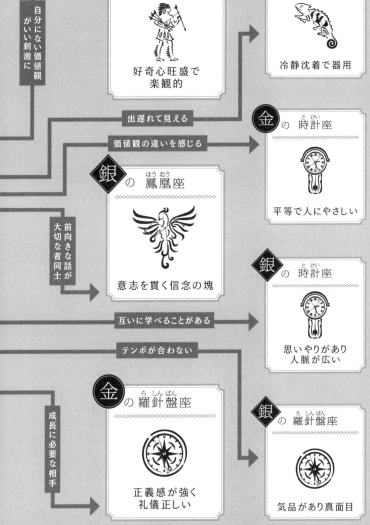

運気記号の説明

本書に出てくる「運気の記号」を解説します。

運気グラフ

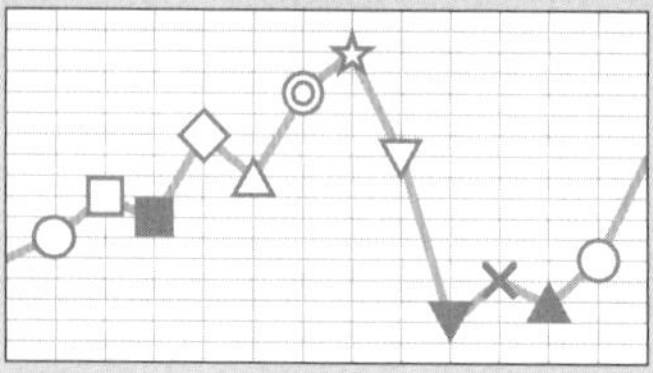

ATTENTION

運気のレベルは、タイプやその年によって変わります。

運気カレンダー

10（水）	◎	自信をもって仕事に取り組むことが大切 は堂々としておくことでいい結果につな みるとうまくいきそうです。
11（木）	☆	これまでの積み重ねがいいかたちになっ 役立つことがありそう。自分のことだけ 謝されたり、いつかあなたが困ったとき
12（金）	▽	順調に物事が進む日ですが、終業間際 で慌ただしくなったり、残業することがあ や部下の動きをチェックしておきましょう
13（土）	▼	うっかり約束を忘れてしまったり、操作 思った以上に油断しがちなので、気をつ
14（日）	×	手先が不器用なことを忘れて細かい作 りそう。得意な人にお願いして助けても 切ったり、ドアに指をはさんで痛い思い

チャレンジ○

チャレンジの月

新しい環境に身をおくことや変化が多くなる月。不慣れなことも増えて苦労を感じる場合も多いですが、自分を鍛える時期だと受け止め、至らない部分を強化するように努めましょう。新しい出会いも増えて、長い付き合いになったり、いい経験ができたりしそうです。

チャレンジの日

新しいことへの積極的な挑戦が大事な日。ここでの失敗からは学べることがあるので、まずはチャレンジすることが重要です。新しい出会いも増えるので、知り合いや友人の集まりに参加したり、自ら人を集めたりすると運気が上がるでしょう。

開運アクション

- 「新しいこと」に注目する
- 「未体験」に挑む
- 迷ったら行動する
- 遠慮しない
- 経験と人脈を広げる
- 失敗を恐れない

健康管理□

健康管理の月

求められることが増え、疲れがドンドンたまってしまう月。公私ともに予定がいっぱいになるので、計画をしっかり立てて健康的な生活リズムを心がける必要があるでしょう。とくに、下旬から体調を崩してしまうことがあるので、無理はしないように。

健康管理の日

計画的な行動が大事な日。予定にないことをすると夕方以降に体調を崩してしまうことがあるでしょう。日中は、何事にも積極的に取り組むことが重要ですが、慎重に細部までこだわりましょう。挨拶や礼儀などをしっかりしておくことも大切に。

開運アクション

- この先の目標を立てる
- 計画をしっかり立てる
- 軌道修正する
- 向き不向きを見極める
- 健康的な生活リズムをつくる
- 自分磨きをする

リフレッシュ■	リフレッシュの月	体力的な無理は避けたほうがいい月。「しっかり仕事をしてしっかり休む」ことが大事です。限界を感じる前に休み、スパやマッサージなどで心身を癒やしましょう。下旬になるとチャンスに恵まれるので、体調を万全にしておき、いい流れに乗りましょう。	開運アクション ◆無理しない ◆頑張りすぎない ◆しっかり休む ◆生活習慣を整える ◆心身ともにケアする ◆不調を放っておかない
	リフレッシュの日	心身ともに無理は避け、リフレッシュを心がけることで運気の流れがよくなる日。とくに日中は疲れやすくなるため、体を休ませる時間をしっかりとり、集中力の低下や仕事の効率の悪化を避けるようにしましょう。夜にはうれしい誘いがありそう。	
解放◇	解放の月	良くも悪くも目立つ機会が増え、気持ちが楽になる出来事がある月。運気が微妙なときに決断したことから離れたり、相性が悪い人との縁が切れたりすることもあるでしょう。この時期は積極性が大事で、遠慮していると運気の流れも引いてしまいます。	開運アクション ◆自分らしさを出す ◆積極的に人と関わる ◆積極的に自分をアピールする ◆勇気を出して行動する ◆執着しない ◆思い切って判断する
	解放の日	面倒なことやプレッシャーから解放される日。相性が悪い人と縁が切れて気持ちが楽になったり、あなたの魅力が輝いて、才能や努力が注目されたりすることがあるでしょう。恋愛面では答えが出る日。夜のデートはうまくいく可能性が高いでしょう。	
準備△	準備の月	準備や情報の不足、確認ミスなどを自分でも実感してしまう月。事前の準備やスケジュールの確認を忘れずに。ただ、この月は「しっかり仕事をして計画的に遊ぶ」ことも大切。また、「遊び心をもつ」と運気がよくなるでしょう。	開運アクション ◆事前準備と確認を怠らない ◆うっかりミスに注意 ◆最後まで気を抜かない ◆浮ついた気持ちに注意 ◆遊び心を大切にする ◆遊ぶときは全力で
	準備の日	何事にも準備と確認作業をしっかりすることが大事な日。うっかりミスが多いので、1日の予定を確認しましょう。この日は遊び心も大切なので、自分も周囲も楽しませて、なんでもゲーム感覚で楽しんでみると魅力が輝くこともあるでしょう。	

幸運◎	幸運の月	努力を続けてきたことがいいかたちとなって表れる月。遠慮せずにアピールし、実力を全力で出し切るといい流れに乗れるでしょう。また、頑張りを見ていた人から協力を得られることもあり、チャンスに恵まれる可能性も高くなります。	開運アクション ◆過去の人やものとのつながりを大切にする ◆新しい人やものより、なじみのある人やものを選ぶ ◆諦め切れないことに再挑戦する ◆素直に評価を受け入れる ◆決断をする ◆スタートを切る
	幸運の日	秘めていた力を発揮することができる日。勇気を出した行動でこれまで頑張ってきたことが評価され、幸運をつかめるでしょう。恋愛面では相性がいい人と結ばれたり、すでに知り合っている人と縁が強くなったりするので、好意を伝えるといい関係に進みそう。	
開運☆	開運の月	運気のよさを感じられて、能力や魅力を評価される月。今後のことを考えた決断をするにも最適です。運命的な出会いがある可能性も高いので、人との出会いを大切にしましょう。幸運を感じられない場合は、環境を変えてみるのがオススメです。	開運アクション ◆夢を叶えるための行動を起こす ◆自分の意見や感覚を大事にする ◆自分から積極的に人に関わっていく ◆大きな決断をする ◆やりたいことのスタートを切る ◆自らチャンスをつかみにいく
	開運の日	運を味方にできる最高の日。積極的に行動することで自分の思い通りに物事が運びます。告白、プロポーズ、結婚、決断、覚悟、買い物、引っ越し、契約などをするには最適なタイミング。ここで決めたら簡単に変えないことが大事です。	
ブレーキ▽	ブレーキの月	中旬までは積極的に行動し、前月にやり残したことを終えておくといい月。契約などの決断は中旬までに。それ以降に延長される場合は縁がないと思って見切りをつけるといいでしょう。中旬以降は、現状を守るための判断が必要となります。	開運アクション ◆朝早くから活動する ◆やるべきことがあるなら明るいうちに済ます ◆昨日やり残したことを日中に終わらせる ◆夕方以降はゆったりと過ごす ◆夜は活動的にならない
	ブレーキの日	日中は積極的に行動することでいい結果に結びつきますが、夕方あたりから判断ミスをするなど「裏の時期」の影響がジワジワ出てくる日。大事なことは早めに終わらせて、夜はゆっくり音楽を聴いたり、本を読んでのんびりするといいでしょう。	

開運☆・幸運◎の活かし方

いい運気を味方につけてスタートを切ることが大事

運気のいい年、月、日には、「何かいいことがあるかも」と期待してしまいますが、**「これまでの積み重ねに結果が出るとき」**です。努力したご褒美として「いいこと」が起きるので、逆に言えば、積み重ねがなければ何も起きず、悪いことを積み重ねてしまったら、悪い結果が出てしまいます。また、**「決断とスタートのとき」**でもあります。運気のいいときの決断やスタートには運が味方してくれ、タイミングを合わせれば力を発揮しやすくもなります。

「自分を信じて、決断し、行動する」。この繰り返しが人生ですが、見えない流れを味方につけると、よりうまくいきやすくなります。このいい流れのサイクルに入るには、「いい運気のときに行動する」。これを繰り返してみてください。

大切なのは、行動すること。いくら運気がよくても、行動しなければ何も起きません。運気のいい年、月、日に**タイミングを合わせて動いてみて**ください。

※運気により「☆、◎の月日」がない年もあります。その場合は「◇、○の月日」に行動してみてください。

2024年 金のカメレオン座 運気のいい時期（開運、幸運など）に心がけたい10のこと

1. 本当の勝利を得るのは、積み重ねた人だけだと知る
2. 「この先にきっといいことがある」と思って進む
3. 考えるだけで終わらせない。言葉にし、行動する
4. 自分に秘められている、まだ見ぬ能力を探してみる
5. 感動することや驚くことを探す
6. 深刻に考えず、「なんとかなるさ」と楽観的に考える
7. 不慣れを楽しむ
8. ちょっとくらい自信がなくても、まずは動いてみる
9. 新しい趣味を見つける
10. 古い考えに凝り固まらないよう意識する

乱気▼	乱気の月	「五星三心占い」でもっとも注意が必要な月。人間関係や心の乱れ、判断ミスが起きやすく、現状を変える決断は避けるべきです。ここでの決断は、幸運、開運の時期にいい結果に結びつかなくなる可能性があります。新しい出会いはとくに注意。運命を狂わせる相手の場合も。	**開運アクション** ◆現状を受け入れる ◆問題は100%自分の責任だと思う ◆マイナス面よりもプラス面を探す ◆何事もいい経験だと思う ◆周囲からのアドバイスにもっと素直になる ◆自分中心に考えない ◆流れに身を任せてみる ◆何事もポジティブ変換してみる ◆自分も他人も許す ◆感謝できることをできるだけ見つける
	乱気の日	「五星三心占い」でもっとも注意が必要な日。判断ミスをしやすいので、新たな挑戦や大きな決断は避けることが大事。今日の出来事は何事も勉強だと受け止め、不運に感じることは「このくらいで済んでよかった」と考えましょう。	
裏運気✕	裏運気の月	裏目に出ることが多い月。体調を崩したり、いまの生活を変えたくなったりします。自分の裏側の才能が出る時期でもあり、これまでと違う興味や関係をもつことも。不慣れや苦手なことを知る経験はいい勉強になるので、しっかり受け止め、自分に課題が出たと思うようにしましょう。	
	裏運気の日	自分の裏の才能や個性が出る日。「運が悪い」のではなく、ふだん鍛えられない部分を強化する日で、自分でも気づかなかった能力に目覚めることもあります。何をすれば自分を大きく成長させられるのかを考えて行動するといいでしょう。	
整理▲	整理の月	裏運気から表の運気に戻ってくる月。本来の自分らしくなることで、不要なものが目について片付けたくなります。ドンドン捨てると運気の流れがよくなるでしょう。下旬になると出会いが増え、物事を前向きにとらえられるようになります。	**開運アクション** ◆不要なものを手放す ◆身の回りの掃除をする ◆人間関係を見直す ◆去る者を追わない ◆物事に区切りをつける ◆執着をなくす
	整理の日	裏運気から本来の自分である表の運気に戻る日。日中は運気が乱れやすく判断ミスが多いため、身の回りの整理整頓や掃除をしっかりすることが大事。行動的になるのは夕方以降がいいでしょう。恋愛面では失恋しやすいですが、覚悟を決めるきっかけもありそうです。	

＝ 運気の影響がない日……良くも悪くも運気に左右されない日

乱気▼・裏運気✕の乗りこなし方

「裏の欲望」がわかり「裏の自分」に会える

「五星三心占い」では、12年のうちの2年、12か月のうちの2か月、12日のうちの2日を、大きなくくりとして**「裏の時期（乱気+裏運気）」**と呼び、**「裏の欲望（才能）が出てくる時期」**と考えます。人は誰しも欲望をもっていますが、ほしいと思う「欲望の種類」が違うため、「うれしい、楽しい」と感じる対象や度合いは人により異なります。同じ欲望ばかり体験していても、いずれ飽きてしまい、違うものを求めたくなります。そのタイミングが「裏の時期」です。

「裏の時期」には「裏の自分」が出てきます。たとえば、人と一緒にいるのが好きなタイプはひとりの時間が増え、ひとりが心地いい人は、大勢と絡まなくてはならない状況になる。恋愛でも、好みではない人が気になってくる……。本来の「自分らしさ」とは逆のことが起こるので、「慣れなくてつらい」と感じるのです。

しかし、だからこそふだんの自分とは違った体験ができて、視野が広がり学べることも。**この時期を乗り越えると、大きく成長できます。**「悪い運気」というわけではないのです。

2024年 金のカメレオン座

裏の時期（乱気＋裏運気）に心にとどめたい10のこと

❶ 才能がないのではなく「覚悟が足りない」と自覚する
❷ 予想外を楽しむ
❸ 衝動的な行動は控える
❹ 失敗したら、話のネタにする
❺ その人がいないところでほめる
❻ どんな選択も、未来に影響を与えることを忘れない
❼ 行動しないための言い訳を探さない
❽ 自分よりも困っている人のために行動する
❾ 感謝を素直に伝える
❿「こっちのほうが楽しい」という感覚を優先してみる

命数を調べるときの注意点

命数は足したり引いたりしない

「五星三心占い」の基本は「四柱推命」という占いですが、計算が複雑なので、この本の命数表には、先に計算を済ませたものを載せています。ですから、命数表に載っている数字が、そのまま「あなたの命数」になります。生年月日を足したり引いたりする必要はありません。

深夜0時〜日の出前の時間帯に生まれた人

深夜0時から日の出前の時間帯に生まれた人は、前日の運気の影響を強く受けている可能性があります。本来の生年月日で占ってみて、内容がしっくりこない場合は、生年月日の1日前の日でも占ってみてください。もしかすると、前日の運気の影響を強く受けているタイプかもしれません。

また、日の出の時刻は季節により異なりますので、生まれた季節で考えてみてください。

戸籍と本当の誕生日が違う人

戸籍に記載されている日付と、実際に生まれた日が違う人は、「実際に生まれた日」で占ってください。

命数表

【命数】とはあなたの運命をつかさどる数字です。
生年月日ごとに割り当てられています。

タイプの区分

生まれた西暦年
偶数年…金
奇数年…銀

命数 1 ~ 10 羅針盤座
命数 11 ~ 20 インディアン座
命数 21 ~ 30 鳳凰座
命数 31 ~ 40 時計座
命数 41 ~ 50 カメレオン座
命数 51 ~ 60 イルカ座

詳しい調べ方は、巻頭の折込ページをチェック!

※ 1930（昭和5）～1938（昭和13）年の命数は『ゲッターズ飯田の「五星三心占い」新・決定版』

銀 1939 昭和14年生 ★ 満85歳

日＼月	1	2	3	4	5	6	7	8	9	10	11	12
1	36	1	40	8	31	10	39	10	32	1	37	1
2	35	10	37	7	32	7	38	9	39	10	38	2
3	34	9	38	6	39	8	37	8	40	9	45	19
4	33	8	35	5	40	5	36	7	47	18	46	20
5	32	8	36	4	37	6	35	16	48	17	43	17
6	31	15	33	3	37	13	44	15	45	16	43	18
7	50	16	34	12	45	14	43	14	46	15	41	15
8	49	13	41	11	46	11	42	14	43	14	42	16
9	48	14	42	20	43	12	41	11	44	13	49	13
10	47	11	49	19	44	19	50	12	41	12	50	14
11	46	12	50	18	41	20	49	19	42	11	47	11
12	45	19	47	17	42	17	48	20	49	20	48	12
13	44	18	48	16	49	18	47	17	50	19	55	29
14	43	15	45	15	42	15	46	18	57	28	56	30
15	42	16	46	14	49	16	45	25	58	27	53	24
16	49	23	43	11	50	23	54	30	55	26	60	28
17	58	24	43	30	57	25	53	27	56	25	57	25
18	57	21	52	29	58	24	60	28	53	24	58	26
19	54	30	51	23	55	23	59	25	53	29	55	24
20	53	27	60	24	56	22	58	26	52	28	56	23
21	52	28	59	21	59	21	51	23	51	24	53	22
22	51	25	58	22	60	30	60	24	59	27	54	21
23	60	26	57	29	57	29	59	29	59	28	9	40
24	59	23	56	30	58	28	58	30	8	35	10	39
25	58	24	55	27	55	27	57	37	7	36	7	38
26	57	31	54	28	56	36	6	38	6	33	8	37
27	6	32	53	35	3	33	5	35	5	34	5	36
28	5	39	2	36	4	32	4	36	4	31	6	35
29	4		1	33	1	31	3	33	3	32	3	34
30	3		10	34	2	40	2	34	2	39	4	33
31	2		9		9		1	31		40		32

金 1940 昭和15年生 ★ 満84歳

日＼月	1	2	3	4	5	6	7	8	9	10	11	12
1	31	16	34	12	45	14	43	14	46	15	41	15
2	48	15	41	11	46	11	42	13	43	14	42	16
3	49	14	42	20	43	12	41	12	44	13	49	13
4	48	13	49	19	44	19	50	11	41	12	50	14
5	47	11	50	18	41	20	49	20	42	11	47	11
6	46	12	47	17	42	17	48	19	49	20	48	12
7	45	19	48	16	49	18	47	18	50	19	55	29
8	44	20	45	15	50	15	46	18	57	28	56	30
9	43	17	46	14	47	16	45	25	58	27	53	27
10	42	18	43	13	48	23	54	26	55	26	54	30
11	41	25	44	22	55	24	53	23	56	25	51	25
12	60	26	51	21	56	21	52	24	53	24	52	26
13	59	21	52	30	53	22	51	21	54	23	59	23
14	58	22	59	29	56	29	60	22	51	22	60	24
15	57	29	60	26	53	30	59	29	52	21	53	21
16	57	30	57	25	54	27	58	24	59	30	54	22
17	53	27	57	24	51	29	55	21	60	29	1	39
18	52	28	56	30	52	28	54	22	7	34	2	39
19	59	25	55	27	59	27	53	39	7	33	9	38
20	58	24	54	28	60	36	6	40	6	32	10	37
21	57	31	53	35	3	35	5	37	5	34	7	36
22	6	32	2	36	4	34	4	38	4	31	6	35
23	5	39	1	33	1	33	3	33	3	32	3	34
24	4	40	10	34	2	32	2	34	2	39	4	33
25	3	37	9	31	9	31	1	31	1	40	1	32
26	2	38	8	32	10	38	10	32	10	37	2	31
27	1	35	7	39	7	37	9	39	9	38	19	50
28	10	36	6	40	8	36	8	40	18	45	20	49
29	9	33	5	37	5	35	7	47	17	46	17	48
30	8		4	38	6	44	16	48	16	43	18	47
31	7		3		13		15	45		44		46

命数が…… 1～10 羅針盤座　11～20 インディアン座　21～30 鳳凰座

に載っています。

日＼月	1	2	3	4	5	6	7	8	9	10	11	12
1	45	20	47	17	42	17	48	19	49	20	48	12
2	44	19	48	16	49	18	47	18	50	19	55	29
3	43	18	45	15	50	15	46	17	57	28	56	30
4	42	18	50	14	47	16	45	26	58	27	53	27
5	41	25	47	13	43	23	54	25	55	26	54	28
6	60	26	44	22	52	24	53	24	56	25	51	25
7	59	23	56	21	56	21	52	21	53	24	52	26
8	58	24	52	30	53	22	51	21	54	24	59	23
9	57	21	59	29	54	29	60	22	51	22	60	24
10	56	22	60	28	51	30	59	29	52	21	57	21
11	55	29	57	27	52	27	58	30	59	30	58	22
12	54	21	58	26	59	28	57	27	60	29	5	39
13	53	25	55	25	60	25	56	28	7	38	6	40
14	52	26	56	24	59	26	55	35	8	37	3	37
15	51	33	53	21	60	33	4	36	5	36	4	38
16	8	34	54	40	7	34	3	37	6	35	7	35
17	7	31	2	39	8	34	10	38	3	34	8	36
18	6	32	1	33	5	33	9	35	4	33	5	34
19	3	37	10	34	6	32	8	36	2	38	6	33
20	2	38	9	31	3	31	1	33	1	37	3	32
21	1	35	8	32	10	40	10	34	10	36	4	31
22	10	36	7	39	7	39	9	31	9	38	11	50
23	9	33	6	40	8	38	8	40	18	45	20	49
24	8	34	5	37	5	37	7	47	17	46	17	48
25	7	41	4	38	6	46	16	48	16	43	18	47
26	17	42	3	45	13	45	15	45	15	44	15	46
27	15	49	12	46	14	42	14	46	14	41	16	45
28	14	50	11	43	11	41	13	43	13	42	13	44
29	13		20	44	12	50	12	44	12	49	14	43
30	12		19	41	19	50	11	41	11	50	11	42
31	11		18		20		20	42		47		41

銀

1941

昭和16年生

★

満83歳

日＼月	1	2	3	4	5	6	7	8	9	10	11	12
1	60	25	44	22	55	24	53	24	56	25	51	25
2	59	24	51	21	56	21	52	23	53	24	52	26
3	58	23	52	30	53	22	51	22	54	23	59	23
4	57	21	59	29	54	29	60	21	51	22	60	24
5	56	22	60	28	51	30	59	30	52	21	57	21
6	55	29	57	27	52	27	58	29	59	28	58	22
7	54	30	58	26	59	28	57	28	60	29	5	39
8	53	27	55	25	60	25	56	28	7	38	6	40
9	52	28	56	24	57	26	55	35	8	37	3	37
10	51	35	53	23	58	33	4	36	5	36	4	38
11	10	36	54	32	5	34	3	33	6	35	1	35
12	9	31	1	31	6	31	2	34	2	34	2	36
13	8	32	2	40	3	32	1	31	4	33	9	33
14	7	39	9	39	6	39	10	32	1	32	10	34
15	6	40	10	36	3	40	9	39	2	31	7	31
16	3	37	7	35	4	37	8	34	9	40	4	32
17	2	38	7	34	1	39	7	31	10	39	11	49
18	1	35	6	40	2	38	4	32	17	48	12	50
19	8	34	5	37	9	37	3	49	17	43	19	48
20	7	41	4	38	10	46	12	50	16	42	20	47
21	16	42	3	45	13	45	15	47	15	41	17	46
22	15	49	12	46	14	44	14	48	14	41	18	45
23	14	50	11	43	11	43	13	43	13	42	13	44
24	13	47	20	44	12	42	12	44	12	49	14	43
25	12	48	19	41	19	41	11	41	11	50	11	42
26	11	45	18	42	20	50	20	42	20	47	12	41
27	20	46	17	49	17	47	19	49	19	48	29	60
28	19	43	16	50	18	46	18	50	28	55	30	59
29	18		15	47	15	45	17	57	27	56	27	58
30	17		14	48	16	54	26	58	26	53	28	57
31	26		13		23		25	55		54		56

金

1942

昭和17年生

★

満82歳

31~40 時計座　41~50 カメレオン座　51~60 イルカ座

銀

1943

昭和18年生 ★ 満81歳

日＼月	1	2	3	4	5	6	7	8	9	10	11	12
1	55	30	57	27	52	27	58	29	59	30	58	22
2	54	29	58	26	59	28	57	28	60	29	5	39
3	53	28	55	25	60	25	56	27	7	38	6	40
4	51	27	56	24	57	26	55	36	8	37	3	37
5	51	35	53	23	58	33	4	35	5	36	4	38
6	10	36	54	32	3	34	3	34	6	35	1	35
7	9	33	1	31	6	31	2	33	3	37	2	36
8	8	34	2	40	3	32	1	31	4	33	9	33
9	7	31	9	39	4	39	10	32	1	32	10	34
10	6	32	10	38	1	40	9	39	2	31	7	31
11	5	39	7	37	2	37	8	40	9	40	8	32
12	4	40	8	36	9	38	7	37	10	39	15	49
13	3	35	5	35	10	35	6	38	17	48	16	50
14	2	36	6	34	1	36	5	45	18	47	13	47
15	1	43	3	33	2	43	14	46	15	46	14	48
16	18	44	4	50	17	44	13	47	16	45	17	45
17	17	41	12	49	18	44	12	48	13	44	18	46
18	16	42	11	48	15	43	19	45	14	43	17	45
19	13	49	20	44	16	42	18	46	12	48	16	46
20	12	48	19	41	13	41	17	43	11	47	13	43
21	11	45	18	42	20	50	20	44	20	46	14	44
22	20	46	17	49	17	49	19	41	19	48	21	51
23	19	43	16	50	18	48	18	50	28	55	30	60
24	18	44	15	47	15	47	17	57	27	56	27	57
25	17	51	14	48	16	56	26	58	26	53	28	58
26	26	52	13	55	23	55	25	55	25	54	25	55
27	25	59	22	56	24	52	24	56	24	51	26	55
28	24	60	21	53	21	51	23	53	23	52	23	54
29	23		30	54	22	60	22	54	22	59	24	53
30	22		29	51	29	59	21	51	21	60	21	52
31	25		28		30		30	52		57		51

金

1944

昭和19年生 ★ 満80歳

日＼月	1	2	3	4	5	6	7	8	9	10	11	12
1	10	35	1	31	6	31	2	33	3	34	2	36
2	9	34	2	38	3	32	1	32	4	33	9	33
3	8	33	9	39	4	39	10	31	1	32	10	34
4	7	32	10	38	1	40	9	40	2	31	7	31
5	6	32	7	37	2	37	8	39	9	40	8	32
6	5	39	8	36	9	38	8	38	10	39	15	49
7	4	40	5	35	10	35	6	35	17	48	16	50
8	3	37	6	34	7	36	5	45	18	47	13	47
9	2	38	3	33	8	43	14	46	15	46	14	48
10	2	45	4	42	15	44	13	43	16	45	11	45
11	19	46	11	41	16	41	12	44	13	44	12	46
12	19	43	12	50	13	42	11	41	14	43	19	43
13	18	42	19	49	14	49	20	42	11	42	20	44
14	17	49	20	48	13	50	19	49	12	41	17	41
15	16	50	17	45	14	47	18	50	19	50	14	42
16	13	47	18	44	11	48	17	41	20	49	21	59
17	15	48	16	43	12	48	14	42	27	58	22	60
18	11	45	15	47	19	47	13	59	28	53	29	58
19	18	46	14	45	19	56	22	60	26	52	30	57
20	17	51	13	55	27	55	25	57	25	51	27	56
21	26	52	22	56	24	54	24	58	27	51	28	55
22	25	59	21	53	21	53	23	55	23	52	23	54
23	24	60	28	54	22	52	22	54	22	59	24	53
24	23	57	29	51	29	51	21	51	21	60	21	52
25	22	58	28	52	30	60	30	52	30	57	22	51
26	21	55	27	59	27	59	29	59	29	58	39	10
27	30	56	26	60	28	56	28	60	38	5	40	9
28	29	53	25	57	25	55	27	7	37	6	37	8
29	28	54	24	58	26	4	36	8	36	3	38	7
30	27		23	5	33	3	35	5	35	4	35	6
31	36		32		34		34	6		1		5

命数が…… 1~10 羅針盤座　11~20 インディアン座　21~30 鳳凰座

銀 1945 昭和20年生 ★ 満79歳

日＼月	1	2	3	4	5	6	7	8	9	10	11	12
1	4	39	8	36	9	38	7	38	10	39	15	49
2	3	38	5	35	10	35	6	37	17	48	16	50
3	2	37	6	34	7	36	5	46	18	47	13	47
4	1	45	3	33	8	43	14	45	15	46	14	48
5	20	46	8	42	15	44	13	44	16	45	11	45
6	19	43	11	41	16	41	12	43	13	44	12	46
7	18	44	12	50	13	42	11	42	14	43	19	43
8	17	41	19	49	14	49	20	42	11	42	20	44
9	16	42	20	48	11	50	19	49	12	41	17	41
10	15	49	17	47	12	47	18	50	19	50	18	42
11	14	50	18	46	19	48	17	47	20	49	25	59
12	13	45	15	45	20	45	16	48	27	58	26	60
13	12	46	16	44	17	46	15	55	28	57	23	57
14	11	53	13	43	20	53	24	56	25	56	24	58
15	30	54	14	60	27	54	23	53	26	55	21	55
16	27	51	21	59	28	51	22	58	23	54	28	56
17	26	52	21	58	25	53	29	55	24	53	25	53
18	25	59	30	54	26	52	28	56	21	52	26	53
19	22	58	29	51	23	51	27	53	21	57	23	52
20	21	55	28	52	24	60	30	54	30	56	24	51
21	30	56	27	59	27	59	29	51	29	55	31	10
22	29	53	26	60	28	58	28	52	38	5	32	9
23	28	54	25	57	25	57	27	7	37	6	37	8
24	27	1	24	58	26	6	36	8	36	3	38	7
25	36	2	23	5	33	5	35	5	35	4	35	6
26	35	9	32	6	34	4	34	6	34	1	36	5
27	34	10	31	3	31	1	33	3	33	2	33	4
28	33	7	40	4	32	10	32	4	32	9	34	3
29	32		39	1	39	9	31	1	31	10	31	2
30	31		38	2	40	8	40	2	40	7	32	1
31	40		37		37		39	9		8		20

金 1946 昭和21年生 ★ 満78歳

日＼月	1	2	3	4	5	6	7	8	9	10	11	12
1	19	44	11	41	16	41	12	43	13	44	12	46
2	18	43	12	50	13	42	11	42	14	43	19	43
3	17	42	19	49	14	49	20	41	11	42	20	44
4	16	42	20	48	11	50	19	50	12	41	17	41
5	15	49	11	47	12	47	18	49	19	50	18	42
6	14	50	18	46	19	48	17	48	20	49	25	59
7	13	47	15	45	20	45	15	47	27	58	26	60
8	12	48	16	44	17	46	15	55	28	57	23	57
9	11	55	13	43	18	53	24	56	25	56	24	58
10	30	56	14	52	25	54	23	53	26	55	21	55
11	29	53	21	51	26	51	22	54	23	54	22	56
12	28	52	22	60	23	52	21	51	24	53	29	53
13	27	59	29	59	24	59	30	52	21	52	30	54
14	26	60	30	58	23	60	29	59	22	51	27	51
15	25	57	27	55	24	57	28	60	29	60	28	52
16	22	58	28	54	21	58	27	51	30	59	31	9
17	21	55	26	53	22	58	26	52	37	8	32	10
18	30	56	25	57	29	57	23	9	38	7	39	7
19	27	1	24	58	30	6	32	10	36	2	40	7
20	36	2	23	5	37	5	31	7	35	1	37	6
21	35	9	32	6	34	4	34	8	34	10	38	5
22	34	10	31	3	31	3	33	5	33	2	35	4
23	33	7	40	4	32	2	32	4	32	9	34	3
24	32	8	39	1	39	1	31	1	31	10	31	2
25	31	5	38	2	40	10	40	2	40	7	32	1
26	40	6	37	9	37	9	39	9	39	8	49	20
27	39	3	36	10	38	6	38	10	48	15	50	19
28	38	4	35	7	35	5	37	17	47	16	47	18
29	37		34	8	36	14	46	18	46	13	48	17
30	46		33	15	43	13	45	15	45	14	45	16
31	45		42		44		44	16		11		15

31~40 時計座　41~50 カメレオン座　51~60 イルカ座

銀

1947

昭和22年生★満77歳

日＼月	1	2	3	4	5	6	7	8	9	10	11	12
1	14	49	18	46	19	48	17	48	20	49	25	59
2	13	48	15	45	20	45	16	47	27	58	26	60
3	12	47	16	44	17	46	15	56	28	57	23	57
4	11	56	13	43	18	53	24	55	25	56	24	58
5	30	56	14	52	25	54	23	54	26	55	21	55
6	29	53	21	51	26	51	22	53	23	54	22	56
7	28	54	22	60	23	52	21	52	24	53	29	53
8	27	51	29	59	24	59	30	52	21	52	30	54
9	26	52	30	58	21	60	29	59	22	51	27	51
10	25	59	27	57	22	57	28	60	29	60	28	52
11	24	60	28	56	29	58	27	57	30	59	35	9
12	23	57	25	55	30	55	26	58	37	8	36	10
13	22	56	26	54	27	56	25	5	38	7	33	7
14	21	3	23	53	30	3	34	6	35	6	34	8
15	40	4	24	2	37	4	33	3	36	5	31	5
16	37	1	31	9	38	1	32	8	33	4	38	6
17	36	2	31	8	35	3	31	5	34	3	35	3
18	35	9	40	7	36	2	38	6	31	2	36	4
19	32	10	39	1	33	1	37	3	31	7	33	2
20	31	5	38	2	34	10	36	4	40	6	34	1
21	40	6	37	9	37	9	39	1	39	5	41	20
22	39	3	36	10	38	8	38	2	48	15	42	19
23	38	4	35	7	35	7	37	17	47	16	47	18
24	37	11	34	8	36	16	46	18	46	13	48	17
25	46	12	33	15	43	15	45	15	45	14	45	16
26	45	19	42	16	44	14	44	16	44	11	46	15
27	44	20	41	13	41	11	43	13	43	12	43	14
28	43	17	50	14	42	20	42	14	42	19	44	13
29	42		49	11	49	19	41	11	41	20	41	12
30	41		48	12	50	18	50	12	50	17	42	11
31	50		47		47		49	19		18		30

金

1948

昭和23年生★満76歳

日＼月	1	2	3	4	5	6	7	8	9	10	11	12
1	29	54	22	60	23	52	21	52	24	53	29	53
2	28	53	29	59	24	59	30	51	21	52	30	54
3	27	52	30	58	21	60	29	60	22	51	27	51
4	26	51	27	57	22	57	28	59	29	60	28	52
5	25	59	28	56	29	58	27	58	30	59	35	9
6	24	60	25	55	30	55	26	57	37	8	36	10
7	23	57	26	54	27	56	25	6	38	7	33	7
8	22	58	23	53	28	3	34	6	35	6	34	8
9	21	5	24	2	35	4	33	3	36	5	31	5
10	40	6	31	1	36	1	32	4	33	4	32	6
11	39	3	32	10	33	2	31	1	34	3	39	3
12	38	4	39	9	34	9	40	2	31	2	40	4
13	37	9	40	8	33	10	39	9	32	1	37	1
14	36	10	37	7	34	7	38	10	39	10	38	2
15	35	7	38	4	31	8	37	7	40	9	41	19
16	32	8	35	3	32	5	36	2	47	18	42	20
17	31	5	35	2	39	7	33	19	48	17	49	17
18	40	6	34	8	40	16	42	20	45	12	50	17
19	37	13	33	15	47	15	41	17	45	11	47	16
20	46	12	42	16	44	14	44	18	44	20	48	15
21	45	19	41	13	41	13	43	15	43	12	45	14
22	44	20	50	14	42	12	42	16	42	19	44	13
23	43	17	49	11	49	11	41	11	41	20	41	12
24	42	18	48	12	50	20	50	12	50	17	42	11
25	41	15	47	19	47	19	49	19	49	18	59	30
26	50	16	46	20	48	18	48	20	58	25	60	29
27	49	13	45	17	45	15	47	27	57	26	57	28
28	48	14	44	18	46	24	56	28	56	23	58	27
29	47	21	43	25	55	23	55	26	55	24	55	26
30	56		52	26	53	22	54	25	54	21	56	25
31	55		51		54		53	23		22		24

命数が…… 1~10 羅針盤座　11~20 インディアン座　21~30 鳳凰座

銀 1949 昭和24年生 ★ 満75歳

日＼月	1	2	3	4	5	6	7	8	9	10	11	12
1	23	58	25	55	30	55	26	57	37	8	36	10
2	22	57	26	54	27	56	25	6	38	7	33	7
3	21	6	23	53	28	3	34	5	35	6	34	8
4	40	6	24	2	35	4	33	4	36	5	31	5
5	39	3	31	1	36	1	32	3	33	4	32	6
6	38	4	32	10	33	2	31	2	34	3	39	3
7	37	1	39	9	34	9	40	1	31	2	40	4
8	36	2	40	8	31	10	39	9	32	1	37	1
9	35	9	37	7	32	7	38	10	39	10	38	2
10	34	10	38	6	39	8	37	7	40	9	45	19
11	33	7	35	5	40	5	36	8	47	18	46	20
12	32	6	36	4	37	6	35	15	48	17	43	17
13	31	13	33	3	38	13	44	16	45	16	44	18
14	50	14	34	12	47	14	43	13	46	15	41	15
15	49	11	41	19	48	11	42	14	43	14	42	16
16	46	12	42	18	45	12	41	15	44	13	45	13
17	45	19	50	17	46	12	48	16	41	12	46	14
18	44	20	49	11	43	11	47	13	42	11	43	12
19	41	15	48	12	44	20	46	14	50	16	44	11
20	50	16	47	19	41	19	49	11	49	15	51	30
21	49	13	46	20	48	18	48	12	58	24	52	29
22	48	14	45	17	45	17	47	29	57	26	59	28
23	47	21	44	18	46	26	56	28	56	23	58	27
24	56	22	43	25	53	25	55	25	55	24	55	26
25	55	29	52	26	54	24	54	26	54	21	56	25
26	54	30	51	23	51	21	53	23	53	22	53	24
27	53	27	60	24	52	30	52	24	52	29	54	23
28	52	28	59	21	59	29	51	21	51	30	51	22
29	51		58	22	60	28	60	22	60	27	52	21
30	60		57	29	57	27	59	29	59	28	9	40
31	59		56		58		58	30		35		39

金 1950 昭和25年生 ★ 満74歳

日＼月	1	2	3	4	5	6	7	8	9	10	11	12
1	38	3	32	10	33	2	31	2	34	3	39	3
2	37	2	39	9	34	9	40	1	31	2	40	4
3	36	1	40	8	31	10	39	10	32	1	37	1
4	35	9	37	7	32	7	38	9	39	10	38	2
5	34	10	38	6	39	8	37	8	40	9	45	19
6	33	7	35	5	40	5	36	7	47	18	46	20
7	32	8	36	4	37	6	35	16	48	17	43	17
8	31	15	33	3	38	13	44	16	45	16	44	18
9	50	16	34	12	45	14	43	13	46	15	41	15
10	49	13	41	11	46	11	42	14	43	14	42	16
11	48	14	42	20	43	12	41	11	44	13	49	13
12	47	19	49	19	44	19	50	12	41	12	50	14
13	46	20	50	18	41	20	49	19	42	11	47	11
14	45	17	47	17	44	17	48	20	49	20	48	12
15	44	18	48	14	41	18	47	17	50	19	55	29
16	41	15	45	13	42	15	46	12	57	28	52	30
17	50	16	45	12	49	17	45	29	58	27	59	27
18	49	23	44	18	50	26	52	30	55	26	60	28
19	56	22	43	25	57	25	51	27	55	21	57	26
20	55	29	52	26	58	24	60	28	54	30	58	25
21	54	30	51	23	51	23	53	25	53	29	55	24
22	53	27	60	24	52	22	52	26	52	29	56	23
23	52	28	59	21	59	21	51	21	51	30	51	22
24	51	25	58	22	60	30	60	22	60	27	52	21
25	60	26	57	29	57	29	59	29	59	28	9	40
26	59	23	56	30	58	28	58	30	8	35	10	39
27	58	24	55	27	55	25	57	37	7	36	7	38
28	57	31	54	28	56	34	6	38	6	33	8	37
29	6		53	35	3	33	5	35	5	34	5	36
30	5		2	36	4	32	4	36	4	31	6	35
31	4		1		1		3	33		32		34

31~40 時計座　41~50 カメレオン座　51~60 イルカ座

銀

1951

昭和26年生 ★ 満73歳

日＼月	1	2	3	4	5	6	7	8	9	10	11	12
1	33	8	35	5	40	5	36	7	47	18	46	20
2	32	7	36	4	37	6	35	16	48	17	43	17
3	31	16	33	3	38	13	44	15	45	16	44	18
4	50	15	34	12	45	14	43	14	46	15	41	15
5	49	13	41	11	46	11	42	13	43	14	42	16
6	48	14	42	20	43	12	41	12	44	13	49	13
7	47	11	49	19	44	19	50	11	41	12	50	14
8	46	12	50	18	41	20	49	19	42	11	47	11
9	45	19	47	17	42	17	48	20	49	20	48	12
10	44	20	48	16	49	18	47	17	50	19	55	29
11	43	17	45	15	50	15	46	18	57	28	56	30
12	42	18	46	14	47	16	45	25	58	27	53	27
13	41	23	43	13	48	23	54	26	55	26	54	28
14	60	24	44	22	57	24	53	23	56	25	51	25
15	59	21	51	21	58	21	52	24	53	24	52	26
16	56	22	52	28	55	22	51	25	54	23	55	23
17	55	29	60	27	56	22	60	26	51	22	56	24
18	54	30	59	26	53	21	57	23	52	21	53	21
19	51	27	58	22	54	30	56	24	60	26	54	21
20	60	26	57	29	51	29	55	21	59	25	1	40
21	59	23	56	30	58	28	58	22	8	34	2	39
22	58	24	55	27	55	27	57	39	7	36	9	38
23	57	31	54	28	56	36	6	38	6	33	8	37
24	6	32	53	35	3	35	5	35	5	34	5	36
25	5	39	2	36	4	34	4	36	4	31	6	35
26	4	40	1	33	1	33	3	33	3	32	3	34
27	3	37	10	34	2	40	2	34	2	39	4	33
28	2	38	9	31	9	39	1	31	1	40	1	32
29	1		8	32	10	38	10	32	10	37	2	31
30	10		7	39	7	37	9	39	9	38	19	50
31	9		6		8		8	40		45		49

金

1952

昭和27年生 ★ 満72歳

日＼月	1	2	3	4	5	6	7	8	9	10	11	12
1	48	13	49	19	44	19	50	11	41	12	50	14
2	47	12	50	18	41	20	49	20	42	11	47	11
3	46	11	47	17	42	17	48	19	49	20	48	12
4	45	20	48	16	49	18	47	18	50	19	55	29
5	44	20	45	15	50	15	46	17	57	28	56	30
6	43	17	46	14	47	16	45	26	58	27	53	27
7	42	18	43	13	48	23	54	26	55	26	54	28
8	41	25	44	22	55	24	53	23	56	25	51	25
9	60	26	51	21	56	21	52	24	53	24	52	26
10	59	23	52	30	53	22	51	21	54	23	59	23
11	58	24	59	29	54	29	60	22	51	22	60	24
12	57	21	60	28	51	30	59	29	52	21	57	21
13	56	30	57	27	54	27	58	30	59	30	58	22
14	55	27	58	26	51	28	57	27	60	29	5	39
15	54	28	55	23	52	25	56	22	7	38	2	40
16	51	25	56	22	59	26	55	39	8	37	9	37
17	60	26	54	21	60	36	2	40	5	36	10	38
18	59	33	53	35	7	35	1	37	6	31	7	36
19	6	34	2	36	8	34	10	38	4	40	8	35
20	5	39	1	33	1	33	3	35	3	39	5	34
21	4	40	10	34	2	32	2	36	2	39	6	33
22	3	37	9	31	9	31	1	31	1	40	1	32
23	2	38	8	32	10	40	10	32	10	37	2	31
24	1	35	7	39	7	39	9	39	9	38	19	50
25	10	36	6	40	8	38	8	40	18	45	20	49
26	9	33	5	37	5	37	7	47	17	46	17	48
27	8	34	4	38	6	44	16	48	16	43	18	47
28	7	41	3	45	13	43	15	45	15	44	15	46
29	16	42	12	46	14	42	14	46	14	41	16	45
30	15		11	43	11	41	13	43	13	42	13	44
31	14		20		12		12	44		49		43

命数が……　1~10 羅針盤座　11~20 インディアン座　21~30 鳳凰座

銀

1953

昭和28年生★満71歳

日＼月	1	2	3	4	5	6	7	8	9	10	11	12
1	42	17	46	14	47	16	45	26	58	27	53	27
2	41	26	43	13	48	23	54	25	55	26	54	28
3	60	25	44	22	55	24	53	24	56	25	51	25
4	59	23	51	21	56	21	52	23	53	24	52	26
5	58	24	52	30	53	22	51	22	54	23	59	23
6	57	21	59	29	54	29	60	21	51	22	60	24
7	56	22	60	28	51	30	59	30	52	21	57	21
8	55	29	57	27	52	27	58	30	59	30	58	22
9	54	30	58	26	59	28	57	27	60	29	5	39
10	53	27	55	25	60	25	56	28	7	38	6	40
11	52	28	56	24	57	26	55	35	8	37	3	37
12	51	33	53	23	58	33	4	36	5	36	4	38
13	10	34	54	32	5	34	3	33	6	35	1	35
14	9	31	1	31	8	31	2	34	3	34	2	36
15	8	32	2	38	5	32	1	31	4	33	9	33
16	5	39	9	37	6	39	10	36	1	32	6	34
17	4	40	9	36	3	31	7	33	2	31	3	31
18	3	37	8	32	4	40	6	34	9	36	4	31
19	10	36	7	39	1	39	5	31	9	35	11	50
20	9	33	6	40	2	38	8	32	18	44	12	49
21	8	34	5	37	5	37	7	49	17	46	19	48
22	7	41	4	38	6	46	16	50	16	43	20	47
23	16	42	3	45	13	45	15	45	15	44	15	46
24	15	49	12	46	14	44	14	46	14	41	16	45
25	14	50	11	43	11	43	13	43	13	42	13	44
26	13	47	20	44	12	42	12	44	12	49	14	43
27	12	48	19	41	19	49	11	41	11	50	11	42
28	11	45	18	42	20	48	20	42	20	47	12	41
29	20		17	49	17	47	19	49	19	48	29	60
30	19		16	50	18	46	18	50	28	55	30	59
31	18		15		15		17	57		56		58

金

1954

昭和29年生★満70歳

日＼月	1	2	3	4	5	6	7	8	9	10	11	12
1	57	22	59	29	54	29	60	21	51	22	60	24
2	56	21	60	28	51	30	59	30	52	21	57	21
3	55	30	57	27	52	27	58	29	59	30	58	22
4	54	30	58	26	59	28	57	28	60	29	5	39
5	53	27	55	25	60	25	56	27	7	38	6	40
6	52	28	56	24	57	26	57	36	8	37	3	37
7	51	35	53	23	58	33	4	35	5	36	4	38
8	10	36	54	32	5	34	3	33	6	35	1	35
9	9	33	1	31	6	31	2	34	3	34	2	36
10	8	34	2	40	3	32	1	31	4	33	9	33
11	7	31	9	39	4	39	10	32	1	32	10	34
12	6	40	10	38	1	40	9	39	2	31	7	31
13	5	37	7	37	2	37	8	40	9	40	8	32
14	4	38	8	36	1	38	7	37	10	39	15	49
15	3	35	5	33	2	35	6	38	17	48	16	50
16	10	36	6	32	9	36	5	49	18	47	19	47
17	9	43	4	31	10	46	14	50	15	46	20	48
18	18	44	3	45	17	45	11	47	16	45	17	45
19	15	49	12	46	18	44	20	48	14	50	18	45
20	14	50	11	43	15	43	19	45	13	49	15	44
21	13	47	20	44	12	42	12	46	12	48	16	43
22	12	48	19	41	19	41	11	43	11	50	13	42
23	11	45	18	42	20	50	20	42	20	47	12	41
24	20	46	17	49	17	49	19	49	19	48	29	60
25	19	43	16	50	18	48	18	50	28	55	30	59
26	18	44	15	47	15	47	17	57	27	56	27	58
27	17	51	14	48	16	54	26	58	26	53	28	57
28	26	52	13	55	23	53	25	55	25	54	25	56
29	25		22	56	24	52	24	56	24	51	26	55
30	24		21	53	21	51	23	53	23	52	23	54
31	23		30		22		22	54		59		53

31~40 時計座　41~50 カメレオン座　51~60 イルカ座

銀

1955

昭和30年生 ★ 満69歳

日＼月	1	2	3	4	5	6	7	8	9	10	11	12
1	52	27	56	24	57	26	55	36	8	37	3	37
2	51	36	53	23	58	33	4	35	5	36	4	38
3	10	35	54	32	5	34	3	34	6	35	1	35
4	9	33	1	31	6	31	2	33	3	34	2	36
5	8	34	2	40	3	32	1	32	4	33	9	33
6	7	31	9	39	4	39	10	31	1	32	10	34
7	6	32	10	38	1	40	9	40	2	31	7	31
8	5	39	7	37	2	37	8	40	9	40	8	32
9	4	40	8	36	9	38	7	37	10	39	15	49
10	3	37	5	35	10	35	6	38	17	48	16	50
11	2	38	6	34	7	36	5	45	18	47	13	47
12	1	43	3	33	8	43	14	46	15	46	14	48
13	20	44	4	42	15	44	13	43	16	45	11	45
14	19	41	11	41	18	41	12	44	13	44	12	46
15	18	42	12	48	15	42	11	41	14	43	19	43
16	15	49	19	47	16	49	20	46	11	42	16	44
17	14	50	19	46	13	41	19	43	12	41	13	41
18	13	47	18	42	14	50	16	44	19	50	14	42
19	20	46	17	49	11	49	15	41	19	45	21	60
20	19	43	16	50	12	48	14	42	28	54	22	59
21	18	44	15	47	15	47	17	59	27	53	29	58
22	17	51	14	48	16	56	26	60	26	53	30	57
23	26	52	13	55	23	55	25	55	25	54	25	56
24	25	59	22	56	24	54	24	56	24	51	26	55
25	24	60	21	53	21	53	23	53	23	52	23	54
26	23	57	30	54	22	52	22	54	22	59	24	53
27	22	58	29	51	29	59	21	51	21	60	21	52
28	21	55	28	52	30	58	30	52	30	57	22	51
29	30		27	59	27	57	29	59	29	58	39	10
30	29		26	60	28	56	28	60	38	5	40	9
31	28		25		25		27	7		6		8

金

1956

昭和31年生 ★ 満68歳

日＼月	1	2	3	4	5	6	7	8	9	10	11	12
1	7	32	10	38	1	40	9	40	2	31	7	31
2	6	31	7	37	2	37	8	39	9	40	8	32
3	5	40	8	36	9	38	7	38	10	39	15	49
4	4	39	5	35	10	35	6	37	17	48	16	50
5	3	37	6	34	7	36	5	46	18	47	13	47
6	2	38	3	33	8	43	14	45	15	46	14	48
7	1	45	4	42	15	44	13	43	16	45	11	45
8	20	46	11	41	16	41	12	44	13	44	12	46
9	19	43	12	50	13	42	11	41	14	43	19	43
10	18	44	19	49	14	49	20	42	11	42	20	44
11	17	41	20	48	11	50	19	49	12	41	17	41
12	16	42	17	47	12	47	18	50	19	50	18	42
13	15	47	18	46	11	48	17	47	20	49	25	59
14	14	48	15	45	12	45	16	48	27	58	26	60
15	13	45	16	42	19	46	15	59	28	57	29	57
16	20	46	14	41	20	53	24	60	25	56	30	58
17	19	53	13	60	27	55	21	57	26	55	27	55
18	28	54	22	56	28	54	30	58	23	60	28	55
19	25	51	21	53	25	53	29	55	23	59	25	54
20	24	60	30	54	22	52	22	56	22	58	26	53
21	23	57	29	51	29	51	21	53	21	60	23	52
22	22	58	28	52	30	60	30	52	30	57	22	51
23	21	55	27	59	27	59	30	59	29	58	39	10
24	30	56	26	60	28	58	28	60	38	5	40	9
25	29	53	25	57	25	57	27	7	37	6	37	8
26	28	54	24	58	26	6	36	8	36	3	38	7
27	27	1	23	5	33	3	35	5	35	4	35	6
28	36	2	32	6	34	2	34	6	34	1	36	5
29	35	9	31	3	31	1	33	3	33	2	33	4
30	34		40	4	32	10	32	4	32	9	34	3
31	33		39		39		31	1		10		2

命数が…… 1~10 羅針盤座　11~20 インディアン座　21~30 鳳凰座

銀

1957

昭和32年生 ★ 満67歳

日＼月	1	2	3	4	5	6	7	8	9	10	11	12
1	1	46	3	33	8	43	14	45	15	46	14	48
2	20	45	4	42	15	44	13	44	16	45	11	45
3	19	44	11	41	16	41	12	43	13	44	12	46
4	18	44	12	50	13	42	11	42	14	43	19	43
5	17	41	19	49	14	49	20	41	11	42	20	44
6	16	42	20	48	11	50	19	50	12	41	17	41
7	15	49	17	47	12	47	18	49	19	50	18	42
8	14	50	18	46	19	48	17	47	20	49	25	59
9	13	47	15	45	20	45	16	48	27	58	26	60
10	12	48	16	44	17	46	15	55	28	57	23	57
11	11	55	13	43	18	53	24	56	25	56	24	58
12	30	54	14	52	25	54	23	53	26	55	21	55
13	29	51	21	51	26	51	22	54	23	54	22	56
14	28	52	22	60	25	52	21	51	24	53	29	53
15	25	59	29	57	26	59	30	52	21	52	30	54
16	24	60	30	56	23	60	29	53	22	51	23	51
17	23	57	28	55	24	60	26	54	29	60	24	52
18	30	58	27	59	21	59	25	51	30	55	31	10
19	29	53	26	60	22	58	24	52	38	4	32	9
20	28	54	25	57	29	57	27	9	37	3	39	8
21	27	1	24	58	26	6	36	10	36	3	40	7
22	36	2	23	5	33	5	35	7	35	4	37	6
23	35	9	32	6	34	4	34	6	34	1	36	5
24	34	10	31	3	31	3	33	3	33	2	33	4
25	33	7	40	4	32	2	32	4	32	9	34	3
26	32	8	39	1	39	1	31	1	31	10	31	2
27	31	5	38	2	40	8	40	2	40	7	32	1
28	40	6	37	9	37	7	39	9	39	8	49	20
29	39		36	10	38	6	38	10	48	15	50	19
30	38		35	7	35	5	37	17	47	16	47	18
31	37		34		36		46	18		13		17

金

1958

昭和33年生 ★ 満66歳

日＼月	1	2	3	4	5	6	7	8	9	10	11	12
1	16	41	20	48	11	50	19	50	12	41	17	41
2	15	50	17	47	12	47	18	49	19	50	18	42
3	14	49	18	46	19	48	17	48	20	49	25	59
4	13	47	15	45	20	45	16	47	27	58	26	60
5	12	48	16	44	17	46	15	56	28	57	23	57
6	11	55	13	43	18	53	24	55	25	56	24	58
7	30	56	14	52	25	54	23	54	26	55	21	55
8	29	53	21	51	26	51	22	54	23	54	22	56
9	28	54	22	60	23	52	21	51	24	53	29	53
10	27	51	29	59	24	59	30	52	21	52	30	54
11	26	52	30	58	21	60	29	59	22	51	27	51
12	25	57	27	57	22	57	28	60	29	60	28	52
13	24	58	28	56	29	58	27	57	30	59	35	9
14	23	55	25	55	22	55	26	58	37	8	36	10
15	22	56	26	52	29	56	25	5	38	7	33	7
16	29	3	23	51	30	3	34	10	35	6	40	8
17	38	4	23	10	37	5	33	7	36	5	37	5
18	37	1	32	6	38	4	40	8	33	4	38	5
19	34	10	31	3	35	3	39	5	33	9	35	4
20	33	7	40	4	36	2	38	6	32	8	36	3
21	32	8	39	1	39	1	31	3	31	7	33	2
22	31	5	38	2	40	10	40	4	40	7	34	1
23	40	6	37	9	37	9	39	9	39	8	49	20
24	39	3	36	10	38	8	38	10	48	15	50	19
25	38	4	35	7	35	7	37	17	47	16	47	18
26	37	11	34	8	36	16	46	18	46	13	48	17
27	46	12	33	15	43	13	45	15	45	14	45	16
28	45	19	42	16	44	12	44	16	44	11	46	15
29	44		41	13	41	11	43	13	43	12	43	14
30	43		50	14	42	20	42	14	42	19	44	13
31	42		49		49		41	11		20		12

31~40 時計座　41~50 カメレオン座　51~60 イルカ座

銀 1959

昭和34年生 ★ 満65歳

日＼月	1	2	3	4	5	6	7	8	9	10	11	12
1	11	56	13	43	18	53	24	55	25	56	24	58
2	30	55	14	52	25	54	23	54	26	55	21	55
3	29	54	21	51	26	51	22	53	23	54	22	56
4	28	54	22	60	23	52	21	52	24	53	29	53
5	27	51	29	59	24	59	30	51	21	52	30	54
6	26	52	30	58	21	60	29	60	22	51	27	51
7	25	59	27	57	22	57	28	59	29	60	28	52
8	24	60	28	56	29	58	27	57	30	59	35	9
9	23	57	25	55	30	55	26	58	37	8	36	10
10	22	58	26	54	27	56	25	5	38	7	33	7
11	21	5	23	53	28	3	34	6	35	6	34	8
12	40	4	24	2	35	4	33	3	36	5	31	5
13	39	1	31	1	36	1	32	4	33	4	32	6
14	38	2	32	10	35	2	31	1	34	3	39	3
15	37	9	39	7	36	9	40	2	31	2	40	4
16	34	10	40	6	33	10	39	3	32	1	33	1
17	33	7	38	5	34	10	38	4	39	10	34	2
18	32	8	37	9	31	9	35	1	40	9	41	19
19	39	3	36	10	32	8	34	2	48	14	42	19
20	38	4	35	7	39	7	33	19	47	13	49	18
21	37	11	34	8	36	16	46	20	46	12	50	17
22	46	12	33	15	43	15	45	17	45	14	47	16
23	45	19	42	16	44	14	44	16	44	11	46	15
24	44	20	41	13	41	13	43	13	43	12	43	14
25	43	17	50	14	42	12	42	14	42	19	44	13
26	42	18	49	11	49	11	41	11	41	20	41	12
27	41	15	48	12	50	18	50	12	50	17	42	11
28	50	16	47	19	47	17	49	19	49	18	59	30
29	49		46	20	48	16	48	20	58	25	60	29
30	48		45	17	45	15	47	27	57	26	57	28
31	47		44		46		56	28		23		27

金 1960

昭和35年生 ★ 満64歳

日＼月	1	2	3	4	5	6	7	8	9	10	11	12
1	26	51	27	57	22	57	28	59	29	60	28	52
2	25	60	28	56	29	58	27	58	30	59	35	9
3	24	59	25	55	30	55	26	57	37	8	36	10
4	23	58	26	54	27	56	25	6	38	7	33	7
5	22	58	23	53	28	3	34	5	35	6	34	8
6	21	5	24	2	35	4	33	4	36	5	31	5
7	40	6	31	1	36	1	32	4	33	4	32	6
8	39	3	32	10	33	2	31	1	34	3	39	3
9	38	4	39	9	34	9	40	2	31	2	40	4
10	37	1	40	8	31	10	39	9	32	1	37	1
11	36	2	37	7	32	7	38	10	39	10	38	2
12	35	9	38	6	39	8	37	7	40	9	45	19
13	34	8	35	5	32	5	36	8	47	18	46	20
14	33	5	36	4	39	6	35	15	48	17	43	17
15	32	6	33	1	40	13	44	20	45	16	50	18
16	39	13	33	20	47	14	43	17	46	15	47	15
17	48	14	42	19	48	14	50	18	43	14	48	16
18	47	11	41	13	45	13	49	15	44	19	45	14
19	44	12	50	14	46	12	48	16	42	18	46	13
20	43	17	49	11	49	11	41	13	41	17	43	12
21	42	18	48	12	50	20	50	14	50	17	44	11
22	41	15	47	19	47	19	49	19	49	18	59	30
23	50	16	46	20	48	18	48	20	58	25	60	29
24	49	13	45	17	45	17	47	27	57	26	57	28
25	48	14	44	18	46	26	56	28	56	23	58	27
26	47	21	43	25	53	25	55	25	55	24	55	26
27	56	22	52	26	54	22	54	26	54	21	56	25
28	55	29	51	23	51	21	53	23	53	22	53	24
29	54	30	60	24	52	30	52	24	52	29	54	23
30	53		59	21	59	29	51	21	51	30	51	22
31	52		58		60		60	22		27		21

命数が…… 1~10 羅針盤座　11~20 インディアン座　21~30 鳳凰座

銀 1961 昭和36年生 ★ 満63歳

日＼月	1	2	3	4	5	6	7	8	9	10	11	12
1	40	5	24	2	35	4	33	4	36	5	31	5
2	39	4	31	1	36	1	32	3	33	4	32	6
3	38	3	32	10	33	2	31	2	34	3	39	3
4	37	1	39	9	34	9	40	1	31	2	40	4
5	36	2	34	8	31	10	39	10	32	1	37	1
6	35	9	37	7	32	7	38	9	39	10	38	2
7	34	10	38	6	39	8	37	8	40	9	45	19
8	33	7	35	5	40	5	36	8	47	18	46	20
9	32	8	36	4	37	6	35	15	48	17	43	17
10	31	15	33	3	38	13	44	16	45	16	44	18
11	50	16	34	12	45	14	43	13	46	15	41	15
12	49	11	41	11	46	11	42	14	43	14	42	16
13	48	12	42	20	43	12	41	11	44	13	49	13
14	47	19	49	19	46	19	50	12	41	12	50	14
15	44	20	50	16	43	20	49	19	42	11	47	11
16	43	17	47	15	44	17	48	14	49	20	44	12
17	42	18	47	14	41	19	45	11	50	19	51	29
18	49	15	46	20	42	18	44	12	57	24	52	29
19	48	14	45	17	49	17	43	29	57	23	59	28
20	47	21	44	18	50	26	56	30	56	22	60	27
21	56	22	43	25	53	25	55	27	55	24	57	26
22	55	29	52	26	54	24	54	28	54	21	58	25
23	54	30	51	23	51	23	53	23	53	22	53	24
24	53	27	60	24	52	22	52	24	52	29	54	23
25	52	28	59	21	59	21	51	21	51	30	51	22
26	51	25	58	22	60	30	60	22	60	27	52	21
27	60	26	57	29	57	27	59	29	59	28	9	40
28	59	23	56	30	58	26	58	30	8	35	10	39
29	58		55	27	55	25	57	37	7	36	7	38
30	57		54	28	56	34	6	38	6	33	8	37
31	6		53		3		5	35		34		36

金 1962 昭和37年生 ★ 満62歳

日＼月	1	2	3	4	5	6	7	8	9	10	11	12
1	35	10	37	7	32	7	38	9	39	10	38	2
2	34	9	38	6	39	8	37	8	40	9	45	19
3	33	8	35	5	40	5	36	7	47	18	46	20
4	32	8	36	4	37	6	35	16	48	17	43	17
5	31	15	33	3	38	13	44	15	45	16	44	18
6	50	16	34	12	45	14	43	14	46	15	41	15
7	49	13	41	11	46	11	42	13	43	14	42	16
8	48	14	42	20	43	12	41	11	44	13	49	13
9	47	11	49	19	44	19	50	12	41	12	50	14
10	46	12	50	18	41	20	49	19	42	11	47	11
11	45	19	47	17	42	17	48	20	49	20	48	12
12	44	18	48	16	49	18	47	17	50	19	55	29
13	43	15	45	15	50	15	46	18	57	28	56	30
14	42	16	46	14	49	16	45	25	58	27	53	27
15	41	23	43	11	50	23	54	26	55	26	54	28
16	58	24	44	30	57	24	53	27	56	25	57	25
17	57	21	52	29	58	24	60	28	53	24	58	26
18	56	22	51	23	55	23	59	25	54	23	55	24
19	53	27	60	24	56	22	58	26	52	28	56	23
20	52	28	59	21	53	21	51	23	51	27	53	22
21	51	25	58	22	60	30	60	24	60	26	54	21
22	60	26	57	29	57	29	59	21	59	28	1	40
23	59	23	56	30	58	28	58	30	8	35	10	39
24	58	24	55	27	55	27	57	37	7	36	7	38
25	57	31	54	28	56	36	6	38	6	33	8	37
26	6	32	53	35	3	35	5	35	5	34	5	36
27	5	39	2	36	4	32	4	36	4	31	6	35
28	4	40	1	33	1	31	3	33	3	32	3	34
29	3		10	34	2	40	2	34	2	39	4	33
30	2		9	31	9	39	1	31	1	40	1	32
31	1		8		10		10	32		37		31

31~40 時計座　41~50 カメレオン座　51~60 イルカ座

銀 1963

昭和38年生 ★ 満61歳

日＼月	1	2	3	4	5	6	7	8	9	10	11	12
1	50	15	34	12	45	14	43	14	46	15	41	15
2	49	14	41	11	46	11	42	13	43	14	42	16
3	48	13	42	20	43	12	41	12	44	13	49	13
4	47	11	49	19	44	19	50	11	41	12	50	14
5	46	12	50	18	41	20	49	20	42	11	47	11
6	45	19	47	17	42	17	48	19	49	20	48	12
7	44	20	48	16	49	18	47	18	50	19	55	29
8	43	17	45	15	50	15	46	18	57	28	56	30
9	42	18	46	14	47	16	45	25	58	27	53	27
10	41	25	43	13	48	23	54	26	55	26	54	28
11	60	26	44	22	55	24	53	23	56	25	51	25
12	59	21	51	21	56	21	52	24	53	24	52	26
13	58	22	52	30	53	22	51	21	54	23	59	23
14	57	29	59	29	56	29	60	22	51	22	60	24
15	56	30	60	26	53	30	59	29	52	21	57	21
16	53	27	57	25	54	27	58	24	59	30	54	22
17	52	28	57	24	51	29	57	21	60	29	1	39
18	51	25	56	30	52	28	54	22	7	38	2	40
19	58	24	55	27	59	27	53	39	7	33	9	38
20	57	31	54	28	60	36	2	40	6	32	10	37
21	6	32	53	35	3	35	5	37	5	31	7	36
22	5	39	2	36	4	34	4	38	4	31	8	35
23	4	40	1	33	1	33	3	33	3	32	3	34
24	3	37	10	34	2	32	2	34	2	39	4	33
25	2	38	9	31	9	31	1	31	1	40	1	32
26	1	35	8	32	10	40	10	32	10	37	2	31
27	10	36	7	39	7	37	9	39	9	38	19	50
28	9	33	6	40	8	36	8	40	18	45	20	49
29	8		5	37	5	35	7	47	17	46	17	48
30	7		4	38	6	44	16	48	16	43	18	47
31	16		3		13		15	45		44		46

金 1964

昭和39年生 ★ 満60歳

日＼月	1	2	3	4	5	6	7	8	9	10	11	12
1	45	20	48	16	49	18	47	18	50	19	55	29
2	44	19	45	15	50	15	46	17	57	28	56	30
3	43	18	46	14	47	16	45	26	58	27	53	27
4	42	17	43	13	48	23	54	25	55	26	54	28
5	41	25	44	22	55	24	53	24	56	25	51	25
6	60	26	51	21	56	21	52	23	53	24	52	26
7	59	23	52	30	53	22	51	21	54	23	59	23
8	58	24	59	29	54	29	60	22	51	22	60	24
9	57	21	60	28	51	30	59	29	52	21	57	21
10	56	22	57	27	52	27	58	30	59	30	58	22
11	55	29	58	26	59	28	57	27	60	29	5	39
12	54	30	55	25	60	25	56	28	7	38	6	40
13	53	25	56	24	59	26	55	35	8	37	3	37
14	52	26	53	23	60	33	4	36	5	36	4	38
15	51	33	54	40	7	34	3	37	6	35	7	35
16	8	34	2	39	8	31	2	38	3	34	8	36
17	7	31	1	38	5	33	9	35	4	33	5	33
18	6	32	10	34	6	32	8	36	2	38	6	33
19	3	39	9	31	3	31	7	33	1	37	3	32
20	2	38	8	32	10	40	10	34	10	36	4	31
21	1	35	7	39	7	39	9	31	9	38	11	50
22	10	36	6	40	8	38	8	40	18	45	20	49
23	9	33	5	37	5	37	7	47	17	46	17	48
24	8	34	4	38	6	46	16	48	16	43	18	47
25	7	41	3	45	13	45	15	45	15	44	15	46
26	16	42	12	46	14	44	14	46	14	41	16	45
27	15	49	11	43	11	41	13	43	13	42	13	44
28	14	50	20	44	12	50	12	44	12	49	14	43
29	13	47	19	41	19	49	11	41	11	50	11	42
30	12		18	42	20	48	20	42	20	47	12	41
31	11		17		17		19	49		48		60

命数が…… 1~10 羅針盤座　11~20 インディアン座　21~30 鳳凰座

銀 1965 昭和40年生 ★ 満59歳

日＼月	1	2	3	4	5	6	7	8	9	10	11	12
1	59	24	51	21	56	21	52	23	53	24	52	26
2	58	23	52	30	53	22	51	22	54	23	59	23
3	57	22	59	29	54	29	60	21	51	22	60	24
4	56	22	60	28	51	30	59	30	52	21	57	21
5	55	29	57	27	52	27	58	29	59	30	58	22
6	54	30	58	26	59	28	57	28	60	29	5	39
7	53	27	55	25	60	25	56	27	7	38	6	40
8	52	28	56	24	57	26	55	35	8	37	3	37
9	51	35	53	23	58	33	4	36	5	36	4	38
10	10	36	54	32	5	34	3	33	6	35	1	35
11	9	33	1	31	6	31	2	34	3	34	2	36
12	8	32	2	40	3	32	1	31	4	33	9	33
13	7	39	9	39	4	39	10	32	1	32	10	34
14	6	40	10	38	3	40	9	39	2	31	7	31
15	3	37	7	35	4	37	8	40	9	40	4	32
16	2	38	8	34	1	38	7	31	10	39	11	49
17	1	35	6	33	2	38	4	32	17	48	12	50
18	8	36	5	37	9	37	3	49	18	43	19	48
19	7	41	4	38	10	46	12	50	16	42	20	47
20	16	42	3	45	17	45	15	47	15	41	17	46
21	15	49	12	46	14	44	14	48	14	41	18	45
22	14	50	11	43	11	43	13	45	13	42	15	44
23	13	47	20	44	12	42	12	44	12	49	14	43
24	12	48	19	41	19	41	11	41	11	50	11	42
25	11	45	18	42	20	50	20	42	20	47	12	41
26	20	46	17	49	17	49	19	49	19	48	29	60
27	19	43	16	50	18	46	18	50	28	55	30	59
28	18	44	15	47	15	45	17	57	27	56	27	58
29	17		14	48	16	54	26	58	26	53	28	57
30	26		13	55	23	53	25	55	25	54	25	56
31	25		22		24		24	56		51		55

金 1966 昭和41年生 ★ 満58歳

日＼月	1	2	3	4	5	6	7	8	9	10	11	12
1	54	29	58	26	59	28	57	28	60	29	5	39
2	53	28	55	25	60	25	56	27	7	38	6	40
3	52	27	56	24	57	26	55	36	8	37	3	37
4	51	35	53	23	58	33	4	35	5	36	4	38
5	10	36	54	32	5	34	3	34	6	35	1	35
6	9	33	1	31	6	31	2	33	3	34	2	36
7	8	34	2	40	3	32	1	32	4	33	9	33
8	7	31	9	39	4	39	10	32	1	32	10	34
9	6	32	10	38	1	40	9	39	2	31	7	31
10	5	39	7	37	2	37	8	40	9	40	8	32
11	4	40	8	36	9	38	7	37	10	39	15	49
12	3	35	5	35	10	35	6	38	17	48	16	50
13	2	36	6	34	7	36	5	45	18	47	13	47
14	1	43	3	33	10	43	14	46	15	46	14	48
15	20	44	4	50	17	44	13	43	16	45	11	45
16	17	41	11	49	18	41	12	48	13	44	18	46
17	16	42	11	48	15	43	19	45	14	43	15	43
18	15	49	20	44	16	42	18	46	11	42	16	43
19	12	48	19	41	13	41	17	43	11	47	13	42
20	11	45	18	42	14	50	20	44	20	46	14	41
21	20	46	17	49	17	49	19	41	19	45	21	60
22	19	43	16	50	18	48	18	42	28	55	22	59
23	18	44	15	47	15	47	17	57	27	56	27	58
24	17	51	14	48	16	56	26	58	26	53	28	57
25	26	52	13	55	23	55	25	55	25	54	25	56
26	25	59	22	56	24	54	24	56	24	51	26	55
27	24	60	21	53	21	51	23	53	23	52	23	54
28	23	57	30	54	22	60	22	54	22	59	24	53
29	22		29	51	29	59	21	51	21	60	21	52
30	21		28	52	30	58	30	52	30	57	22	51
31	30		27		27		29	59		58		10

31~40 時計座　41~50 カメレオン座　51~60 イルカ座

銀

1967

昭和42年生 ★ 満57歳

日＼月	1	2	3	4	5	6	7	8	9	10	11	12
1	9	34	1	31	6	31	2	33	3	34	2	36
2	8	33	2	40	3	32	1	32	4	33	9	33
3	7	32	9	39	4	39	10	31	1	32	10	34
4	6	32	10	38	1	40	9	40	2	31	7	31
5	5	39	7	37	2	37	8	39	9	40	8	32
6	4	40	8	36	9	38	7	38	10	39	15	49
7	3	37	5	35	10	35	6	37	17	48	16	50
8	2	38	6	34	7	36	5	45	18	47	13	47
9	1	45	3	33	8	43	14	46	15	46	14	48
10	20	46	4	42	15	44	13	43	16	45	11	45
11	19	43	11	41	16	41	12	44	13	44	12	46
12	18	42	12	50	13	42	11	41	14	43	19	43
13	17	49	19	49	14	49	20	42	11	42	20	44
14	16	50	20	48	13	50	19	49	12	41	17	41
15	15	47	17	45	14	47	18	50	19	50	18	42
16	12	48	18	44	11	48	17	41	20	49	21	59
17	11	45	16	43	12	48	16	42	27	58	22	60
18	20	46	15	47	19	47	13	59	28	57	29	57
19	17	51	14	48	20	56	22	60	26	52	30	57
20	26	52	13	55	27	55	21	57	25	51	27	56
21	25	59	22	56	24	54	24	58	24	60	28	55
22	24	60	21	53	21	53	23	55	23	52	25	54
23	23	57	30	54	22	52	22	54	22	59	24	53
24	22	58	29	51	29	51	21	51	21	60	21	52
25	21	55	28	52	30	60	30	52	30	57	22	51
26	30	56	27	59	27	57	29	59	29	58	39	10
27	29	53	26	60	28	56	28	60	38	5	40	9
28	28	54	25	57	25	55	27	7	37	6	37	8
29	27		24	58	26	4	36	8	36	3	38	7
30	36		23	5	33	3	35	5	35	4	35	6
31	35		32		34		34	6		1		5

金

1968

昭和43年生 ★ 満56歳

日＼月	1	2	3	4	5	6	7	8	9	10	11	12
1	4	39	5	35	10	35	6	37	17	48	16	50
2	3	38	6	34	7	36	5	46	18	47	13	47
3	2	37	3	33	8	43	14	45	15	46	14	48
4	1	46	4	42	15	44	13	44	16	45	11	45
5	20	46	11	41	16	41	12	43	13	44	12	46
6	19	43	12	50	13	42	11	42	14	43	19	43
7	18	44	19	49	14	49	20	42	11	42	20	44
8	17	41	20	48	11	50	19	49	12	41	17	41
9	16	42	17	47	12	47	18	50	19	50	18	42
10	15	49	18	46	19	48	17	47	20	49	25	59
11	14	50	15	45	20	45	16	48	27	58	26	60
12	13	47	16	44	17	46	15	55	28	57	23	57
13	12	46	13	43	20	53	24	56	25	56	24	58
14	11	53	14	52	27	54	23	53	26	55	21	55
15	30	54	21	59	28	51	22	58	23	54	28	56
16	27	51	21	58	25	52	21	55	24	53	25	53
17	26	52	30	57	26	52	28	56	21	52	26	54
18	25	59	29	51	23	51	27	53	21	57	23	52
19	22	60	28	52	24	60	26	54	30	56	24	51
20	21	55	27	59	27	59	29	51	29	55	31	10
21	30	56	26	60	28	58	28	52	38	5	32	9
22	29	53	25	57	25	57	27	7	37	6	37	8
23	28	54	24	58	26	6	36	8	36	3	38	7
24	27	1	23	5	33	5	35	5	35	4	35	6
25	36	2	32	6	34	4	34	6	34	1	36	5
26	35	9	31	3	31	3	33	3	33	2	33	4
27	34	10	40	4	32	10	32	4	32	9	34	3
28	33	7	39	1	39	9	31	1	31	10	31	2
29	32	8	38	2	40	8	40	2	40	7	32	1
30	31		37	9	37	7	39	9	39	8	49	20
31	40		36		38		38	10		15		19

命数が…… 1~10 羅針盤座　11~20 インディアン座　21~30 鳳凰座

銀 1969

昭和44年生 ★ 満55歳

日＼月	1	2	3	4	5	6	7	8	9	10	11	12
1	18	43	12	50	13	42	11	42	14	43	19	43
2	17	42	19	49	14	49	20	41	11	42	20	44
3	16	41	20	48	11	50	19	50	12	41	17	41
4	15	49	17	47	12	47	18	49	19	50	18	42
5	14	50	18	46	19	48	17	48	20	49	25	59
6	13	47	15	45	20	45	16	47	27	58	26	60
7	12	48	16	44	17	46	15	56	28	57	23	57
8	11	55	13	43	18	53	24	56	25	56	24	58
9	30	56	14	52	25	54	23	53	26	55	21	55
10	29	53	21	51	26	51	22	54	23	54	22	56
11	28	54	22	60	23	52	21	51	24	53	29	53
12	27	59	29	59	24	59	30	52	21	52	30	54
13	26	60	30	58	21	60	29	59	22	51	27	51
14	25	57	27	57	24	57	28	60	29	60	28	52
15	22	58	28	54	21	58	27	57	30	59	31	9
16	21	55	25	53	22	55	26	52	37	8	32	10
17	30	56	25	52	29	57	23	9	38	7	39	7
18	27	3	24	58	30	6	32	10	35	2	40	7
19	36	2	23	5	37	5	31	7	35	1	37	6
20	35	9	32	6	38	4	34	8	34	10	38	5
21	34	10	31	3	31	3	33	5	33	2	35	4
22	33	7	40	4	32	2	32	6	32	9	34	3
23	32	8	39	1	39	1	31	1	31	10	31	2
24	31	5	38	2	40	10	40	2	40	7	32	1
25	40	6	37	9	37	9	39	9	39	8	49	20
26	39	3	36	10	38	8	38	10	48	15	50	19
27	38	4	35	7	35	5	37	17	47	16	47	18
28	37	11	34	8	36	14	46	18	46	13	48	17
29	46		33	15	43	13	45	15	45	14	45	16
30	45		42	16	44	12	44	16	44	11	46	15
31	44		41		41		43	13		12		14

金 1970

昭和45年生 ★ 満54歳

日＼月	1	2	3	4	5	6	7	8	9	10	11	12
1	13	48	15	45	20	45	16	47	27	58	26	60
2	12	47	16	44	17	46	15	56	28	57	23	57
3	11	56	13	43	18	53	24	55	25	56	24	58
4	30	56	14	52	25	54	23	54	26	55	21	55
5	29	53	21	51	28	51	22	53	23	54	22	56
6	28	54	22	60	23	52	21	52	24	53	29	53
7	27	51	29	59	24	59	30	51	21	52	30	54
8	26	52	30	58	21	60	29	59	22	51	27	51
9	25	59	27	57	22	57	28	60	29	60	28	52
10	24	60	28	56	29	58	27	57	30	59	35	9
11	23	57	25	55	30	55	26	58	37	8	36	10
12	22	56	26	54	27	56	25	5	38	7	33	7
13	21	3	23	53	28	3	34	6	35	6	34	8
14	40	4	24	2	37	4	33	3	36	5	31	5
15	39	1	31	9	38	1	32	4	33	4	32	6
16	36	2	32	8	35	2	31	5	34	3	35	3
17	35	9	40	7	36	2	38	6	31	2	36	4
18	34	10	39	1	33	1	37	3	32	1	33	2
19	31	5	38	2	34	10	36	4	40	6	34	1
20	40	6	37	9	31	9	39	1	39	5	41	20
21	39	3	36	10	38	8	38	2	48	14	42	19
22	38	4	35	7	35	7	37	19	47	16	49	18
23	37	11	34	8	36	16	46	18	46	13	48	17
24	46	12	33	15	43	15	45	15	45	14	45	16
25	45	19	42	16	44	14	44	16	44	11	46	15
26	44	20	41	13	41	13	43	13	43	12	43	14
27	43	17	50	14	42	20	42	14	42	19	44	13
28	42	18	49	11	49	19	41	11	41	20	41	12
29	41		48	12	50	18	50	12	50	17	42	11
30	50		47	19	47	17	49	19	49	18	59	30
31	49		46		48		48	20		25		29

31~40 時計座　41~50 カメレオン座　51~60 イルカ座

銀 1971 昭和46年生 ★ 満53歳

日＼月	1	2	3	4	5	6	7	8	9	10	11	12
1	28	53	22	60	23	52	21	52	24	53	29	53
2	27	52	29	59	24	59	30	51	21	52	30	54
3	26	51	30	58	21	60	29	60	22	51	27	51
4	25	59	27	57	22	57	28	59	29	60	28	52
5	24	60	28	56	29	58	27	58	30	59	35	9
6	23	57	25	55	30	55	26	57	37	8	36	10
7	22	58	26	54	27	56	25	6	38	7	33	7
8	21	5	23	53	28	3	34	6	35	6	34	8
9	40	6	24	2	35	4	33	3	36	5	31	5
10	39	3	31	1	36	1	32	4	33	4	32	6
11	38	4	32	10	33	2	31	1	34	3	39	3
12	37	9	39	9	34	9	40	2	31	2	40	4
13	36	10	40	8	31	10	39	9	32	1	37	1
14	35	7	37	7	34	7	38	10	39	10	38	2
15	34	8	38	4	31	8	37	7	40	9	45	19
16	31	5	35	3	32	5	36	2	47	18	42	20
17	40	6	35	2	39	7	35	19	48	17	49	17
18	39	13	34	8	40	16	42	20	45	16	50	18
19	46	12	33	15	47	15	41	17	45	11	47	16
20	45	19	42	16	48	14	50	18	44	20	48	15
21	44	20	41	13	41	13	43	15	43	19	45	14
22	43	17	50	14	42	12	42	16	42	19	46	13
23	42	18	49	11	49	11	41	11	41	20	41	12
24	41	15	48	12	50	20	50	12	50	17	42	11
25	50	16	47	19	47	19	49	19	49	18	59	30
26	49	13	46	20	48	18	48	20	58	25	60	29
27	48	14	45	17	45	15	47	27	57	26	57	28
28	47	21	44	18	46	24	56	28	56	23	58	27
29	56		43	25	53	23	55	25	55	24	55	26
30	55		52	26	54	22	54	26	54	21	56	25
31	54		51		51		53	23		22		24

金 1972 昭和47年生 ★ 満52歳

日＼月	1	2	3	4	5	6	7	8	9	10	11	12
1	23	58	26	54	27	56	25	6	38	7	33	7
2	22	57	23	53	28	3	34	5	35	6	34	8
3	21	6	24	2	35	4	33	4	36	5	31	5
4	40	5	31	1	36	1	32	3	33	4	32	6
5	39	3	32	10	33	2	31	2	34	3	39	3
6	38	4	39	9	34	9	40	1	31	2	33	4
7	37	1	40	8	31	10	39	9	32	1	37	1
8	36	2	37	7	32	7	38	10	39	10	38	2
9	35	9	38	6	39	8	37	7	40	9	45	19
10	34	10	35	5	40	5	36	8	47	18	46	20
11	33	7	36	4	37	6	35	15	48	17	43	17
12	32	8	33	3	38	13	44	16	45	16	44	18
13	31	13	34	12	47	14	43	13	46	15	41	15
14	50	14	41	11	48	11	42	14	43	14	42	16
15	49	11	42	18	45	12	41	15	44	13	45	13
16	46	12	50	17	46	12	50	16	41	12	46	14
17	45	19	49	16	43	11	47	13	42	11	43	11
18	44	20	48	12	44	20	46	14	50	16	44	11
19	41	17	47	19	41	19	45	11	49	15	51	30
20	50	16	46	20	48	18	48	12	58	24	52	29
21	49	13	45	17	45	17	47	29	57	26	59	28
22	48	14	44	18	46	26	56	28	56	23	58	27
23	47	21	43	25	53	25	55	25	55	24	55	26
24	56	22	52	26	54	24	54	26	54	21	56	25
25	55	29	51	23	51	23	53	23	53	22	53	24
26	54	30	60	24	52	30	52	24	52	29	54	23
27	53	27	59	21	59	29	51	21	51	30	51	22
28	52	28	58	22	60	28	60	22	60	27	52	21
29	51	25	57	29	57	27	59	29	59	28	9	40
30	60		56	30	58	26	58	30	8	35	10	39
31	59		55		55		57	37		36		38

命数が…… 1~10 羅針盤座　11~20 インディアン座　21~30 鳳凰座

銀

1973

昭和48年生 ★ 満51歳

日＼月	1	2	3	4	5	6	7	8	9	10	11	12
1	37	2	39	9	34	9	40	1	31	2	40	4
2	36	1	40	8	31	10	39	10	32	1	37	1
3	35	10	37	7	32	7	38	9	39	10	38	2
4	34	10	38	6	39	8	37	8	40	9	45	19
5	33	7	35	5	40	5	36	7	47	18	46	20
6	32	8	36	4	37	6	35	16	48	17	43	17
7	31	15	33	3	38	13	44	15	45	16	44	18
8	50	16	34	12	45	14	43	13	46	15	41	15
9	49	13	41	11	46	11	42	14	43	14	42	16
10	48	14	42	20	43	12	41	11	44	13	49	13
11	47	11	49	19	44	19	50	12	41	12	50	14
12	46	20	50	18	41	20	49	19	42	11	47	11
13	45	17	47	17	42	17	48	20	49	20	48	12
14	44	18	48	16	41	18	47	17	50	19	55	29
15	41	15	45	13	42	15	46	18	57	28	52	30
16	50	16	46	12	49	16	45	29	58	27	59	27
17	49	23	44	11	50	26	52	30	55	26	60	28
18	56	24	43	25	57	25	51	27	56	21	57	26
19	55	29	52	26	58	24	60	28	54	30	58	25
20	54	30	51	23	55	23	53	25	53	29	55	24
21	53	27	60	24	52	22	52	26	52	29	56	23
22	52	28	59	21	59	21	51	23	51	30	51	22
23	51	25	58	22	60	30	60	22	60	27	52	21
24	60	26	57	29	57	29	59	29	59	28	9	40
25	59	23	56	30	58	28	58	30	8	35	10	39
26	58	24	55	27	55	25	57	37	7	36	7	38
27	57	31	54	28	56	34	6	38	6	33	8	37
28	6	32	53	35	3	33	5	35	5	34	5	36
29	5		2	36	4	32	4	36	4	31	6	35
30	4		1	33	1	31	3	33	3	32	3	34
31	3		10		2		2	34		39		33

金

1974

昭和49年生 ★ 満50歳

日＼月	1	2	3	4	5	6	7	8	9	10	11	12
1	32	7	36	4	37	6	35	16	48	17	43	17
2	31	16	33	3	38	13	44	15	45	16	44	18
3	50	15	34	12	45	14	43	14	46	15	41	15
4	49	13	41	11	46	11	42	13	43	14	42	16
5	48	14	42	20	43	12	41	12	44	13	49	13
6	47	11	49	19	44	19	50	11	41	12	50	14
7	46	12	50	18	41	20	49	20	42	11	47	11
8	45	19	47	17	42	17	48	20	49	20	48	12
9	44	20	48	16	49	18	47	17	50	19	55	29
10	43	17	45	15	50	15	46	18	57	28	56	30
11	42	18	46	14	47	16	45	25	58	27	53	27
12	41	23	43	13	48	23	54	26	55	26	54	28
13	60	24	44	22	55	24	53	23	56	25	51	25
14	59	21	51	21	58	21	52	24	53	24	52	26
15	58	22	52	28	55	22	51	21	54	23	59	23
16	55	29	59	27	56	29	60	26	51	22	56	24
17	54	30	59	26	53	21	57	23	52	21	53	21
18	53	27	58	22	54	30	56	24	59	30	54	21
19	60	26	57	29	51	29	55	21	59	25	1	40
20	59	23	56	30	52	28	58	22	8	34	2	39
21	58	24	55	27	55	27	57	39	7	33	9	38
22	57	31	54	28	56	36	6	40	6	33	10	37
23	6	32	53	35	3	35	5	35	5	34	5	36
24	5	39	2	36	4	34	4	36	4	31	6	35
25	4	40	1	33	1	33	3	33	3	32	3	34
26	3	37	10	34	2	32	2	34	2	39	4	33
27	2	38	9	31	9	39	1	31	1	40	1	32
28	1	35	8	32	10	38	10	32	10	37	2	31
29	10		7	39	7	37	9	39	9	38	19	50
30	9		6	40	8	36	8	40	18	45	20	49
31	8		5		5		7	47		46		48

31~40 時計座　41~50 カメレオン座　51~60 イルカ座

銀

1975

昭和50年生 ★ 満49歳

日＼月	1	2	3	4	5	6	7	8	9	10	11	12
1	47	12	49	19	44	19	50	11	41	12	50	14
2	46	11	50	18	41	20	49	20	42	11	47	11
3	45	20	47	17	42	17	48	19	49	20	48	12
4	44	20	48	16	49	18	47	18	50	19	55	29
5	43	17	45	15	50	15	46	17	57	28	56	30
6	42	18	46	14	47	16	45	26	58	27	53	27
7	41	25	43	13	48	23	54	25	55	26	54	28
8	60	26	44	22	55	24	53	23	56	25	51	25
9	59	23	51	21	56	21	52	24	53	24	52	26
10	58	24	52	30	53	22	51	21	54	23	59	23
11	57	21	59	29	54	29	60	22	51	22	60	24
12	56	30	60	28	51	30	59	29	52	21	57	21
13	55	27	57	27	52	27	58	30	59	30	58	22
14	54	28	58	26	51	28	57	27	60	29	5	39
15	53	25	55	23	52	25	56	28	7	38	6	40
16	60	26	56	22	59	26	55	39	8	37	9	37
17	59	33	54	21	60	36	4	40	5	36	10	38
18	8	34	53	35	7	35	1	37	6	35	7	35
19	5	39	2	36	8	34	10	38	4	40	8	35
20	4	40	1	33	5	33	9	35	3	39	5	34
21	3	37	10	34	2	32	2	36	2	38	6	33
22	2	38	9	31	9	31	1	33	1	40	3	32
23	1	35	8	32	10	40	10	32	10	37	2	31
24	10	36	7	39	7	39	9	39	9	38	19	50
25	9	33	6	40	8	38	8	40	18	45	20	49
26	8	34	5	37	5	37	7	47	17	46	17	48
27	7	41	4	38	6	44	16	48	16	43	18	47
28	16	42	3	45	13	43	15	45	15	44	15	46
29	15		12	46	14	42	14	46	14	41	16	45
30	14		11	43	11	41	13	43	13	42	13	44
31	13		20		12		12	44		49		43

金

1976

昭和51年生 ★ 満48歳

日＼月	1	2	3	4	5	6	7	8	9	10	11	12
1	42	17	43	13	48	23	54	25	55	26	54	28
2	41	26	44	22	55	24	53	24	56	25	51	25
3	60	25	51	21	56	21	52	23	53	24	52	26
4	59	24	52	30	53	22	51	22	54	23	59	23
5	58	24	59	29	54	29	60	21	51	22	60	24
6	57	21	60	28	51	30	59	30	52	21	57	21
7	56	22	57	27	52	27	58	30	59	30	58	22
8	55	29	58	26	59	28	57	27	60	29	5	39
9	54	30	55	25	60	25	56	28	7	38	6	40
10	53	27	56	24	57	26	55	35	8	37	3	37
11	52	28	53	23	58	33	4	36	5	36	4	38
12	51	35	54	32	5	34	3	33	6	35	1	35
13	10	34	1	31	8	31	2	34	3	34	2	36
14	9	31	2	40	5	32	1	31	4	33	9	33
15	8	32	9	37	6	39	10	36	1	32	6	34
16	5	39	9	36	3	31	9	33	2	31	3	31
17	4	40	8	35	4	40	6	34	9	40	4	32
18	3	37	7	39	1	39	5	31	9	35	11	50
19	10	38	6	40	2	38	4	32	18	44	12	49
20	9	33	5	37	5	37	7	49	17	43	19	48
21	8	34	4	38	6	46	16	50	16	43	20	47
22	7	41	3	45	13	45	15	45	15	44	15	46
23	16	42	12	46	14	44	14	46	14	41	16	45
24	15	49	11	43	11	43	13	43	13	42	13	44
25	14	50	20	44	12	42	12	44	12	49	14	43
26	13	47	19	41	19	49	11	41	11	50	11	42
27	12	48	18	42	20	48	20	42	20	47	12	41
28	11	45	17	49	17	47	19	49	19	48	29	60
29	20	46	16	50	18	46	18	50	28	55	30	59
30	19		15	47	15	45	17	57	27	56	27	58
31	18		14		16		26	58		53		57

命数が…… 1~10 羅針盤座　11~20 インディアン座　21~30 鳳凰座

銀 1977 昭和52年生 ★ 満47歳

日＼月	1	2	3	4	5	6	7	8	9	10	11	12
1	56	21	60	28	51	30	59	30	52	21	57	21
2	55	30	57	27	52	27	58	29	59	30	58	22
3	54	29	58	26	59	28	57	28	60	29	5	39
4	53	27	55	25	60	25	56	27	7	38	6	40
5	52	28	56	24	57	26	55	36	8	37	3	37
6	51	35	53	23	58	33	4	35	5	36	4	38
7	10	36	54	32	5	34	3	34	6	35	1	35
8	9	33	1	31	6	31	2	34	3	34	2	36
9	8	34	2	40	3	32	1	31	4	33	9	33
10	7	31	9	39	4	39	10	32	1	32	10	34
11	6	32	10	38	1	40	9	39	2	31	7	31
12	5	37	7	37	2	37	8	40	9	40	8	32
13	4	38	8	36	9	38	7	37	10	39	15	49
14	3	35	5	35	2	35	6	38	17	48	16	50
15	10	36	6	32	9	36	5	45	18	47	19	47
16	9	43	3	31	10	43	14	50	15	46	20	48
17	18	44	3	50	17	45	11	47	16	45	17	45
18	15	41	12	46	18	44	20	48	13	50	18	45
19	14	50	11	43	15	43	19	45	13	49	15	44
20	13	47	20	44	16	42	12	46	12	48	16	43
21	12	48	19	41	19	41	11	43	11	50	13	42
22	11	45	18	42	20	50	20	44	20	47	12	41
23	20	46	17	49	17	49	19	49	19	48	29	60
24	19	43	16	50	18	48	18	50	28	55	30	59
25	18	44	15	47	15	47	17	57	27	56	27	58
26	17	51	14	48	16	56	26	58	26	53	28	57
27	26	52	13	55	23	53	25	55	25	54	25	56
28	25	59	22	56	24	52	24	56	24	51	26	55
29	24		21	53	21	51	23	53	23	52	23	54
30	23		30	54	22	60	22	54	22	59	24	53
31	22		29		29		21	51		60		52

金 1978 昭和53年生 ★ 満46歳

日＼月	1	2	3	4	5	6	7	8	9	10	11	12
1	51	36	53	23	58	33	4	35	5	36	4	38
2	10	35	54	32	5	34	3	34	6	35	1	35
3	9	34	1	31	6	31	2	33	3	34	2	36
4	8	34	2	40	3	32	1	32	4	33	9	33
5	7	31	9	39	4	39	10	31	1	32	10	34
6	6	32	10	38	1	40	9	40	2	31	7	31
7	5	39	7	37	2	37	8	39	9	40	8	32
8	4	40	8	36	9	38	7	37	10	39	15	49
9	3	37	5	35	10	35	6	38	17	48	16	50
10	2	38	6	34	7	36	5	45	18	47	13	47
11	1	45	3	33	8	43	14	46	15	46	14	48
12	20	44	4	42	15	44	13	43	16	45	11	45
13	19	41	11	41	16	41	12	44	13	44	12	46
14	18	42	12	50	15	42	11	41	14	43	19	43
15	17	49	19	47	16	49	20	42	11	42	20	44
16	14	50	20	46	13	50	19	43	12	41	13	41
17	13	47	18	45	14	50	16	44	19	50	14	42
18	12	48	17	49	11	49	15	41	20	49	21	60
19	19	43	16	50	12	48	14	42	28	54	22	59
20	18	44	15	47	19	47	17	59	27	53	29	58
21	17	51	14	48	16	56	26	60	26	52	30	57
22	26	52	13	55	23	55	25	57	25	54	27	56
23	25	59	22	56	24	54	24	56	24	51	26	55
24	24	60	21	53	21	53	23	53	23	52	23	54
25	23	57	30	54	22	52	22	54	22	59	24	53
26	22	58	29	51	29	51	21	51	21	60	21	52
27	21	55	28	52	30	58	30	52	30	57	22	51
28	30	56	27	59	27	57	29	59	29	58	39	10
29	29		26	60	28	56	28	60	38	5	40	9
30	28		25	57	25	55	27	7	37	6	37	8
31	27		24		26		36	8		3		7

31~40 時計座　41~50 カメレオン座　51~60 イルカ座

銀 1979

昭和54年生 ★ 満45歳

日＼月	1	2	3	4	5	6	7	8	9	10	11	12
1	6	31	10	38	1	40	9	40	2	31	7	31
2	5	40	7	37	2	37	8	39	9	40	8	32
3	4	39	8	36	9	38	7	38	10	39	15	49
4	3	37	5	35	10	35	6	37	17	48	16	50
5	2	38	6	34	7	36	5	46	18	47	13	47
6	1	45	3	33	8	43	14	45	15	46	14	48
7	20	46	4	42	15	44	13	44	16	45	11	45
8	19	43	11	41	16	41	12	44	13	44	12	46
9	18	44	12	50	13	42	11	41	14	43	19	43
10	17	41	19	49	14	49	20	42	11	42	20	44
11	16	42	20	48	11	50	19	49	12	41	17	41
12	15	47	17	47	12	47	18	50	19	50	18	42
13	14	48	18	46	19	48	17	47	20	49	25	59
14	13	45	15	45	12	45	16	48	27	58	26	60
15	12	46	16	42	19	46	15	55	28	57	23	57
16	19	53	13	41	20	53	24	60	25	56	30	58
17	28	54	13	60	27	55	23	57	26	55	27	55
18	27	51	22	56	28	54	30	58	23	54	28	56
19	24	60	21	53	25	53	29	55	23	59	25	54
20	23	57	30	54	26	52	28	56	22	58	26	53
21	22	58	29	51	29	51	21	53	21	57	23	52
22	21	55	28	52	30	60	30	54	30	57	24	51
23	30	56	27	59	27	59	29	59	29	58	39	10
24	29	53	26	60	28	58	28	60	38	5	40	9
25	28	54	25	57	25	57	27	7	37	6	37	8
26	27	1	24	58	26	6	36	8	36	3	38	7
27	36	2	23	5	33	3	35	5	35	4	35	6
28	35	9	32	6	34	2	34	6	34	1	36	5
29	34		31	3	31	1	33	3	33	2	33	4
30	33		40	4	32	10	32	4	32	9	34	3
31	32		39		39		31	1		10		2

金 1980

昭和55年生 ★ 満44歳

日＼月	1	2	3	4	5	6	7	8	9	10	11	12
1	1	46	4	42	15	44	13	44	16	45	11	45
2	20	45	11	41	16	41	12	43	13	44	12	46
3	19	44	12	50	13	42	11	42	14	43	19	43
4	18	43	19	49	14	49	20	41	11	42	20	44
5	17	41	20	48	11	50	19	50	12	41	17	41
6	16	42	17	47	12	47	17	49	19	50	18	42
7	15	49	18	46	19	48	17	47	20	49	25	59
8	14	50	15	45	20	45	16	48	27	58	26	60
9	13	47	16	44	17	46	15	55	28	57	23	57
10	12	48	13	43	18	53	24	56	25	56	24	58
11	11	55	14	52	25	54	23	53	26	55	21	55
12	30	56	21	51	26	51	22	54	23	54	22	56
13	29	51	22	60	25	52	21	51	24	53	29	53
14	28	52	29	57	26	59	30	52	21	52	30	54
15	27	59	30	56	23	60	29	53	22	51	23	51
16	24	60	28	55	24	60	28	54	29	60	24	52
17	23	57	27	59	21	59	25	51	30	59	31	9
18	22	58	26	60	22	58	24	52	38	4	32	9
19	29	55	25	57	29	57	23	9	37	3	39	8
20	28	54	24	58	26	6	36	10	36	2	40	7
21	27	1	23	5	33	5	35	7	35	4	37	6
22	36	2	32	6	34	4	34	6	34	1	36	5
23	35	9	31	3	31	3	33	3	33	2	33	4
24	34	10	40	4	32	2	32	4	32	9	34	3
25	33	7	39	1	39	1	31	1	31	10	31	2
26	32	8	38	2	40	8	40	2	40	7	32	1
27	31	5	37	9	37	7	39	9	39	8	49	20
28	40	6	36	10	38	6	38	10	48	15	50	19
29	39	3	35	7	35	5	37	17	47	16	47	18
30	38		34	8	36	14	46	18	46	13	48	17
31	37		33		43		45	15		14		16

命数が…… 1~10 羅針盤座　11~20 インディアン座　21~30 鳳凰座

銀 1981 昭和56年生 ★ 満43歳

日＼月	1	2	3	4	5	6	7	8	9	10	11	12
1	15	50	17	47	12	47	18	49	19	50	18	42
2	14	49	18	46	19	48	17	48	20	49	25	59
3	13	48	15	45	20	45	16	47	27	58	26	60
4	12	48	16	44	17	46	15	56	28	57	23	57
5	11	55	17	43	18	53	24	55	25	56	24	58
6	30	56	14	52	25	54	23	54	26	55	21	55
7	29	53	21	51	26	51	22	54	23	54	22	56
8	28	54	22	60	23	52	21	51	24	53	29	53
9	27	51	29	59	24	59	30	52	21	52	30	54
10	26	52	30	58	21	60	29	59	22	51	27	51
11	25	59	27	57	22	57	28	60	29	60	28	52
12	24	58	28	56	29	58	27	57	30	59	35	9
13	23	55	25	55	22	55	26	58	37	8	36	10
14	22	56	26	54	29	56	25	5	38	7	33	7
15	21	3	23	51	30	3	34	10	35	6	40	8
16	38	4	24	10	37	4	33	7	36	5	37	5
17	37	1	32	9	38	4	40	8	33	4	38	6
18	36	2	31	3	35	3	39	5	34	9	35	4
19	33	7	40	4	36	2	38	6	32	8	36	3
20	32	8	39	1	39	1	31	3	31	7	33	2
21	31	5	38	2	40	10	40	4	40	7	34	1
22	40	6	37	9	37	9	39	9	39	8	49	20
23	39	3	36	10	38	8	38	10	48	15	50	19
24	38	4	35	7	35	7	37	17	47	16	47	18
25	37	11	34	8	36	16	46	18	46	13	48	17
26	46	12	33	15	43	15	45	15	45	14	45	16
27	45	19	42	16	44	12	44	16	44	11	46	15
28	44	20	41	13	41	11	43	13	43	12	43	14
29	43		50	14	42	20	42	14	42	19	44	13
30	42		49	11	49	19	41	11	41	20	41	12
31	41		48		50		50	12		17		11

金 1982 昭和57年生 ★ 満42歳

日＼月	1	2	3	4	5	6	7	8	9	10	11	12
1	30	55	14	52	25	54	23	54	26	55	21	55
2	29	54	21	51	26	51	22	53	23	54	22	56
3	28	53	22	60	23	52	21	52	24	53	29	53
4	27	51	29	59	24	59	30	51	21	52	30	54
5	26	52	24	58	21	60	29	60	22	51	27	51
6	25	59	27	57	22	57	28	59	29	60	28	52
7	24	60	28	56	29	58	27	58	30	59	35	9
8	23	57	25	55	30	55	26	58	37	8	36	10
9	22	58	26	54	27	56	25	5	38	7	33	7
10	21	5	23	53	28	3	34	6	35	6	34	8
11	40	6	24	2	35	4	33	3	36	5	31	5
12	39	1	31	1	36	1	32	4	33	4	32	6
13	38	2	32	10	33	2	31	1	34	3	39	3
14	37	9	39	9	36	9	40	2	31	2	40	4
15	36	10	40	6	33	10	39	9	32	1	37	1
16	33	7	37	5	34	7	38	4	39	10	34	2
17	32	8	37	4	31	9	35	1	40	9	41	19
18	31	5	36	10	32	8	34	2	47	14	42	19
19	38	4	35	7	39	7	33	19	47	13	49	18
20	37	11	34	8	40	16	46	20	46	12	50	17
21	46	12	33	15	43	15	45	17	45	14	47	16
22	45	19	42	16	44	14	44	18	44	11	48	15
23	44	20	41	13	41	13	43	13	43	12	43	14
24	43	17	50	14	42	12	42	14	42	19	44	13
25	42	18	49	11	49	11	41	11	41	20	41	12
26	41	15	48	12	50	20	50	12	50	17	42	11
27	50	16	47	19	47	17	49	19	49	18	59	30
28	49	13	46	20	48	16	48	20	58	25	60	29
29	48		45	17	45	15	47	27	57	26	57	28
30	47		44	18	46	24	56	28	56	23	58	27
31	56		43		53		55	25		24		26

31~40 時計座　41~50 カメレオン座　51~60 イルカ座

銀

1983

昭和58年生 ★ 満41歳

日＼月	1	2	3	4	5	6	7	8	9	10	11	12
1	25	60	27	57	22	57	28	59	29	60	28	52
2	24	59	28	56	29	58	27	58	30	59	35	9
3	23	58	25	55	30	55	26	57	37	8	36	10
4	22	58	26	54	27	56	25	6	38	7	33	7
5	21	5	23	53	28	3	34	5	35	6	34	8
6	40	6	24	2	35	4	33	4	36	5	31	5
7	39	3	31	1	36	1	31	3	33	4	32	6
8	38	4	32	10	33	2	31	1	34	3	39	3
9	37	1	39	9	34	9	40	2	31	2	40	4
10	36	2	40	8	31	10	39	9	32	1	37	1
11	35	9	37	7	32	7	38	10	39	10	38	2
12	34	8	38	6	39	8	37	7	40	9	45	19
13	33	5	35	5	40	5	36	8	47	18	46	20
14	32	6	36	4	39	6	35	15	48	17	43	17
15	31	13	33	1	40	13	44	16	45	16	44	18
16	48	14	34	20	47	14	43	17	46	15	47	15
17	47	11	42	19	48	14	42	18	43	14	48	16
18	46	12	41	13	45	13	49	15	44	13	45	13
19	43	17	50	14	46	12	48	16	42	18	46	13
20	42	18	49	11	43	11	47	13	41	17	43	12
21	41	15	48	12	50	20	50	14	50	16	44	11
22	50	16	47	19	47	19	49	11	49	18	51	30
23	49	13	46	20	48	18	48	20	58	25	60	29
24	48	14	45	17	45	17	47	27	57	26	57	28
25	47	21	44	18	46	26	56	28	56	23	58	27
26	56	22	43	25	53	25	55	25	55	24	55	26
27	55	29	52	26	54	22	54	26	54	21	56	25
28	54	30	51	23	51	21	53	23	53	22	53	24
29	53		60	24	52	30	52	24	52	29	54	23
30	52		59	21	59	29	51	21	51	30	51	22
31	51		58		60		60	22		27		21

金

1984

昭和59年生 ★ 満40歳

日＼月	1	2	3	4	5	6	7	8	9	10	11	12
1	40	5	31	1	36	1	32	3	33	4	32	6
2	39	4	32	10	33	2	31	2	34	3	39	3
3	38	3	39	9	34	9	40	1	31	2	40	4
4	37	2	40	8	31	10	39	10	32	1	37	1
5	36	2	37	7	32	7	38	9	39	10	38	2
6	35	9	38	6	39	8	38	8	40	9	45	19
7	34	10	35	5	40	5	36	8	47	18	46	20
8	33	7	36	4	37	6	35	15	48	17	43	17
9	32	8	33	3	38	13	44	16	45	16	44	18
10	31	15	34	12	45	14	43	13	46	15	41	15
11	50	16	41	11	46	11	42	14	43	14	42	16
12	49	13	42	20	43	12	41	11	44	13	49	13
13	48	12	49	19	46	19	50	12	41	12	50	14
14	47	19	50	16	43	20	49	19	42	11	47	11
15	46	20	47	15	44	17	48	14	49	20	44	12
16	43	17	47	14	41	19	47	11	50	19	51	29
17	42	18	46	20	42	18	44	12	57	28	52	30
18	41	15	45	17	49	17	43	29	57	23	59	28
19	48	16	44	18	50	26	52	30	56	22	60	27
20	47	21	43	25	53	25	55	27	55	21	57	26
21	56	22	52	26	54	24	54	28	54	21	58	25
22	55	29	51	23	51	23	53	23	53	22	53	24
23	54	30	60	24	52	22	52	24	52	29	54	23
24	53	27	59	21	59	21	51	21	51	30	51	22
25	52	28	58	22	60	30	60	22	60	27	52	21
26	51	25	57	29	57	27	59	29	59	28	9	40
27	60	26	56	30	58	26	58	30	8	35	10	39
28	59	23	55	27	55	25	57	37	7	36	7	38
29	58	24	54	28	56	34	6	38	6	33	8	37
30	57		53	35	3	33	5	35	5	34	5	36
31	6		2		4		4	36		31		35

命数が……　1~10 羅針盤座　11~20 インディアン座　21~30 鳳凰座

銀 1985

昭和60年生 ★ 満39歳

日＼月	1	2	3	4	5	6	7	8	9	10	11	12
1	34	9	38	6	39	8	37	8	40	9	45	19
2	33	8	35	5	40	5	36	7	47	18	46	20
3	32	7	36	4	37	6	35	16	48	17	43	17
4	31	15	33	3	38	13	44	15	45	16	44	18
5	50	16	38	12	45	14	43	14	46	15	41	15
6	49	13	41	11	46	11	42	13	43	14	42	16
7	48	14	42	20	43	12	41	11	44	13	49	13
8	47	11	49	19	44	19	50	12	41	12	50	14
9	46	12	50	18	41	20	49	19	42	11	47	11
10	45	19	47	17	42	17	48	20	49	20	48	12
11	44	20	48	16	49	18	47	17	50	19	55	29
12	43	15	45	15	50	15	46	18	57	28	56	30
13	42	16	46	14	49	16	45	25	58	27	53	27
14	41	23	43	13	50	23	54	26	55	26	54	28
15	58	24	44	30	57	24	53	27	56	25	57	25
16	57	21	51	29	58	21	52	28	53	24	58	26
17	56	22	51	28	55	23	59	25	54	23	55	23
18	53	29	60	24	56	22	58	26	51	28	56	23
19	52	28	59	21	53	21	57	23	51	27	53	22
20	51	25	58	22	60	30	60	24	60	26	54	21
21	60	26	57	29	57	29	59	21	59	28	1	40
22	59	23	56	30	58	28	58	30	8	35	10	39
23	58	24	55	27	55	27	57	37	7	36	7	38
24	57	31	54	28	56	36	6	38	6	33	8	37
25	6	32	53	35	3	35	5	35	5	34	5	36
26	5	39	2	36	4	32	4	36	4	31	6	35
27	4	40	1	33	1	31	3	33	3	32	3	34
28	3	37	10	34	2	40	2	34	2	39	4	33
29	2		9	31	9	39	1	31	1	40	1	32
30	1		8	32	10	38	10	32	10	37	2	31
31	10		7		7		9	39		38		50

金 1986

昭和61年生 ★ 満38歳

日＼月	1	2	3	4	5	6	7	8	9	10	11	12
1	49	14	41	11	46	11	42	13	43	14	42	16
2	48	13	42	20	43	12	41	12	44	13	49	13
3	47	12	49	19	44	19	50	11	41	12	50	14
4	46	12	50	18	41	20	49	20	42	11	47	11
5	45	19	41	17	42	17	48	19	49	20	48	12
6	44	20	48	16	49	18	47	18	50	19	55	29
7	43	17	45	15	50	15	46	17	57	28	56	30
8	42	18	46	14	47	16	45	25	58	27	53	27
9	41	25	43	13	48	23	54	26	55	26	54	28
10	60	26	44	22	55	24	53	23	56	25	51	25
11	59	23	51	21	56	21	52	24	53	24	52	26
12	58	22	52	30	53	22	51	21	54	23	59	23
13	57	29	59	29	54	29	60	22	51	22	60	24
14	56	30	60	28	53	30	59	29	52	21	57	21
15	55	27	57	25	54	27	58	30	59	30	58	22
16	52	28	58	24	51	28	57	21	60	29	1	39
17	51	25	56	23	52	28	54	22	7	38	2	40
18	60	26	55	27	59	27	53	39	8	33	9	38
19	57	31	54	28	60	36	2	40	6	32	10	37
20	6	32	53	35	7	35	5	37	5	31	7	36
21	5	39	2	36	4	34	4	38	4	31	8	35
22	4	40	1	33	1	33	3	35	3	32	5	34
23	3	37	10	34	2	32	2	34	2	39	4	33
24	2	38	9	31	9	31	1	31	1	40	1	32
25	1	35	8	32	10	40	10	32	10	37	2	31
26	10	36	7	39	7	39	9	39	9	38	19	50
27	9	33	6	40	8	36	8	40	18	45	20	49
28	8	34	5	37	5	35	7	47	17	46	17	48
29	7		4	38	6	44	16	48	16	43	18	47
30	16		3	45	13	43	15	45	15	44	15	46
31	15		12		14		14	46		41		45

31~40 時計座　41~50 カメレオン座　51~60 イルカ座

銀 1987

昭和62年生 ★ 満37歳

日＼月	1	2	3	4	5	6	7	8	9	10	11	12
1	44	19	48	16	49	18	47	18	50	19	55	29
2	43	18	45	15	50	15	46	17	57	28	56	30
3	42	17	46	14	47	16	45	26	58	27	53	27
4	41	25	43	13	48	23	54	25	55	26	54	28
5	60	26	48	22	55	24	53	24	56	25	51	25
6	59	23	51	21	56	21	52	23	53	24	52	26
7	58	24	52	30	53	22	52	22	54	23	59	23
8	57	21	59	29	54	29	60	22	51	22	60	24
9	56	22	60	28	51	30	59	29	52	21	57	21
10	55	29	57	27	52	27	58	30	59	30	58	22
11	54	30	58	26	59	28	57	27	60	29	5	39
12	53	25	55	25	60	25	56	28	7	38	6	40
13	52	26	56	24	57	26	55	35	8	37	3	37
14	51	33	53	23	60	33	4	36	5	36	4	38
15	10	34	54	40	7	34	3	33	6	35	1	35
16	7	31	1	39	8	31	2	38	3	34	8	36
17	6	32	1	38	5	33	1	35	4	33	5	33
18	5	39	10	34	6	32	8	36	1	32	6	34
19	2	38	9	31	3	31	7	33	1	37	3	32
20	1	35	8	32	4	40	6	34	10	36	4	31
21	10	36	7	39	7	39	9	31	9	35	11	50
22	9	33	6	40	8	38	8	32	18	45	12	49
23	8	34	5	37	5	37	7	47	17	46	17	48
24	7	41	4	38	6	46	16	48	16	43	18	47
25	16	42	3	45	13	45	15	45	15	44	15	46
26	15	49	12	46	14	44	14	46	14	41	16	45
27	14	50	11	43	11	41	13	43	13	42	13	44
28	13	47	20	44	12	50	12	44	12	49	14	43
29	12		19	41	19	49	11	41	11	50	11	42
30	11		18	42	20	48	20	42	20	47	12	41
31	20		17		17		19	49		48		60

金 1988

昭和63年生 ★ 満36歳

日＼月	1	2	3	4	5	6	7	8	9	10	11	12
1	59	24	52	30	53	22	51	22	54	23	59	23
2	58	23	59	29	54	29	60	21	51	22	60	24
3	57	22	60	28	51	30	59	30	52	21	57	21
4	56	22	57	27	52	27	58	29	59	30	58	22
5	55	29	58	26	59	28	57	28	60	29	5	39
6	54	30	55	25	60	25	55	27	7	38	6	40
7	53	27	56	24	57	26	55	35	8	37	3	37
8	52	28	53	23	58	33	4	36	5	36	4	38
9	51	35	54	32	5	34	3	33	6	35	1	35
10	10	36	1	31	6	31	2	34	3	34	2	36
11	9	33	2	40	3	32	1	31	4	33	9	33
12	8	32	9	39	4	39	10	32	1	32	10	34
13	7	39	10	38	3	40	9	39	2	31	7	31
14	6	40	7	35	4	37	8	40	9	40	8	32
15	5	37	8	34	1	38	7	31	10	39	11	49
16	2	38	6	33	2	38	6	32	17	48	12	50
17	1	35	5	37	9	37	3	49	18	47	19	47
18	10	36	4	38	10	46	12	50	16	42	20	47
19	7	41	3	45	17	45	11	47	15	41	17	46
20	16	42	12	46	14	44	14	48	14	50	18	45
21	15	49	11	43	11	43	13	45	13	42	15	44
22	14	50	20	44	12	42	12	44	12	49	14	43
23	13	47	19	41	19	41	11	41	11	50	11	42
24	12	48	18	42	20	50	20	42	20	47	12	41
25	11	45	17	49	17	49	19	49	19	48	29	60
26	20	46	16	50	18	46	18	50	28	55	30	59
27	19	43	15	47	15	45	17	57	27	56	27	58
28	18	44	14	48	16	54	26	58	26	53	28	57
29	17	51	13	55	23	53	25	55	25	54	25	56
30	26		22	56	24	52	24	56	24	51	26	55
31	25		21		21		23	53		52		54

命数が…… 1~10 羅針盤座　11~20 インディアン座　21~30 鳳凰座

銀 1989

昭和64年生　平成元年生

★満35歳

日＼月	1	2	3	4	5	6	7	8	9	10	11	12
1	53	28	55	25	60	25	56	27	7	38	6	40
2	52	27	56	24	57	26	55	36	8	37	3	37
3	51	36	53	23	58	33	4	35	5	36	4	38
4	10	36	54	32	5	34	3	34	6	35	1	35
5	9	33	1	31	6	31	2	33	3	34	2	36
6	8	34	2	40	3	32	1	32	4	33	9	33
7	7	31	9	39	4	39	10	32	1	32	10	34
8	6	32	10	38	1	40	9	39	2	31	7	31
9	5	39	7	37	2	37	8	40	9	40	8	32
10	4	40	8	36	9	38	7	37	10	39	15	49
11	3	37	5	35	10	35	6	38	17	48	16	50
12	2	36	6	34	7	36	5	45	18	47	13	47
13	1	43	3	33	10	43	14	46	15	46	14	48
14	20	44	4	42	17	44	13	43	16	45	11	45
15	17	41	11	49	18	41	12	48	13	44	18	46
16	16	42	11	48	15	42	11	45	14	43	15	43
17	15	49	20	47	16	42	18	46	11	42	16	44
18	12	50	19	41	13	41	17	43	12	47	13	42
19	11	45	18	42	14	50	16	44	20	46	14	41
20	20	46	17	49	17	49	19	41	19	45	21	60
21	19	43	16	50	18	48	18	42	28	55	22	59
22	18	44	15	47	15	47	17	57	27	56	27	58
23	17	51	14	48	16	56	26	58	26	53	28	57
24	26	52	13	55	23	55	25	55	25	54	25	56
25	25	59	22	56	24	54	24	56	24	51	26	55
26	24	60	21	53	21	53	23	53	23	52	23	54
27	23	57	30	54	22	60	22	54	22	59	24	53
28	22	58	29	51	29	59	21	51	21	60	21	52
29	21		28	52	30	58	30	52	30	57	22	51
30	30		27	59	27	57	29	59	29	58	39	10
31	29		26		28		28	60		5		9

金 1990

平成2年生

★満34歳

日＼月	1	2	3	4	5	6	7	8	9	10	11	12
1	8	33	2	40	3	32	1	32	4	33	9	33
2	7	32	9	39	4	39	10	31	1	32	10	34
3	6	31	10	38	1	40	9	40	2	31	7	31
4	5	39	7	37	2	37	8	39	9	40	8	32
5	4	40	2	36	9	38	7	38	10	39	15	49
6	3	37	5	35	10	35	6	37	17	48	16	50
7	2	38	6	34	7	36	5	46	18	47	13	47
8	1	45	3	33	8	43	14	46	15	46	14	48
9	20	46	4	42	15	44	13	43	16	45	11	45
10	19	43	11	41	16	41	12	44	13	44	12	46
11	18	44	12	50	13	42	11	41	14	43	19	43
12	17	49	19	49	14	49	20	42	11	42	20	44
13	16	50	20	48	11	50	19	49	12	41	17	41
14	15	47	17	47	14	47	18	50	19	50	18	42
15	12	48	18	44	11	48	17	47	20	49	25	59
16	11	45	15	43	12	45	16	42	27	58	22	60
17	20	46	15	42	19	47	13	59	28	57	29	57
18	17	53	14	48	20	56	22	60	25	52	30	57
19	26	52	13	55	27	55	21	57	25	51	27	56
20	25	59	22	56	28	54	24	58	24	60	28	55
21	24	60	21	53	21	53	23	55	23	52	25	54
22	23	57	30	54	22	52	22	56	22	59	26	53
23	22	58	29	51	29	51	21	51	21	60	21	52
24	21	55	28	52	30	60	30	52	30	57	22	51
25	30	56	27	59	27	59	29	59	29	58	39	10
26	29	53	26	60	28	58	28	60	38	5	40	9
27	28	54	25	57	25	55	27	7	37	6	37	8
28	27	1	24	58	26	4	36	8	36	3	38	7
29	36		23	5	33	3	35	5	35	4	35	6
30	35		32	6	34	2	34	6	34	1	36	5
31	34		31		31		33	3		2		4

31~40 時計座　41~50 カメレオン座　51~60 イルカ座

銀

1991

平成3年生 ★ 満33歳

日＼月	1	2	3	4	5	6	7	8	9	10	11	12
1	3	38	5	35	10	35	6	37	17	48	16	50
2	2	37	6	34	7	36	5	46	18	47	13	47
3	1	46	3	33	8	43	14	45	15	46	14	48
4	20	46	4	42	15	44	13	44	16	45	11	45
5	19	43	15	41	16	41	12	43	13	44	12	46
6	18	44	12	50	13	42	11	42	14	43	19	43
7	17	41	19	49	14	49	20	41	11	42	20	44
8	16	42	20	48	11	50	19	49	12	41	17	41
9	15	49	17	47	12	47	18	50	19	50	18	42
10	14	50	18	46	19	48	17	47	20	49	25	59
11	13	47	15	45	20	45	16	48	27	58	26	60
12	12	46	16	44	17	46	15	55	28	57	23	57
13	11	53	13	43	18	53	24	56	25	56	24	58
14	30	54	14	52	27	54	23	53	26	55	21	55
15	29	51	21	59	28	51	22	54	23	54	22	56
16	26	52	22	58	25	52	21	55	24	53	25	53
17	25	59	30	57	26	52	28	56	21	52	26	54
18	24	60	29	51	23	51	27	53	22	51	23	51
19	21	55	28	52	24	60	26	54	30	56	24	51
20	30	56	27	59	21	59	29	51	29	55	31	10
21	29	53	26	60	28	58	28	52	38	4	32	9
22	28	54	25	57	25	57	27	9	37	6	39	8
23	27	1	24	58	26	6	36	8	36	3	38	7
24	36	2	23	5	33	5	35	5	35	4	35	6
25	35	9	32	6	34	4	34	6	34	1	36	5
26	34	10	31	3	31	1	33	3	33	2	33	4
27	33	7	40	4	32	10	32	4	32	9	34	3
28	32	8	39	1	39	9	31	1	31	10	31	2
29	31		38	2	40	8	40	2	40	7	32	1
30	40		37	9	37	7	39	9	39	8	49	20
31	39		36		38		38	10		15		19

金

1992

平成4年生 ★ 満32歳

日＼月	1	2	3	4	5	6	7	8	9	10	11	12
1	18	43	19	49	14	49	20	41	11	42	20	44
2	17	42	20	48	11	50	19	50	12	41	17	41
3	16	41	17	47	12	47	18	49	19	50	18	42
4	15	49	18	46	19	48	17	48	20	49	25	59
5	14	50	15	45	20	45	16	47	27	58	26	60
6	13	47	16	44	17	46	16	56	28	57	23	57
7	12	48	13	43	18	53	24	56	25	56	24	58
8	11	55	14	52	25	54	23	53	26	55	21	55
9	30	56	21	51	26	51	22	54	23	54	22	56
10	29	53	22	60	23	52	21	51	24	53	29	53
11	28	54	29	59	24	59	30	52	21	52	30	54
12	27	59	30	58	21	60	29	59	22	51	27	51
13	26	60	27	57	24	57	28	60	29	60	28	52
14	25	57	28	54	21	58	27	57	30	59	35	9
15	24	58	25	53	22	55	26	52	37	8	32	10
16	21	55	25	52	29	57	25	9	38	7	39	7
17	30	56	24	58	30	6	32	10	35	6	40	8
18	29	3	23	5	37	5	31	7	35	1	37	6
19	36	2	32	6	38	4	40	8	34	10	38	5
20	35	9	31	3	31	3	33	5	33	9	35	4
21	34	10	40	4	32	2	32	6	32	9	36	3
22	33	7	39	1	39	1	31	1	31	10	31	2
23	32	8	38	2	40	10	40	2	40	7	32	1
24	31	5	37	9	37	9	39	9	39	8	49	20
25	40	6	36	10	38	8	38	10	48	15	50	19
26	39	3	35	7	35	5	37	17	47	16	47	18
27	38	4	34	8	36	14	46	18	46	13	48	17
28	37	11	33	15	43	13	45	15	45	14	45	16
29	46	12	42	16	44	12	44	16	44	11	46	15
30	45		41	13	41	11	43	13	43	12	43	14
31	44		50		42		42	14		19		13

命数が…… 1~10 羅針盤座　11~20 インディアン座　21~30 鳳凰座

銀 1993 平成5年生★満31歳

日＼月	1	2	3	4	5	6	7	8	9	10	11	12
1	12	47	16	44	17	46	15	56	28	57	23	57
2	11	56	13	43	18	53	24	55	25	56	24	58
3	30	55	14	52	25	54	23	54	26	55	21	55
4	29	53	21	51	26	51	22	53	23	54	22	56
5	28	54	22	60	23	52	21	52	24	53	29	53
6	27	51	29	59	24	59	30	51	21	52	30	54
7	26	52	30	58	21	60	30	59	22	51	27	51
8	25	59	27	57	22	57	28	60	29	60	28	52
9	24	60	28	56	29	58	27	57	30	59	35	9
10	23	57	25	55	30	55	26	58	37	8	36	10
11	22	58	26	54	27	56	25	5	38	7	33	7
12	21	3	23	53	28	3	34	6	35	6	34	8
13	40	4	24	2	37	4	33	3	36	5	31	5
14	39	1	31	1	38	1	32	4	33	4	32	6
15	36	2	32	8	35	2	31	5	34	3	35	3
16	35	9	40	7	36	9	40	6	31	2	36	4
17	34	10	39	6	33	1	39	3	32	1	33	1
18	31	7	38	2	34	10	36	4	39	6	34	1
19	40	6	37	9	31	9	35	1	39	5	41	20
20	39	3	36	10	38	8	34	2	48	14	42	19
21	38	4	35	7	35	7	37	19	47	16	49	18
22	37	11	34	8	36	16	46	18	46	13	48	17
23	46	12	33	15	43	15	45	15	45	14	45	16
24	45	19	42	16	44	14	44	16	44	11	46	15
25	44	20	41	13	41	13	43	13	43	12	43	14
26	43	17	50	14	42	12	42	14	42	19	44	13
27	42	18	49	11	49	19	41	11	41	20	41	12
28	41	15	48	12	50	18	50	12	50	17	42	11
29	50		47	19	47	17	49	19	49	18	59	30
30	49		46	20	48	16	48	20	58	25	60	29
31	48		45		45		47	27		26		28

金 1994 平成6年生★満30歳

日＼月	1	2	3	4	5	6	7	8	9	10	11	12
1	27	52	29	59	24	59	30	51	21	52	30	54
2	26	51	30	58	21	60	29	60	22	51	27	51
3	25	60	27	57	22	57	28	59	29	60	28	52
4	24	60	28	56	29	58	27	58	30	59	35	9
5	23	57	29	55	30	55	26	57	37	8	36	10
6	22	58	26	54	27	56	25	6	38	7	33	7
7	21	5	23	53	28	3	34	5	35	6	34	8
8	40	6	24	2	35	4	33	3	36	5	31	5
9	39	3	31	1	36	1	32	4	33	4	32	6
10	38	4	32	10	33	2	31	1	34	3	39	3
11	37	1	39	9	34	9	40	2	31	2	40	4
12	36	10	40	8	31	10	39	9	32	1	37	1
13	35	7	37	7	32	7	38	10	39	10	38	2
14	34	8	38	6	31	8	37	7	40	9	45	19
15	31	5	35	3	32	5	36	8	47	18	46	20
16	40	6	36	2	39	6	35	19	48	17	49	17
17	39	13	34	1	40	16	42	20	45	16	50	18
18	46	14	33	15	47	15	41	17	46	11	47	16
19	45	19	42	16	48	14	50	18	44	20	48	15
20	44	20	41	13	45	13	43	15	43	19	45	14
21	43	17	50	14	42	12	42	16	42	19	46	13
22	42	18	49	11	49	11	41	13	41	20	43	12
23	41	15	48	12	50	20	50	12	50	17	42	11
24	50	16	47	19	47	19	49	19	49	18	59	30
25	49	13	46	20	48	18	48	20	58	25	60	29
26	48	14	45	17	45	17	47	27	57	26	57	28
27	47	21	44	18	46	24	56	28	56	23	58	27
28	56	22	43	25	53	23	55	25	55	24	55	26
29	55		52	26	54	22	54	26	54	21	56	25
30	54		51	23	51	21	53	23	53	22	53	24
31	53		60		52		52	24		29		23

31~40 時計座　41~50 カメレオン座　51~60 イルカ座

銀 1995 平成7年生 ★ 満29歳

日＼月	1	2	3	4	5	6	7	8	9	10	11	12
1	22	57	26	54	27	56	25	6	38	7	33	7
2	21	6	23	53	28	3	34	5	35	6	34	8
3	40	5	24	2	35	4	33	4	36	5	31	5
4	39	3	31	1	36	1	32	3	33	4	32	6
5	38	4	32	10	33	2	31	2	34	3	39	3
6	37	1	39	9	34	9	40	1	31	2	40	4
7	36	2	40	8	31	10	39	10	32	1	37	1
8	35	9	37	7	32	7	38	10	39	10	38	2
9	34	10	38	6	39	8	37	7	40	9	45	19
10	33	7	35	5	40	5	36	8	47	18	46	20
11	32	8	36	4	37	6	35	15	48	17	43	17
12	31	13	33	3	38	13	44	16	45	16	44	18
13	50	14	34	12	45	14	43	13	46	15	41	15
14	49	11	41	11	48	11	42	14	43	14	42	16
15	48	12	42	18	45	12	41	11	44	13	49	13
16	45	19	49	17	46	19	50	16	41	12	46	14
17	44	20	49	16	43	11	47	13	42	11	43	11
18	43	17	48	12	44	20	46	14	49	20	44	11
19	50	16	47	19	41	19	45	11	49	15	51	30
20	49	13	46	20	42	18	48	12	58	24	52	29
21	48	14	45	17	45	17	47	29	57	23	59	28
22	47	21	44	18	46	26	56	30	56	23	60	27
23	56	22	43	25	53	25	55	25	55	24	55	26
24	55	29	52	26	54	24	54	26	54	21	56	25
25	54	30	51	23	51	23	53	23	53	22	53	24
26	53	27	60	24	52	22	52	24	52	29	54	23
27	52	28	59	21	59	29	51	21	51	30	51	22
28	51	25	58	22	60	28	60	22	60	27	52	21
29	60		57	29	57	27	59	29	59	28	9	40
30	59		56	30	58	26	58	30	8	35	10	39
31	58		55		55		57	37		36		38

金 1996 平成8年生 ★ 満28歳

日＼月	1	2	3	4	5	6	7	8	9	10	11	12
1	37	2	40	8	31	10	39	10	32	1	37	1
2	36	1	37	7	32	7	38	9	39	10	38	2
3	35	10	38	6	39	8	37	8	40	9	45	19
4	34	10	35	5	40	5	36	7	47	18	46	20
5	33	7	36	4	37	6	35	16	48	17	43	17
6	32	8	33	3	38	13	43	15	45	16	44	18
7	31	15	34	12	45	14	43	13	46	15	41	15
8	50	16	41	11	46	11	42	14	43	14	42	16
9	49	13	42	20	43	12	41	11	44	13	49	13
10	48	14	49	19	44	19	50	12	41	12	50	14
11	47	11	50	18	41	20	49	19	42	11	47	11
12	46	20	47	17	42	17	48	20	49	20	48	12
13	45	17	48	16	41	18	47	17	50	19	55	29
14	44	18	45	13	42	15	46	18	57	28	56	30
15	43	15	46	12	49	16	45	29	58	27	59	27
16	50	16	44	11	50	26	54	30	55	26	60	28
17	49	23	43	25	57	25	51	27	56	25	57	25
18	58	24	52	26	58	24	60	28	54	30	58	25
19	55	29	51	23	55	23	59	25	53	29	55	24
20	54	30	60	24	52	22	52	26	52	28	56	23
21	53	27	59	21	59	21	51	23	51	30	53	22
22	52	28	58	22	60	30	60	22	60	27	52	21
23	51	25	57	29	57	29	59	29	59	28	9	40
24	60	26	56	30	58	28	58	30	8	35	10	39
25	59	23	55	27	55	27	57	37	7	36	7	38
26	58	24	54	28	56	34	6	38	6	33	8	37
27	57	31	53	35	3	33	5	35	5	34	5	36
28	6	32	2	36	4	32	4	36	4	31	6	35
29	5	39	1	33	1	31	3	33	3	32	3	34
30	4		10	34	2	40	2	34	2	39	4	33
31	3		9		9		1	31		40		32

命数が…… 1~10 羅針盤座　11~20 インディアン座　21~30 鳳凰座

銀

1997

平成9年生 ★ 満27歳

日＼月	1	2	3	4	5	6	7	8	9	10	11	12
1	31	16	33	3	38	13	44	15	45	16	44	18
2	50	15	34	12	45	14	43	14	46	15	41	15
3	49	14	41	11	46	11	42	13	43	14	42	16
4	48	14	42	20	43	12	41	12	44	13	49	13
5	47	11	49	19	44	19	50	11	41	12	50	14
6	46	12	50	18	41	20	49	20	42	11	47	11
7	45	19	47	17	42	17	48	20	49	20	48	12
8	44	20	48	16	49	18	47	17	50	19	55	29
9	43	17	45	15	50	15	46	18	57	28	56	30
10	42	18	46	14	47	16	45	25	58	27	53	27
11	41	25	43	13	48	23	54	26	55	26	54	28
12	60	24	44	22	55	24	53	23	56	25	51	25
13	59	21	51	21	58	21	52	24	53	24	52	26
14	58	22	52	30	55	22	51	21	54	23	59	23
15	55	29	59	27	56	29	60	26	51	22	56	24
16	54	30	59	26	53	30	59	23	52	21	53	21
17	53	27	58	25	54	30	56	24	59	30	54	22
18	60	28	57	29	51	29	55	21	59	25	1	40
19	59	23	56	30	52	28	54	22	8	34	2	39
20	58	24	55	27	55	27	57	39	7	33	9	38
21	57	31	54	28	56	36	6	40	6	33	10	37
22	6	32	53	35	3	35	5	35	5	34	5	36
23	5	39	2	36	4	34	4	36	4	31	6	35
24	4	40	1	33	1	33	3	33	3	32	3	34
25	3	37	10	34	2	32	2	34	2	39	4	33
26	2	38	9	31	9	39	1	31	1	40	1	32
27	1	35	8	32	10	38	10	32	10	37	2	31
28	10	36	7	39	7	37	9	39	9	38	19	50
29	9		6	40	8	36	8	40	18	45	20	49
30	8		5	37	5	35	7	47	17	46	17	48
31	7		4		6		16	48		43		47

金

1998

平成10年生 ★ 満26歳

日＼月	1	2	3	4	5	6	7	8	9	10	11	12
1	46	11	50	18	41	20	49	20	42	11	47	11
2	45	20	47	17	42	17	48	19	49	20	48	12
3	44	19	48	16	49	18	47	18	50	19	55	29
4	43	17	45	15	50	15	46	17	57	28	56	30
5	42	18	50	14	47	16	45	26	58	27	53	27
6	41	25	43	13	48	23	54	25	55	26	54	28
7	60	26	44	22	55	24	53	24	56	25	51	25
8	59	23	51	21	56	21	52	24	53	24	52	26
9	58	24	52	30	53	22	51	21	54	23	59	23
10	57	21	59	29	54	29	60	22	51	22	60	24
11	56	22	60	28	51	30	59	29	52	21	57	21
12	55	27	57	27	52	27	58	30	59	30	58	22
13	54	28	58	26	59	28	57	27	60	29	5	39
14	53	25	55	25	52	25	56	28	7	38	6	40
15	60	26	56	22	59	26	55	35	8	37	3	37
16	59	33	53	21	60	33	4	40	5	36	10	38
17	8	34	53	40	7	35	1	37	6	35	7	35
18	5	31	2	36	8	34	10	38	3	40	8	35
19	4	40	1	33	5	33	9	35	3	39	5	34
20	3	37	10	34	6	32	2	36	2	38	6	33
21	2	38	9	31	9	31	1	33	1	40	3	32
22	1	35	8	32	10	40	10	34	10	37	4	31
23	10	36	7	39	7	39	9	39	9	38	19	50
24	9	33	6	40	8	38	8	40	18	45	20	49
25	8	34	5	37	5	37	7	47	17	46	17	48
26	7	41	4	38	6	46	16	48	16	43	18	47
27	16	42	3	45	13	43	15	45	15	44	15	46
28	15	49	12	46	14	42	14	46	14	41	16	45
29	14		11	43	11	41	13	43	13	42	13	44
30	13		20	44	12	50	12	44	12	49	14	43
31	12		19		19		11	41		50		42

31~40 時計座　41~50 カメレオン座　51~60 イルカ座

銀

1999

平成11年生 ★ 満25歳

日＼月	1	2	3	4	5	6	7	8	9	10	11	12
1	41	26	43	13	48	23	54	25	55	26	54	28
2	60	25	44	22	55	24	53	24	56	25	51	25
3	59	24	51	21	56	21	52	23	53	24	52	26
4	58	24	52	30	53	22	51	22	54	23	59	23
5	57	21	53	29	54	29	60	21	51	22	60	24
6	56	22	60	28	51	30	59	30	52	21	57	21
7	55	29	57	27	52	27	58	29	59	30	58	22
8	54	30	58	26	59	28	57	27	60	29	5	39
9	53	27	55	25	60	25	56	28	7	38	6	40
10	52	28	56	24	57	26	55	35	8	37	3	37
11	51	35	53	23	58	33	4	36	5	36	4	38
12	10	34	54	32	5	34	3	33	6	35	1	35
13	9	31	1	31	6	31	2	34	3	34	2	36
14	8	32	2	40	5	32	1	31	4	33	9	33
15	7	39	9	37	6	39	10	32	1	32	10	34
16	4	40	10	36	3	40	9	33	2	31	3	31
17	3	37	8	35	4	40	6	34	9	40	4	32
18	2	38	7	39	1	39	5	31	10	39	11	50
19	9	33	6	40	2	38	4	32	18	44	12	49
20	8	34	5	37	9	37	7	49	17	43	19	48
21	7	41	4	38	6	46	16	50	16	42	20	47
22	16	42	3	45	13	45	15	47	15	44	17	46
23	15	49	12	46	14	44	14	46	14	41	16	45
24	14	50	11	43	11	43	13	43	13	42	13	44
25	13	47	20	44	12	42	12	44	12	49	14	43
26	12	48	19	41	19	41	11	41	11	50	11	42
27	11	45	18	42	20	48	20	42	20	47	12	41
28	20	46	17	49	17	47	19	49	19	48	29	60
29	19		16	50	18	46	18	50	28	55	30	59
30	18		15	47	15	45	17	57	27	56	27	58
31	17		14		16		26	58		53		57

金

2000

平成12年生 ★ 満24歳

日＼月	1	2	3	4	5	6	7	8	9	10	11	12
1	56	21	57	27	52	27	58	29	59	30	58	22
2	55	30	58	26	59	28	57	28	60	29	5	39
3	54	29	55	25	60	25	56	27	7	38	6	40
4	53	27	56	24	57	26	55	36	8	37	3	37
5	52	28	53	23	58	33	4	35	5	36	4	38
6	51	35	54	32	5	34	4	34	6	35	1	35
7	10	36	1	31	6	31	2	34	3	34	2	36
8	9	33	2	40	3	32	1	31	4	33	9	33
9	8	34	9	39	4	39	10	32	1	32	10	34
10	7	31	10	38	1	40	9	39	2	31	7	31
11	6	32	7	37	2	37	8	40	9	40	8	32
12	5	37	8	36	9	38	7	37	10	39	15	49
13	4	38	5	35	2	35	6	38	17	48	16	50
14	3	35	6	32	9	36	5	45	18	47	13	47
15	2	36	3	31	10	43	14	50	15	46	20	48
16	9	43	3	50	17	45	13	47	16	45	17	45
17	18	44	12	46	18	44	20	48	13	44	18	46
18	17	41	11	43	15	43	19	45	13	49	15	44
19	14	50	20	44	16	42	18	46	12	48	16	43
20	13	47	19	41	19	41	11	43	11	47	13	42
21	12	48	18	42	20	50	20	44	20	47	14	41
22	11	45	17	49	17	49	19	49	19	48	29	60
23	20	46	16	50	18	48	18	50	28	55	30	59
24	19	43	15	47	15	47	17	57	27	56	27	58
25	18	44	14	48	16	56	26	58	26	53	28	57
26	17	51	13	55	23	53	25	55	25	54	25	56
27	26	52	22	56	24	52	24	56	24	51	26	55
28	25	59	21	53	21	51	23	53	23	52	23	54
29	24	60	30	54	22	60	22	54	22	59	24	53
30	23		29	51	29	59	21	51	21	60	21	52
31	22		28		30		30	52		57		51

命数が…… 1~10 羅針盤座　11~20 インディアン座　21~30 鳳凰座

銀

2001

平成13年生★満23歳

日＼月	1	2	3	4	5	6	7	8	9	10	11	12
1	10	35	54	32	5	34	3	34	6	35	1	35
2	9	34	1	31	6	31	2	33	3	34	2	36
3	8	33	2	40	3	32	1	32	4	33	9	33
4	7	31	9	39	4	39	10	31	1	32	10	34
5	6	32	10	38	1	40	9	40	2	31	7	31
6	5	39	7	37	2	37	7	39	9	40	8	32
7	4	40	8	36	9	38	7	37	10	39	15	49
8	3	37	5	35	10	35	6	38	17	48	16	50
9	2	38	6	34	7	36	5	45	18	47	13	47
10	1	45	3	33	8	43	14	46	15	46	14	48
11	20	46	4	42	15	44	13	43	16	45	11	45
12	19	41	11	41	16	41	12	44	13	44	12	46
13	18	42	12	50	15	42	11	41	14	43	19	43
14	17	49	19	49	16	49	20	42	11	42	20	44
15	14	50	20	46	13	50	19	43	12	41	13	41
16	13	47	18	45	14	50	18	44	19	50	14	42
17	12	48	17	44	11	49	15	41	20	49	21	59
18	19	45	16	50	12	48	14	42	28	54	22	59
19	18	44	15	47	19	47	13	59	27	53	29	58
20	17	51	14	48	16	56	26	60	26	52	30	57
21	26	52	13	55	23	55	25	57	25	54	27	56
22	25	59	22	56	24	54	24	56	24	51	26	55
23	24	60	21	53	21	53	23	53	23	52	23	54
24	23	57	30	54	22	52	22	54	22	59	24	53
25	22	58	29	51	29	51	21	51	21	60	21	52
26	21	55	28	52	30	58	30	52	30	57	22	51
27	30	56	27	59	27	57	29	59	29	58	39	10
28	29	53	26	60	28	56	28	60	38	5	40	9
29	28		25	57	25	55	27	7	37	6	37	8
30	27		24	58	26	4	36	8	36	3	38	7
31	36		23		33		35	5		4		6

金

2002

平成14年生★満22歳

日＼月	1	2	3	4	5	6	7	8	9	10	11	12
1	5	40	7	37	2	37	8	39	9	40	8	32
2	4	39	8	36	9	38	7	38	10	39	15	49
3	3	38	5	35	10	35	6	37	17	48	16	50
4	2	38	6	34	7	36	5	46	18	47	13	47
5	1	45	7	33	8	43	14	45	15	46	14	48
6	20	46	4	42	15	44	13	44	16	45	11	45
7	19	43	11	41	16	41	12	43	13	44	12	46
8	18	44	12	50	13	42	11	41	14	43	19	43
9	17	41	19	49	14	49	20	42	11	42	20	44
10	16	42	20	48	11	50	19	49	12	41	17	41
11	15	49	17	47	12	47	18	50	19	50	18	42
12	14	48	18	46	19	48	17	47	20	49	25	59
13	13	45	15	45	20	45	16	48	27	58	26	60
14	12	46	16	44	19	46	15	55	28	57	23	57
15	19	53	13	41	20	53	24	56	25	56	30	58
16	28	54	14	60	27	54	23	57	26	55	27	55
17	27	51	22	59	28	54	30	58	23	54	28	56
18	24	52	21	53	25	53	29	55	24	59	25	54
19	23	57	30	54	26	52	28	56	22	58	26	53
20	22	58	29	51	23	51	21	53	21	57	23	52
21	21	55	28	52	30	60	30	54	30	57	24	51
22	30	56	27	59	27	59	29	51	29	58	39	10
23	29	53	26	60	28	58	28	60	38	5	40	9
24	28	54	25	57	25	57	27	7	37	6	37	8
25	27	1	24	58	26	6	36	8	36	3	38	7
26	36	2	23	5	33	5	35	5	35	4	35	6
27	35	9	32	6	34	2	34	6	34	1	36	5
28	34	10	31	3	31	1	33	3	33	2	33	4
29	33		40	4	32	10	32	4	32	9	34	3
30	32		39	1	39	9	31	1	31	10	31	2
31	31		38		40		40	2		7		1

31~40 時計座　41~50 カメレオン座　51~60 イルカ座

銀 2003 平成15年生 ★ 満21歳

日＼月	1	2	3	4	5	6	7	8	9	10	11	12
1	20	45	4	42	15	44	13	44	16	45	11	45
2	19	44	11	41	16	41	12	43	13	44	12	46
3	18	43	12	50	13	42	11	42	14	43	19	43
4	17	41	19	49	14	49	20	41	11	42	20	44
5	16	42	14	48	11	50	19	50	12	41	17	41
6	15	49	17	47	12	47	18	49	19	50	18	42
7	14	50	18	46	19	48	17	48	20	49	25	59
8	13	47	15	45	20	45	16	48	27	58	26	60
9	12	48	16	44	17	46	15	55	28	57	23	57
10	11	55	13	43	18	53	24	56	25	56	24	58
11	30	56	14	52	25	54	23	53	26	55	21	55
12	29	51	21	51	26	51	22	54	23	54	22	56
13	28	52	22	60	23	52	21	51	24	53	29	53
14	27	59	29	59	26	59	30	52	21	52	30	54
15	26	60	30	56	23	60	29	59	22	51	27	51
16	23	57	27	55	24	57	28	54	29	60	24	52
17	22	58	27	54	21	59	25	51	30	59	31	9
18	21	55	26	60	22	58	24	52	37	8	32	9
19	28	54	25	57	29	57	23	9	37	3	39	8
20	27	1	24	58	30	6	36	10	36	2	40	7
21	36	2	23	5	33	5	35	7	35	1	37	6
22	35	9	32	6	34	4	34	8	34	1	38	5
23	34	10	31	3	31	3	33	3	33	2	33	4
24	33	7	40	4	32	2	32	4	32	9	34	3
25	32	8	39	1	39	1	31	1	31	10	31	2
26	31	5	38	2	40	10	40	2	40	7	32	1
27	40	6	37	9	37	7	39	9	39	8	49	20
28	39	3	36	10	38	6	38	10	48	15	50	19
29	38		35	7	35	5	37	17	47	16	47	18
30	37		34	8	36	14	46	18	46	13	48	17
31	46		33		43		45	15		14		16

金 2004 平成16年生 ★ 満20歳

日＼月	1	2	3	4	5	6	7	8	9	10	11	12
1	15	50	18	46	19	48	17	48	20	49	25	59
2	14	49	15	45	20	45	16	47	27	58	26	60
3	13	48	16	44	17	46	15	56	28	57	23	57
4	12	48	13	43	18	53	24	55	25	56	24	58
5	11	55	14	52	25	54	23	54	26	55	21	55
6	30	56	21	51	26	51	21	53	23	54	22	56
7	29	53	22	60	23	52	21	51	24	53	29	53
8	28	54	29	59	24	59	30	52	21	52	30	54
9	27	51	30	58	21	60	29	59	22	51	27	51
10	26	52	27	57	22	57	28	60	29	60	28	52
11	25	59	28	56	29	58	27	57	30	59	35	9
12	24	58	25	55	30	55	26	58	37	8	36	10
13	23	55	26	54	29	56	25	5	38	7	33	7
14	22	56	23	51	30	3	34	6	35	6	34	8
15	21	3	24	10	37	4	33	7	36	5	37	5
16	38	4	32	9	38	4	32	8	33	4	38	6
17	37	1	31	3	35	3	39	5	34	3	35	3
18	36	2	40	4	36	2	38	6	32	8	36	3
19	33	7	39	1	33	1	37	3	31	7	33	2
20	32	8	38	2	40	10	40	4	40	6	34	1
21	31	5	37	9	37	9	39	1	39	8	41	20
22	40	6	36	10	38	8	38	10	48	15	50	19
23	39	3	35	7	35	7	37	17	47	16	47	18
24	38	4	34	8	36	16	46	18	46	13	48	17
25	37	11	33	15	43	15	45	15	45	14	45	16
26	46	12	42	16	44	12	44	16	44	11	46	15
27	45	19	41	13	41	11	43	13	43	12	43	14
28	44	20	50	14	42	20	42	14	42	19	44	13
29	43	17	49	11	49	19	41	11	41	20	41	12
30	42		48	12	50	18	50	12	50	17	42	11
31	41		47		47		49	19		18		30

命数が…… 1~10 羅針盤座　11~20 インディアン座　21~30 鳳凰座

日＼月	1	2	3	4	5	6	7	8	9	10	11	12
1	29	54	21	51	26	51	22	53	23	54	22	56
2	28	53	22	60	23	52	21	52	24	53	29	53
3	27	52	29	59	24	59	30	51	21	52	30	54
4	26	52	30	58	21	60	29	60	22	51	27	51
5	25	59	27	57	22	57	28	59	29	60	28	52
6	24	60	28	56	29	58	28	58	30	59	35	9
7	23	57	25	55	30	55	26	58	37	8	36	10
8	22	58	26	54	27	56	25	5	38	7	33	7
9	21	5	23	53	28	3	34	6	35	6	34	8
10	40	6	24	2	35	4	33	3	36	5	31	5
11	39	3	31	1	36	1	32	4	33	4	32	6
12	38	2	32	10	33	2	31	1	34	3	39	3
13	37	9	39	9	36	9	40	2	31	2	40	4
14	36	10	40	8	33	10	39	9	32	1	37	1
15	33	7	37	5	34	7	38	4	39	10	34	2
16	32	8	37	4	31	9	37	1	40	9	41	19
17	31	5	36	3	32	8	34	2	47	18	42	20
18	38	6	35	7	39	7	33	19	47	13	49	18
19	37	11	34	8	40	16	42	20	46	12	50	17
20	46	12	33	15	43	15	45	17	45	11	47	16
21	45	19	42	16	44	14	44	18	44	11	48	15
22	44	20	41	13	41	13	43	13	43	12	43	14
23	43	17	50	14	42	12	42	14	42	19	44	13
24	42	18	49	11	49	11	41	11	41	20	41	12
25	41	15	48	12	50	20	50	12	50	17	42	11
26	50	16	47	19	47	17	49	19	49	18	59	30
27	49	13	46	20	48	16	48	20	58	25	60	29
28	48	14	45	17	45	15	47	27	57	26	57	28
29	47		44	18	46	24	56	28	56	23	58	27
30	56		43	25	53	23	55	25	55	24	55	26
31	55		52		54		54	26		21		25

銀

2005

平成17年生
★
満19歳

日＼月	1	2	3	4	5	6	7	8	9	10	11	12
1	24	59	28	56	29	58	27	58	30	59	35	9
2	23	58	25	55	30	55	26	57	37	8	36	10
3	22	57	26	54	27	56	25	6	38	7	33	7
4	21	5	23	53	28	3	34	5	35	6	34	8
5	40	6	28	2	35	4	33	4	36	5	31	5
6	39	3	31	1	36	1	32	3	33	4	32	6
7	38	4	32	10	33	2	31	2	34	3	39	3
8	37	1	39	9	34	9	40	2	31	2	40	4
9	36	2	40	8	31	10	39	9	32	1	37	1
10	35	9	37	7	32	7	38	10	39	10	38	2
11	34	10	38	6	39	8	37	7	40	9	45	19
12	33	5	35	5	40	5	36	8	47	18	46	20
13	32	6	36	4	37	6	35	15	48	17	43	17
14	31	13	33	3	40	13	44	16	45	16	44	18
15	48	14	34	20	47	14	43	13	46	15	47	15
16	47	11	41	19	48	11	42	18	43	14	48	16
17	46	12	41	18	45	13	49	15	44	13	45	13
18	43	19	50	14	46	12	48	16	41	18	46	13
19	42	18	49	11	43	11	47	13	41	17	43	12
20	41	15	48	12	44	20	50	14	50	16	44	11
21	50	16	47	19	47	19	49	11	49	18	51	30
22	49	13	46	20	48	18	48	12	58	25	60	29
23	48	14	45	17	45	17	47	27	57	26	57	28
24	47	21	44	18	46	26	56	28	56	23	58	27
25	56	22	43	25	53	25	55	25	55	24	55	26
26	55	29	52	26	54	24	54	26	54	21	56	25
27	54	30	51	23	51	21	53	23	53	22	53	24
28	53	27	60	24	52	30	52	24	52	29	54	23
29	52		59	21	59	29	51	21	51	30	51	22
30	51		58	22	60	28	60	22	60	27	52	21
31	60		57		57		59	29		28		40

金

2006

平成18年生
★
満18歳

31~40 時計座　41~50 カメレオン座　51~60 イルカ座

銀 2007
平成19年生★満17歳

日＼月	1	2	3	4	5	6	7	8	9	10	11	12
1	39	4	31	1	36	1	32	3	33	4	32	6
2	38	3	32	10	33	2	31	2	34	3	39	3
3	37	2	39	9	34	9	40	1	31	2	40	4
4	36	2	40	8	31	10	39	10	32	1	37	1
5	35	9	37	7	32	7	38	9	39	10	38	2
6	34	10	38	6	39	8	37	8	40	9	45	19
7	33	7	35	5	40	5	36	7	47	18	46	20
8	32	8	36	4	37	6	35	15	48	17	43	17
9	31	15	33	3	38	13	44	16	45	16	44	18
10	50	16	34	12	45	14	43	13	46	15	41	15
11	49	13	41	11	46	11	42	14	43	14	42	16
12	48	12	42	20	43	12	41	11	44	13	49	13
13	47	19	49	19	44	19	50	12	41	12	50	14
14	46	20	50	18	43	20	49	19	42	11	47	11
15	45	17	47	15	44	17	48	20	49	20	48	12
16	42	18	48	14	41	18	47	11	50	19	51	29
17	41	15	46	13	42	18	44	12	57	28	52	30
18	50	16	45	17	49	17	43	29	58	27	59	28
19	47	21	44	18	50	26	52	30	56	22	60	27
20	56	22	43	25	57	25	55	27	55	21	57	26
21	55	29	52	26	54	24	54	28	54	30	58	25
22	54	30	51	23	51	23	53	25	53	22	55	24
23	53	27	60	24	52	22	52	24	52	29	54	23
24	52	28	59	21	59	21	51	21	51	30	51	22
25	51	25	58	22	60	30	60	22	60	27	52	21
26	60	26	57	29	57	29	59	29	59	28	9	40
27	59	23	56	30	58	26	58	30	8	35	10	39
28	58	24	55	27	55	25	57	37	7	36	7	38
29	57		54	28	56	34	6	38	6	33	8	37
30	6		53	35	3	33	5	35	5	34	5	36
31	5		2		4		4	36		31		35

金 2008
平成20年生★満16歳

日＼月	1	2	3	4	5	6	7	8	9	10	11	12
1	34	9	35	5	40	5	36	7	47	18	46	20
2	33	8	36	4	37	6	35	16	48	17	43	17
3	32	7	33	3	38	13	44	15	45	16	44	18
4	31	15	34	12	45	14	43	14	46	15	41	15
5	50	16	41	11	46	11	42	13	43	14	42	16
6	49	13	42	20	43	12	42	12	44	13	49	13
7	48	14	49	19	44	19	50	12	41	12	50	14
8	47	11	50	18	41	20	49	19	42	11	47	11
9	46	12	47	17	42	17	48	20	49	20	48	12
10	45	19	48	16	49	18	47	17	50	19	55	29
11	44	20	45	15	50	15	46	18	57	28	56	30
12	43	15	46	14	47	16	45	25	58	27	53	27
13	42	16	43	13	50	23	54	26	55	26	54	28
14	41	23	44	30	57	24	53	23	56	25	51	25
15	60	24	51	29	58	21	52	28	53	24	58	26
16	57	21	51	28	55	23	51	25	54	23	55	23
17	56	22	60	24	56	22	58	26	51	22	56	24
18	55	29	59	21	53	21	57	23	51	27	53	22
19	52	28	58	22	54	30	56	24	60	26	54	21
20	51	25	57	29	57	29	59	21	59	25	1	40
21	60	26	56	30	58	28	58	22	8	35	2	39
22	59	23	55	27	55	27	57	37	7	36	7	38
23	58	24	54	28	56	36	6	38	6	33	8	37
24	57	31	53	35	3	35	5	35	5	34	5	36
25	6	32	2	36	4	34	4	36	4	31	6	35
26	5	39	1	33	1	31	3	33	3	32	3	34
27	4	40	10	34	2	40	2	34	2	39	4	33
28	3	37	9	31	9	39	1	31	1	40	1	32
29	2	38	8	32	10	38	10	32	10	37	2	31
30	1		7	39	7	37	9	39	9	38	19	50
31	10		6		8		8	40		45		49

命数が……　1～10 羅針盤座　11～20 インディアン座　21～30 鳳凰座

銀 2009 平成21年生 ★ 満15歳

日＼月	1	2	3	4	5	6	7	8	9	10	11	12
1	48	13	42	20	43	12	41	12	44	13	49	13
2	47	12	49	19	44	19	50	11	41	12	50	14
3	46	11	50	18	41	20	49	20	42	11	47	11
4	45	19	47	17	42	17	48	19	49	20	48	12
5	44	20	48	16	49	18	47	18	50	19	55	29
6	43	17	45	15	50	15	46	17	57	28	56	30
7	42	18	46	14	47	16	45	25	58	27	53	27
8	41	25	43	13	48	23	54	26	55	26	54	28
9	60	26	44	22	55	24	53	23	56	25	51	25
10	59	23	51	21	56	21	52	24	53	24	52	26
11	58	24	52	30	53	22	51	21	54	23	59	23
12	57	29	59	29	54	29	60	22	51	22	60	24
13	56	30	60	28	53	30	59	29	52	21	57	21
14	55	27	57	27	54	27	58	30	59	30	58	22
15	52	28	58	24	51	28	57	21	60	29	1	39
16	51	25	56	23	52	28	56	22	7	38	2	40
17	60	26	55	22	59	27	53	39	8	37	9	37
18	57	33	54	28	60	36	2	40	6	32	10	37
19	6	32	53	35	7	35	1	37	5	31	7	36
20	5	39	2	36	4	34	4	38	4	40	8	35
21	4	40	1	33	1	33	3	35	3	32	5	34
22	3	37	10	34	2	32	2	34	2	39	4	33
23	2	38	9	31	9	31	1	31	1	40	1	32
24	1	35	8	32	10	40	10	32	10	37	2	31
25	10	36	7	39	7	39	9	39	9	38	19	50
26	9	33	6	40	8	36	8	40	18	45	20	49
27	8	34	5	37	5	35	7	47	17	46	17	48
28	7	41	4	38	6	44	16	48	16	43	18	47
29	16		3	45	13	43	15	45	15	44	15	46
30	15		12	46	14	42	14	46	14	41	16	45
31	14		11		11		13	43		42		44

金 2010 平成22年生 ★ 満14歳

日＼月	1	2	3	4	5	6	7	8	9	10	11	12
1	43	18	45	15	50	15	46	17	57	28	56	30
2	42	17	46	14	47	16	45	26	58	27	53	27
3	41	26	43	13	48	23	54	25	55	26	54	28
4	60	26	44	22	55	24	53	24	56	25	51	25
5	59	23	55	21	56	21	52	23	53	24	52	26
6	58	24	52	30	53	22	51	22	54	23	59	23
7	57	21	59	29	54	29	60	22	51	22	60	24
8	56	22	60	28	51	30	59	29	52	21	57	21
9	55	29	57	27	52	27	58	30	59	30	58	22
10	54	30	58	26	59	28	57	27	60	29	5	39
11	53	27	55	25	60	25	56	28	7	38	6	40
12	52	26	56	24	57	26	55	35	8	37	3	37
13	51	33	53	23	60	33	4	36	5	36	4	38
14	10	34	54	32	7	34	3	33	6	35	1	35
15	7	31	1	39	8	31	2	38	3	34	8	36
16	6	32	2	38	5	32	1	35	4	33	5	33
17	5	39	10	37	6	32	8	36	1	32	6	34
18	2	40	9	31	3	31	7	33	2	37	3	32
19	1	35	8	32	4	40	6	34	10	36	4	31
20	10	36	7	39	7	39	9	31	9	35	11	50
21	9	33	6	40	8	38	8	32	18	45	12	49
22	8	34	5	37	5	37	7	47	17	46	17	48
23	7	41	4	38	6	46	16	48	16	43	18	47
24	16	42	3	45	13	45	15	45	15	44	15	46
25	15	49	12	46	14	44	14	46	14	41	16	45
26	14	50	11	43	11	43	13	43	13	42	13	44
27	13	47	20	44	12	50	12	44	12	49	14	43
28	12	48	19	41	19	49	11	41	11	50	11	42
29	11		18	42	20	48	20	42	20	47	12	41
30	20		17	49	17	47	19	49	19	48	29	60
31	19		16		18		18	50		55		59

31~40 時計座　41~50 カメレオン座　51~60 イルカ座

銀 2011 平成23年生 ★ 満13歳

日＼月	1	2	3	4	5	6	7	8	9	10	11	12
1	58	23	52	30	53	22	51	22	54	23	59	23
2	57	22	59	29	54	29	60	21	51	22	60	24
3	56	21	60	28	51	30	59	30	52	21	57	21
4	55	29	57	27	52	27	58	29	59	30	58	22
5	54	30	52	26	59	28	57	28	60	29	5	39
6	53	27	55	25	60	25	56	27	7	38	6	40
7	52	28	56	24	57	26	55	36	8	37	3	37
8	51	35	53	23	58	33	4	36	5	36	4	38
9	10	36	54	32	5	34	3	33	6	35	1	35
10	9	33	1	31	6	31	2	34	3	34	2	36
11	8	34	2	40	3	32	1	31	4	33	9	33
12	7	39	9	39	4	39	10	32	1	32	10	34
13	6	40	10	38	1	40	9	39	2	31	7	31
14	5	37	7	37	4	37	8	40	9	40	8	32
15	4	38	8	34	1	38	7	37	10	39	15	49
16	1	35	5	33	2	35	6	32	17	48	12	50
17	10	36	5	32	9	37	3	49	18	47	19	47
18	9	43	4	38	10	46	12	50	15	46	20	47
19	16	42	3	45	17	45	11	47	15	41	17	46
20	15	49	12	46	18	44	14	48	14	50	18	45
21	14	50	11	43	11	43	13	45	13	49	15	44
22	13	47	20	44	12	42	12	46	12	49	16	43
23	12	48	19	41	19	41	11	41	11	50	11	42
24	11	45	18	42	20	50	20	42	20	47	12	41
25	20	46	17	49	17	49	19	49	19	48	29	60
26	19	43	16	50	18	48	18	50	28	55	30	59
27	18	44	15	47	15	45	17	57	27	56	27	58
28	17	51	14	48	16	54	26	58	26	53	28	57
29	26		13	55	23	53	25	55	25	54	25	56
30	25		22	56	24	52	24	56	24	51	26	55
31	24		21		21		23	53		52		54

金 2012 平成24年生 ★ 満12歳

日＼月	1	2	3	4	5	6	7	8	9	10	11	12
1	53	28	56	24	57	26	55	36	8	37	3	37
2	52	27	53	23	58	33	4	35	5	36	4	38
3	51	36	54	32	5	34	3	34	6	35	1	35
4	10	36	1	31	6	31	2	33	3	34	2	36
5	9	33	2	40	3	32	1	32	4	33	9	33
6	8	34	9	39	4	39	9	31	1	32	10	34
7	7	31	10	38	1	40	9	39	2	31	7	31
8	6	32	7	37	2	37	8	40	9	40	8	32
9	5	39	8	36	9	38	7	37	10	39	15	49
10	4	40	5	35	10	35	6	38	17	48	16	50
11	3	37	6	34	7	36	5	45	18	47	13	47
12	2	36	3	33	8	43	14	46	15	46	14	48
13	1	43	4	42	17	44	13	43	16	45	11	45
14	20	44	11	49	18	41	12	44	13	44	12	46
15	19	41	12	48	15	42	11	45	14	43	15	43
16	16	42	20	47	16	42	20	46	11	42	16	44
17	15	49	19	41	13	41	17	43	12	41	13	41
18	14	50	18	42	14	50	16	44	20	46	14	41
19	11	45	17	49	11	49	15	41	19	45	21	60
20	20	46	16	50	18	48	18	42	28	54	22	59
21	19	43	15	47	15	47	17	59	27	56	29	58
22	18	44	14	48	16	56	26	58	26	53	28	57
23	17	51	13	55	23	55	25	55	25	54	25	56
24	26	52	22	56	24	54	24	56	24	51	26	55
25	25	59	21	53	21	53	23	53	23	52	23	54
26	24	60	30	54	22	60	22	54	22	59	24	53
27	23	57	29	51	29	59	21	51	21	60	21	52
28	22	58	28	52	30	58	30	52	30	57	22	51
29	21	55	27	59	27	57	29	59	29	58	39	10
30	30		26	60	28	56	28	60	38	5	40	9
31	29		25		25		27	7		6		8

命数が…… 1～10 羅針盤座　11～20 インディアン座　21～30 鳳凰座

銀

2013

平成25年生★満11歳

日＼月	1	2	3	4	5	6	7	8	9	10	11	12
1	7	32	9	39	4	39	10	31	1	32	10	34
2	6	31	10	38	1	40	9	40	2	31	7	31
3	5	40	7	37	2	37	8	39	9	40	8	32
4	4	40	8	36	9	38	7	38	10	39	15	49
5	3	37	5	35	10	35	6	37	17	48	16	50
6	2	38	6	34	7	36	6	46	18	47	13	47
7	1	45	3	33	8	43	14	46	15	46	14	48
8	20	46	4	42	15	44	13	43	16	45	11	45
9	19	43	11	41	16	41	12	44	13	44	12	46
10	18	44	12	50	13	42	11	41	14	43	19	43
11	17	41	19	49	14	49	20	42	11	42	20	44
12	16	50	20	48	11	50	19	49	12	41	17	41
13	15	47	17	47	14	47	18	50	19	50	18	42
14	14	48	18	46	11	48	17	47	20	49	25	59
15	11	45	15	43	12	45	16	42	27	58	22	60
16	20	46	15	42	19	47	15	59	28	57	29	57
17	19	53	14	41	20	56	22	60	25	56	30	58
18	26	54	13	55	27	55	21	57	25	51	27	56
19	25	59	22	56	28	54	30	58	24	60	28	55
20	24	60	21	53	21	53	23	55	23	59	25	54
21	23	57	30	54	22	52	22	56	22	59	26	53
22	22	58	29	51	29	51	21	51	21	60	21	52
23	21	55	28	52	30	60	30	52	30	57	22	51
24	30	56	27	59	27	59	29	59	29	58	39	10
25	29	53	26	60	28	58	28	60	38	5	40	9
26	28	54	25	57	25	55	27	7	37	6	37	8
27	27	1	24	58	26	4	36	8	36	3	38	7
28	36	2	23	5	33	3	35	5	35	4	35	6
29	35		32	6	34	2	34	6	34	1	36	5
30	34		31	3	31	1	33	3	33	2	33	4
31	33		40		32		32	4		9		3

金

2014

平成26年生★満10歳

日＼月	1	2	3	4	5	6	7	8	9	10	11	12
1	2	37	6	34	7	36	5	46	18	47	13	47
2	1	46	3	33	8	43	14	45	15	46	14	48
3	20	45	4	42	15	44	13	44	16	45	11	45
4	19	43	11	41	16	41	12	43	13	44	12	46
5	18	44	12	50	13	42	11	42	14	43	19	43
6	17	41	19	49	14	49	20	41	11	42	20	44
7	16	42	20	48	11	50	19	49	12	41	17	41
8	15	49	17	47	12	47	18	50	19	50	18	42
9	14	50	18	46	19	48	17	47	20	49	25	59
10	13	47	15	45	20	45	16	48	27	58	26	60
11	12	48	16	44	17	46	15	55	28	57	23	57
12	11	53	13	43	18	53	24	56	25	56	24	58
13	30	54	14	52	27	54	23	53	26	55	21	55
14	29	51	21	51	28	51	22	54	23	54	22	56
15	26	52	22	58	25	52	21	55	24	53	25	53
16	25	59	29	57	26	59	30	56	21	52	26	54
17	24	60	29	56	23	51	27	53	22	51	23	51
18	21	57	28	52	24	60	26	54	29	56	24	51
19	30	56	27	59	21	59	25	51	29	55	31	10
20	29	53	26	60	28	58	28	52	38	4	32	9
21	28	54	25	57	25	57	27	9	37	6	39	8
22	27	1	24	58	26	6	36	8	36	3	38	7
23	36	2	23	5	33	5	35	5	35	4	35	6
24	35	9	32	6	34	4	34	6	34	1	36	5
25	34	10	31	3	31	3	33	3	33	2	33	4
26	33	7	40	4	32	2	32	4	32	9	34	3
27	32	8	39	1	39	9	31	1	31	10	31	2
28	31	5	38	2	40	8	40	2	40	7	32	1
29	40		37	9	37	7	39	9	39	8	49	20
30	39		36	10	38	6	38	10	48	15	50	19
31	38		35		35		37	17		16		18

31~40 時計座　41~50 カメレオン座　51~60 イルカ座

銀 2015 平成27年生 ★ 満9歳

日＼月	1	2	3	4	5	6	7	8	9	10	11	12
1	17	42	19	49	14	49	20	41	11	42	20	44
2	16	41	20	48	11	50	19	50	12	41	17	41
3	15	50	17	47	12	47	18	49	19	50	18	42
4	14	50	18	46	19	48	17	48	20	49	25	59
5	13	47	15	45	20	45	16	47	27	58	26	60
6	12	48	16	44	17	46	15	56	28	57	23	57
7	11	55	13	43	18	53	24	55	25	56	24	58
8	30	56	14	52	25	54	23	53	26	55	21	55
9	29	53	21	51	26	51	22	54	23	54	22	56
10	28	54	22	60	23	52	21	51	24	53	29	53
11	27	51	29	59	24	59	30	52	21	52	30	54
12	26	60	30	58	21	60	29	59	22	51	27	51
13	25	57	27	57	22	57	28	60	29	60	28	52
14	24	58	28	56	21	58	27	57	30	59	35	9
15	23	55	25	53	22	55	26	58	37	8	36	10
16	30	56	26	52	29	56	25	9	38	7	39	7
17	29	3	24	51	30	6	32	10	35	6	40	8
18	38	4	23	5	37	5	31	7	36	1	37	6
19	35	9	32	6	38	4	40	8	34	10	38	5
20	34	10	31	3	35	3	33	5	33	9	35	4
21	33	7	40	4	32	2	32	6	32	9	36	3
22	32	8	39	1	39	1	31	3	31	10	33	2
23	31	5	38	2	40	10	40	2	40	7	32	1
24	40	6	37	9	37	9	39	9	39	8	49	20
25	39	3	36	10	38	8	38	10	48	15	50	19
26	38	4	35	7	35	7	37	17	47	16	47	18
27	37	11	34	8	36	14	46	18	46	13	48	17
28	46	12	33	15	43	13	45	15	45	14	45	16
29	45		42	16	44	12	44	16	44	11	46	15
30	44		41	13	41	11	43	13	43	12	43	14
31	43		50		42		42	14		19		13

金 2016 平成28年生 ★ 満8歳

日＼月	1	2	3	4	5	6	7	8	9	10	11	12
1	12	47	13	43	18	53	24	55	25	56	24	58
2	11	56	14	52	25	54	23	54	26	55	21	55
3	30	55	21	51	26	51	22	53	23	54	22	56
4	29	53	22	60	23	52	21	52	24	53	29	53
5	28	54	29	59	24	59	30	51	21	52	30	54
6	27	51	30	58	21	60	30	60	22	51	27	51
7	26	52	27	57	22	57	28	60	29	60	28	52
8	25	59	28	56	29	58	27	57	30	59	35	9
9	24	60	25	55	30	55	26	58	37	8	36	10
10	23	57	26	54	27	56	25	5	38	7	33	7
11	22	58	23	53	28	3	34	6	35	6	34	8
12	21	3	24	2	35	4	33	3	36	5	31	5
13	40	4	31	1	38	1	32	4	33	4	32	6
14	39	1	32	8	35	2	31	1	34	3	39	3
15	38	2	39	7	36	9	40	6	31	2	36	4
16	35	9	39	6	33	1	39	3	32	1	33	1
17	34	10	38	2	34	10	36	4	39	10	34	2
18	33	7	37	9	31	9	35	1	39	5	41	20
19	40	6	36	10	32	8	34	2	48	14	42	19
20	39	3	35	7	35	7	37	19	47	13	49	18
21	38	4	34	8	36	16	46	20	46	13	50	17
22	37	11	33	15	43	15	45	15	45	14	45	16
23	46	12	42	16	44	14	44	16	44	11	46	15
24	45	19	41	13	41	13	43	13	43	12	43	14
25	44	20	50	14	42	12	42	14	42	19	44	13
26	43	17	49	11	49	19	41	11	41	20	41	12
27	42	18	48	12	50	18	50	12	50	17	42	11
28	41	15	47	19	47	17	49	19	49	18	59	30
29	50	16	46	20	48	16	48	20	58	25	60	29
30	49		45	17	45	15	47	27	57	26	57	28
31	48		44		46		56	28		23		27

命数が…… 1~10 羅針盤座　11~20 インディアン座　21~30 鳳凰座

銀 2017 平成29年生★満7歳

日＼月	1	2	3	4	5	6	7	8	9	10	11	12
1	26	51	30	58	21	60	29	60	22	51	27	51
2	25	60	27	57	22	57	28	59	29	60	28	52
3	24	59	28	56	29	58	27	58	30	59	35	9
4	23	57	25	55	30	55	26	57	37	8	36	10
5	22	58	26	54	27	56	25	6	38	7	33	7
6	21	5	23	53	28	3	33	5	35	6	34	8
7	40	6	24	2	35	4	33	3	36	5	31	5
8	39	3	31	1	36	1	32	4	33	4	32	6
9	38	4	32	10	33	2	31	1	34	3	39	3
10	37	1	39	9	34	9	40	2	31	2	40	4
11	36	2	40	8	31	10	39	9	32	1	37	1
12	35	7	37	7	32	7	38	10	39	10	38	2
13	34	8	38	6	31	8	37	7	40	9	45	19
14	33	5	35	3	32	5	36	8	47	18	46	20
15	40	6	36	2	39	6	35	19	48	17	49	17
16	39	13	34	1	40	16	44	20	45	16	50	18
17	48	14	33	15	47	15	41	17	46	15	47	15
18	45	11	42	16	48	14	50	18	44	20	48	15
19	44	20	41	13	45	13	49	15	43	19	45	14
20	43	17	50	14	42	12	42	16	42	18	46	13
21	42	18	49	11	49	11	41	13	41	20	43	12
22	41	15	48	12	50	20	50	12	50	17	42	11
23	50	16	47	19	47	19	49	19	49	18	59	30
24	49	13	46	20	48	18	48	20	58	25	60	29
25	48	14	45	17	45	17	47	27	57	26	57	28
26	47	21	44	18	46	24	56	28	56	23	58	27
27	56	22	43	25	53	23	55	25	55	24	55	26
28	55	29	52	26	54	22	54	26	54	21	56	25
29	54		51	23	51	21	53	23	53	22	53	24
30	53		60	24	52	30	52	24	52	29	54	23
31	52		59		59		51	21		30		22

金 2018 平成30年生★満6歳

日＼月	1	2	3	4	5	6	7	8	9	10	11	12
1	21	6	23	53	28	3	34	5	35	6	34	8
2	40	5	24	2	35	4	33	4	36	5	31	5
3	39	4	31	1	36	1	32	3	33	4	32	6
4	38	4	32	10	33	2	31	2	34	3	39	3
5	37	1	33	9	34	9	40	1	31	2	40	4
6	36	2	40	8	31	10	39	10	32	1	37	1
7	35	9	37	7	32	7	38	10	39	10	38	2
8	34	10	38	6	39	8	37	7	40	9	45	19
9	33	7	35	5	40	5	36	8	47	18	46	20
10	32	8	36	4	37	6	35	15	48	17	43	17
11	31	15	33	3	38	13	44	16	45	16	44	18
12	50	14	34	12	45	14	43	13	46	15	41	15
13	49	11	41	11	48	11	42	14	43	14	42	16
14	48	12	42	20	45	12	41	11	44	13	49	13
15	45	19	49	17	46	19	50	16	41	12	46	14
16	44	20	50	16	43	20	49	13	42	11	43	11
17	43	17	48	15	44	20	46	14	49	20	44	12
18	50	18	47	19	41	19	45	11	50	15	51	30
19	49	13	46	20	42	18	44	12	58	24	52	29
20	48	14	45	17	45	17	47	29	57	23	59	28
21	47	21	44	18	46	26	56	30	56	23	60	27
22	56	22	43	25	53	25	55	25	55	24	55	26
23	55	29	52	26	54	24	54	26	54	21	56	25
24	54	30	51	23	51	23	53	23	53	22	53	24
25	53	27	60	24	52	22	52	24	52	29	54	23
26	52	28	59	21	59	21	51	21	51	30	51	22
27	51	25	58	22	60	28	60	22	60	27	52	21
28	60	26	57	29	57	27	59	29	59	28	9	40
29	59		56	30	58	26	58	30	8	35	10	39
30	58		55	27	55	25	57	37	7	36	7	38
31	57		54		56		6	38		33		37

31~40 時計座　41~50 カメレオン座　51~60 イルカ座

銀 2019

令和元年生
平成31年生
★満5歳

日＼月	1	2	3	4	5	6	7	8	9	10	11	12
1	36	1	40	8	31	10	39	10	32	1	37	1
2	35	10	37	7	32	7	38	9	39	10	38	2
3	34	9	38	6	39	8	37	8	40	9	45	19
4	33	7	35	5	40	5	36	7	47	18	46	20
5	32	8	40	4	37	6	35	16	48	17	43	17
6	31	15	33	3	38	13	44	15	45	16	44	18
7	50	16	34	12	45	14	43	14	46	15	41	15
8	49	13	41	11	46	11	42	14	43	14	42	16
9	48	14	42	20	43	12	41	11	44	13	49	13
10	47	11	49	19	44	19	50	12	41	12	50	14
11	46	12	50	18	41	20	49	19	42	11	47	11
12	45	17	47	17	42	17	48	20	49	20	48	12
13	44	18	48	16	49	18	47	17	50	19	55	29
14	43	15	45	15	42	15	46	18	57	28	56	30
15	42	16	46	12	49	16	45	25	58	27	53	27
16	49	23	43	11	50	23	54	30	55	26	60	28
17	58	24	43	30	57	25	51	27	56	25	57	25
18	57	21	52	26	58	24	60	28	53	30	58	25
19	54	30	51	23	55	23	59	25	53	29	55	24
20	53	27	60	24	56	22	52	26	52	28	56	23
21	52	28	59	21	59	21	51	23	51	30	53	22
22	51	25	58	22	60	30	60	24	60	27	54	21
23	60	26	57	29	57	29	59	29	59	28	9	40
24	59	23	56	30	58	28	58	30	8	35	10	39
25	58	24	55	27	55	27	57	37	7	36	7	38
26	57	31	54	28	56	36	6	38	6	33	8	37
27	6	32	53	35	3	33	5	35	5	34	5	36
28	5	39	2	36	4	32	4	36	4	31	6	35
29	4		1	33	1	31	3	33	3	32	3	34
30	3		10	34	2	40	2	34	2	39	4	33
31	2		9		9		1	31		40		32

金 2020

令和2年生
★満4歳

日＼月	1	2	3	4	5	6	7	8	9	10	11	12
1	31	16	34	12	45	14	43	14	46	15	41	15
2	50	15	41	11	46	11	42	13	43	14	42	16
3	49	14	42	20	43	12	41	12	44	13	49	13
4	48	14	49	19	44	19	50	11	41	12	50	14
5	47	11	50	18	41	20	49	20	42	11	47	11
6	46	12	47	17	42	17	47	19	49	20	48	12
7	45	19	48	16	49	18	47	17	50	19	55	29
8	44	20	45	15	50	15	46	18	57	28	56	30
9	43	17	46	14	47	16	45	25	58	27	53	27
10	42	18	43	13	48	23	54	26	55	26	54	28
11	41	25	44	22	55	24	53	23	56	25	51	25
12	60	24	51	21	56	21	52	24	53	24	52	26
13	59	21	52	30	55	22	51	21	54	23	59	23
14	58	22	59	27	56	29	60	22	51	22	60	24
15	57	29	60	26	53	30	59	23	52	21	53	21
16	54	30	58	25	54	30	58	24	59	30	54	22
17	53	27	57	29	51	29	55	21	60	29	1	39
18	52	28	56	30	52	28	54	22	8	34	2	39
19	59	23	55	27	59	27	53	39	7	33	9	38
20	58	24	54	28	56	36	6	40	6	32	10	37
21	57	31	53	35	3	35	5	37	5	34	7	36
22	6	32	2	36	4	34	4	36	4	31	6	35
23	5	39	1	33	1	33	3	33	3	32	3	34
24	4	40	10	34	2	32	2	34	2	39	4	33
25	3	37	9	31	9	31	1	31	1	40	1	32
26	2	38	8	32	10	38	10	32	10	37	2	31
27	1	35	7	39	7	37	9	39	9	38	19	50
28	10	36	6	40	8	36	8	40	18	45	20	49
29	9	33	5	37	5	35	7	47	17	46	17	48
30	8		4	38	6	44	16	48	16	43	18	47
31	7		3		13		15	45		44		46

命数が…… 1~10 羅針盤座　11~20 インディアン座　21~30 鳳凰座

銀 2021 令和3年生★満3歳

日＼月	1	2	3	4	5	6	7	8	9	10	11	12
1	45	20	47	17	42	17	48	19	49	20	48	12
2	44	19	48	16	49	18	47	18	50	19	55	29
3	43	17	45	15	50	15	46	17	57	28	56	30
4	42	18	46	14	47	16	45	26	58	27	53	27
5	41	25	43	13	48	23	54	25	55	26	54	28
6	60	26	44	22	55	24	53	24	56	25	51	25
7	59	23	51	21	56	21	52	24	53	24	52	26
8	58	24	52	30	53	22	51	21	54	23	59	23
9	57	21	59	29	54	29	60	22	51	22	60	24
10	56	22	60	28	51	30	59	29	52	21	57	21
11	55	27	57	27	52	27	58	30	59	30	58	22
12	54	28	58	26	59	28	57	27	60	29	5	39
13	53	25	55	25	52	25	56	28	7	38	6	40
14	52	26	56	22	59	26	55	35	8	37	3	37
15	59	33	53	21	60	33	4	40	5	36	10	38
16	8	34	53	40	7	35	3	37	6	35	7	35
17	7	31	2	36	8	34	10	38	3	34	8	36
18	4	40	1	33	5	33	9	35	3	39	5	34
19	3	37	10	34	6	32	8	36	2	38	6	33
20	2	38	9	31	9	31	1	33	1	37	3	32
21	1	35	8	32	10	40	10	34	10	37	4	31
22	10	36	7	39	7	39	9	39	9	38	19	50
23	9	33	6	40	8	38	8	40	18	45	20	49
24	8	34	5	37	5	37	7	47	17	46	17	48
25	7	41	4	38	6	44	16	48	16	43	18	47
26	16	42	3	45	13	43	15	45	15	44	15	46
27	15	49	12	46	14	42	14	46	14	41	16	45
28	14	50	11	43	11	41	13	43	13	42	13	44
29	13		20	44	12	50	12	44	12	49	14	43
30	12		19	41	19	49	11	41	11	50	11	42
31	11		18		20		20	42		47		41

金 2022 令和4年生★満2歳

日＼月	1	2	3	4	5	6	7	8	9	10	11	12
1	60	25	44	22	55	24	53	24	56	25	51	25
2	59	24	51	21	56	21	52	23	53	24	52	26
3	58	23	52	30	53	22	51	22	54	23	59	23
4	57	21	59	29	54	29	60	21	51	22	60	24
5	56	22	60	28	51	30	59	30	52	21	57	21
6	55	29	57	27	52	27	58	29	59	30	58	22
7	54	30	58	26	59	28	57	27	60	29	5	39
8	53	27	55	25	60	25	56	28	7	38	6	40
9	52	28	56	24	57	26	55	35	8	37	3	37
10	51	35	53	23	58	33	4	36	5	36	4	38
11	10	36	54	32	5	34	3	33	6	35	1	35
12	9	31	1	31	6	31	2	34	3	34	2	36
13	8	32	2	40	5	32	1	31	4	33	9	33
14	7	39	9	39	6	39	10	32	1	32	10	34
15	4	40	10	36	3	40	9	33	2	31	3	31
16	3	37	8	35	4	37	8	34	9	40	4	32
17	2	38	7	34	1	39	5	31	10	39	11	49
18	9	35	6	40	2	38	4	32	17	44	12	49
19	8	34	5	37	9	37	3	49	17	43	19	48
20	7	41	4	38	6	46	16	50	16	42	20	47
21	16	42	3	45	13	45	15	47	15	44	17	46
22	15	49	12	46	14	44	14	46	14	41	16	45
23	14	50	11	43	11	43	13	43	13	42	13	44
24	13	47	20	44	12	42	12	44	12	49	14	43
25	12	48	19	41	19	41	11	41	11	50	11	42
26	11	45	18	42	20	48	20	42	20	47	12	41
27	20	46	17	49	17	47	19	49	19	48	29	60
28	19	43	16	50	18	46	18	50	28	55	30	59
29	18		15	47	15	45	17	57	27	56	27	58
30	17		14	48	16	54	26	58	26	53	28	57
31	26		13		23		25	55		54		56

31~40 時計座　41~50 カメレオン座　51~60 イルカ座

銀 2023 令和5年生★満1歳

日＼月	1	2	3	4	5	6	7	8	9	10	11	12
1	55	30	57	27	52	27	58	29	59	30	58	22
2	54	29	58	26	59	28	57	28	60	29	5	39
3	53	28	55	25	60	25	56	27	7	38	6	40
4	52	28	56	24	57	26	55	36	8	37	3	37
5	51	35	53	23	58	33	4	35	5	36	4	38
6	10	36	54	32	5	34	3	34	6	35	1	35
7	9	33	1	31	6	31	2	33	3	34	2	36
8	8	34	2	40	3	32	1	31	4	33	9	33
9	7	31	9	39	4	39	10	32	1	32	10	34
10	6	32	10	38	1	40	9	39	2	31	7	31
11	5	39	7	37	2	37	8	40	9	40	8	32
12	4	38	8	36	9	38	7	37	10	39	15	49
13	3	35	5	35	10	35	6	38	17	48	16	50
14	2	36	6	34	9	36	5	45	18	47	13	47
15	9	43	3	31	10	43	14	46	15	46	14	48
16	18	44	4	50	17	44	13	47	16	45	17	45
17	17	41	12	49	18	44	20	48	13	44	18	46
18	14	42	11	43	15	43	19	45	14	49	15	44
19	13	47	20	44	16	42	18	46	12	48	16	43
20	12	48	19	41	13	41	11	43	11	47	13	42
21	11	45	18	42	20	50	20	44	20	47	14	41
22	20	46	17	49	17	49	19	41	19	48	21	60
23	19	43	16	50	18	48	18	50	28	55	30	59
24	18	44	15	47	15	47	17	57	27	56	27	58
25	17	51	14	48	16	56	26	58	26	53	28	57
26	26	52	13	55	23	53	25	55	25	54	25	56
27	25	59	22	56	24	52	24	56	24	51	26	55
28	24	60	21	53	21	51	23	53	23	52	23	54
29	23		30	54	22	60	22	54	22	59	24	53
30	22		29	51	29	59	21	51	21	60	21	52
31	21		28		30		30	52		57		51

金 2024 令和6年生★満0歳

日＼月	1	2	3	4	5	6	7	8	9	10	11	12
1	10	35	1	31	6	31	2	33	3	34	2	36
2	9	34	2	40	3	32	1	32	4	33	9	33
3	8	33	9	39	4	39	10	31	1	32	10	34
4	7	31	10	38	1	40	9	40	2	31	7	31
5	6	32	7	37	2	37	8	39	9	40	8	32
6	5	39	8	36	9	38	7	38	10	39	15	49
7	4	40	5	35	10	35	6	38	17	48	16	50
8	3	37	6	34	7	36	5	45	18	47	13	47
9	2	38	3	33	8	43	14	46	15	46	14	48
10	1	45	4	42	15	44	13	43	16	45	11	45
11	20	46	11	41	16	41	12	44	13	44	12	46
12	19	41	12	50	13	42	11	41	14	43	19	43
13	18	42	19	49	16	49	20	42	11	42	20	44
14	17	49	20	46	13	50	19	49	12	41	17	41
15	16	50	17	45	14	47	18	44	19	50	14	42
16	13	47	17	44	11	49	15	41	20	49	21	59
17	12	48	16	50	12	48	14	42	27	58	22	60
18	11	45	15	47	19	47	13	59	27	53	29	58
19	18	44	14	48	20	56	26	60	26	52	30	57
20	17	51	13	55	23	55	25	57	25	51	27	56
21	26	52	22	56	24	54	24	58	24	51	28	55
22	25	59	21	53	21	53	23	53	23	52	23	54
23	24	60	30	54	22	52	22	54	22	59	24	53
24	23	57	29	51	29	51	21	51	21	60	21	52
25	22	58	28	52	30	58	30	52	30	57	22	51
26	21	55	27	59	27	57	29	59	29	58	39	10
27	30	56	26	60	28	56	28	60	38	5	40	9
28	29	53	25	57	25	55	27	7	37	6	37	8
29	28	54	24	58	26	4	36	8	36	3	38	7
30	27		23	5	33	3	35	5	35	4	35	6
31	36		32		34		34	6		1		5

裏の命数表

「五星三心占い」では、「裏の時期」(P.15で詳しく解説)に、
自分の「裏の欲望(才能)」が出てくると考えています。
次のページで「裏の命数」を割り出しましょう。
あなたの裏側は、裏の命数の「基本性格」(P.175~)を読むことで、
詳しく知ることができます。

あなたの裏側は?

裏の時期に
なると
▼

タイプ

羅針盤座
↔

時計座

インディアン座
↔

カメレオン座

鳳凰座
↔

イルカ座

タイプと
金・銀
の入れ替わり

と

命数の
下ひとケタ
の入れ替わり

が

同時に
起こる

命数の下ひとケタ

陽		陰
1	↔	2
3	↔	4
5	↔	6
7	↔	8
9	↔	0

詳しい調べ方は、次のページをチェック!

裏の命数表

【裏の命数】とは……裏の時期に出てくるあなたの性質をつかさどる命数です。

裏の命数の導き方

▶STEP 1

金 → 銀 になる

銀 → 金 になる

▶STEP 2

「裏の命数」は、「自分の命数」の矢印の先にある数字です

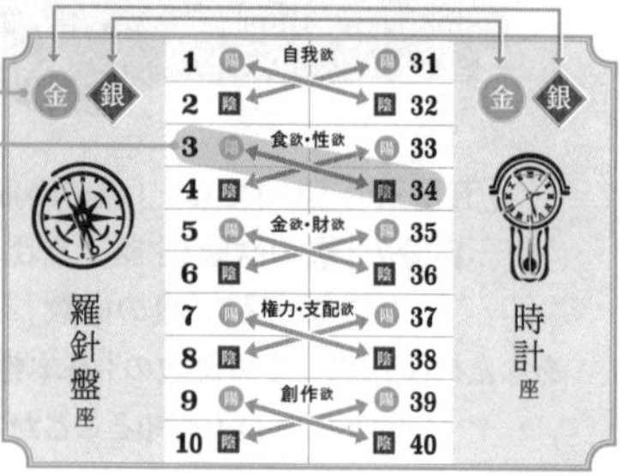

例

あなたの命数 → 裏の命数

あなたの命数		裏の命数
金の羅針盤座 **3**	→	銀の時計座 **34**
銀のカメレオン座 **42**	→	金のインディアン座 **11**
金のイルカ座 **59**	→	銀の鳳凰座 **30**

金 銀 羅針盤座				金 銀 時計座
1	陽	自我欲	陽	31
2	陰		陰	32
3	陽	食欲・性欲	陽	33
4	陰		陰	34
5	陽	金欲・財欲	陽	35
6	陰		陰	36
7	陽	権力・支配欲	陽	37
8	陰		陰	38
9	陽	創作欲	陽	39
10	陰		陰	40

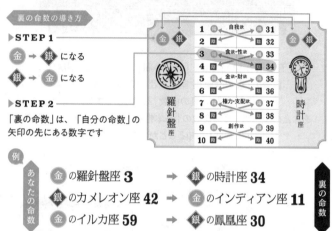

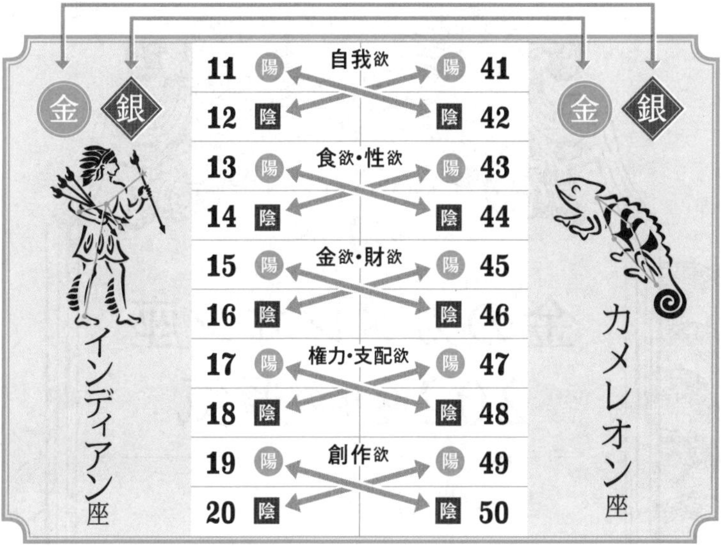
金
銀
インディアン座
金
銀
カメレオン座
自我欲
11 陽
12 陰
陽 41
陰 42
食欲・性欲
13 陽
14 陰
陽 43
陰 44
金欲・財欲
15 陽
16 陰
陽 45
陰 46
権力・支配欲
17 陽
18 陰
陽 47
陰 48
創作欲
19 陽
20 陰
陽 49
陰 50

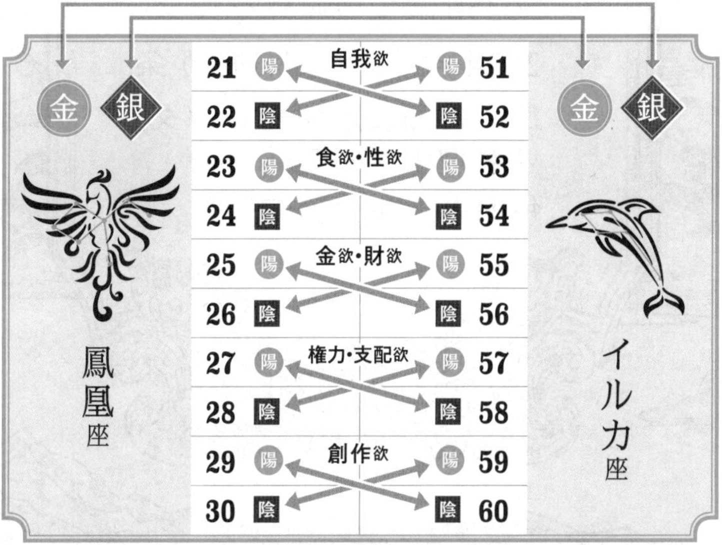
金
銀
鳳凰座
金
銀
イルカ座
自我欲
21 陽
22 陰
陽 51
陰 52
食欲・性欲
23 陽
24 陰
陽 53
陰 54
金欲・財欲
25 陽
26 陰
陽 55
陰 56
権力・支配欲
27 陽
28 陰
陽 57
陰 58
創作欲
29 陽
30 陰
陽 59
陰 60

GOLD
CHAMAELEON

第 1 部

金のカメレオン座
2024年の運気

2024年をよりよく過ごすために
折に触れて読み返してみてください。

金のカメレオン座の
基本性格

学習能力が高く現実的な大人の心をもつ人

もっている星

★学習能力が高い星　★理屈好きな星　★真似が上手な星
★視野が広い星　★根は優柔不断な星　★お金が好きな星
★現実的な星　★周囲の人に似る星

総合運

冷静に自己分析や状況判断ができ、しっかり者で視野も広く、**理屈好きで知的な大人タイプの人。「カメレオン座」は“同化の星”で、真似が上手にできる器用なタイプのため、学習能力が高いことが特徴**です。そして、交友関係によって自身が大きく変化していくので、人生で何かに困ったときは憧れの人や尊敬できる人をじっくりと観察して真似をすることで、いい運気の流れに乗れるでしょう。逆に、オリジナルな方法をとったり、自分の個性を出したりするとうまくいかなくなります。たとえば、お金持ちになりたければ“お金持ちの友人”と、おもしろくなりたければ“おもしろい友人”と一緒に過ごし、真似をして吸収するように努めるといいでしょう。考え方は古風で上下関係もしっかりしているため、自然と年上から好かれて驚くような人脈を築くことも。「若いときの苦労は買ってでもせよ」という言葉があるとおり、**若いうちに基本的なことを学び経験を重ねていけば、30代後半からはいいポジションに就いたり、周囲から高い評価を得られたりする**でしょう。本来の資質は攻める姿勢が強いため、現実的でしっかり者に見られるのですが、一方で自分が攻められることに弱く、根は優柔不断なところがあります。

服装は、年齢よりも少し上に見える大人っぽい雰囲気があるものや、一流のブランド品、アンティークとして価値があるものを身につけることで、さらに魅力がアップ。幼稚な印象、若くてかわいらしい印象を与える服装は避けることも大事でしょう。

恋愛&結婚運

相手の立場や状況から、自分がどう行動したらいいか考えすぎてしまうタイプ。それだけに、**相手がどんな人かを冷静に見極めてから判断しようとし、タイミングをつかめずに両思いのチャンスを逃したり相手の出方を探りすぎたり**と、慎重な行動が裏目に出ることも多いでしょう。さらに、いざ告白をされても優柔不断さが出て、返事を待たせてしまうなど、モタモタしがちです。その弱さを自分自身で乗り越えるか、または強引なくらいに引っ張っていってくれる相手と交際をスタートさせることが多いでしょう。ただ、交際がはじまると相手につくしすぎたり、甘やかしすぎたりして苦労してしまうことも。

一方、結婚となると、**お金のない人には興味がないという本音が強く出てきます。**恋は恋としてしっかり楽しんで、結婚は現実的な人を選ぶようにするとよさそうです。結婚後は古風な考えが強く出てくるので、昔ながらの男女の役割を求めますが、知的なだけに上手に相手をコントロールしようと努めるタイプでしょう。

仕事運

若いときや下積み時代に基本をしっかり学ぶことが大事。**見習うべき人を見つけて仕事のコツを教えてもらえば、持ち前の吸収力の高さで能力を発揮**できます。手先が器用なので技術職や専門職でも才能を活かせるでしょう。

金運&買い物運

お金に関しては、**心配性なのでコツコツ貯めることは得意**です。目標なく貯めようとすると小銭ばかりに目が向いてしまうので、計画はしっかりと。価値のあるものに出費をすることが多く、マニアックなものを集めたり、突然高価な買い物をしたりすることもあるでしょう。

2023年 下半期 の運気

整理の年

総合運

10～11月に思い切って決断すると
今後の人生が変わっていく

　年末に近づくほどやる気が出て、次の目標や興味のあることが見つかりそう。2023年の上半期に気持ちが切り替わり、すでに次に進んでいる人もいるかもしれませんが、計画を立てただけで実際に行動に移せていない人は、10～11月が思い切って決断するタイミングです。**別れを決断したり引っ越しで生活を大きく変えたりすることで、その後の人生も変わってくる**でしょう。10月には、人とのつながりを通して自分が進むべき道が見えてくることもありそうです。尊敬できる人に話を聞いてみることも大切に。

　注意したいのは、9月と12月下旬。判断ミスをしやすいので、軽はずみに行動したり無計画に動かないよう十分気をつけましょう。とくに**9月は財布を落とすなど失くし物をしがち**なため、確認を怠らないように。年末までに、機械や家電の故障で出費が増えてしまうこともありますが、買い替えのタイミングがきたと思っておきましょう。

恋愛＆結婚運

「別れるか、結婚か」を迫られる時期。
結婚したいなら押し切って

　ここ1、2年の付き合いの恋人がいる人は、別れたくなったり相手への興味が薄れてくる時期。長く交際している場合でも、「違うかな」「別れたい」と思ったことが何度もあるなら、年末までに別れを告げ、**2024年の新しい出会いに期待したほうがいい**でしょう。何も問題を感じていなくても、相手が不満を抱えていて突然別れを告げられる場合がありそうです。相手をよく観

開運のつぶやき｜流れに任せながら、引くこと、譲ること、手放すことも大切

察しておきましょう。

新しい出会い運は、**10月に友人や仲のいい先輩、上司から素敵な人を紹介してもらえる可能性**があります。飲み会や食事会を開いて仲よくなっておくといいでしょう。

結婚運は、交際期間が長く結婚の話も出ているカップルなら、年末に婚姻届を出せる流れになりそうです。**10～11月も結婚にはいい運気。**互いの両親に会う日を決めるなど、**前向きな話をしてしっかり計画を立てておく**といいでしょう。この下半期は、「別れるか、結婚するか」の選択を迫られることになるタイミング。恋人がなかなか決断しないからと相手のせいにせず、結婚を望んでいるなら押し切ってみましょう。

仕事運 変化を前向きに受け止めて 2024年の「チャレンジの年」に備えよう

ここ数年不慣れなことや苦手な仕事を任されたり、予想外の展開に振り回されていた環境から、徐々に離れることができそうです。**次にやるべき仕事や進みたい道が見えてきて、いい情報も入ってくる**でしょう。苦しい状況に慣れはじめたことで、転職や離職への気持ちがなくなってくる場合もありそうです。

10～11月は、いまの仕事に真剣に取り組んでみると、流れが変わったり、職場の環境が楽しく感じられるようになるでしょう。一方で、この時期にも**部署異動や、ポジションの急な変更が起こる場合**があります。2024年の「チャレンジの年」の前触れだと思って、苦手なことにも思い切って挑戦してみるといいでしょう。

これまで苦労して担ってきた仕事や築いたポジションを外されてしまう場合もありますが、重荷を下ろして身軽になれると前向きにとらえるように。職場の人との縁が切れたとしても、**新たな人脈をつくるための準備だと思うことが大切**です。

金運&買い物運

幼稚なものや年齢に見合わないものは処分するか、片付けること

買い替えが必要なものがいろいろと出てくる時期。長年使っているものが故障することや、「買い替えたほうがエコになる」と周囲から言われることもありそうです。問題なく長く使っているものでも、最新のものと性能に差がつきすぎているなら、**思い切って新しいものを購入する**といいでしょう。

年齢に見合わない服や靴、カバンなど、幼稚に感じるものが周囲にあるなら、処分するか片付けること。**キャラクターグッズは、「大人の星」をもつ「金のカメレオン座」に合わないもの**のひとつです。冷静に判断しましょう。まだ使えるものならフリマサイトに出すと多少お金になりそう。試しに出品して、その売り上げでNISAや投資信託などをはじめるのもいいでしょう。

金運は、10 ～ 11月の仕事に真剣に向き合うことで流れを変えられます。のちの収入アップにつながる可能性もありそうです。

美容&健康運

10月から運動、11月から美容にそれぞれ努めると、美しくなれる

ここ1、2年体調に問題がなかった人は、12月中旬以降に調子を崩すことや異変を感じる場合がありそうです。少しでも謎の痛みがあったり、家族や身近な人から体調に関する指摘をされたら、早めに病院に行き検査を受けましょう。とくに異変を感じない人も、9月はドジなケガや指を切るなどの小さな傷を負いそうです。雑な行動は避け、**お酒を飲んだときの不注意、段差にも気をつけましょう。**

ダイエットをしたり基礎代謝を上げたい場合は、具体的な目標を決め、10月くらいから**定期的な運動や筋トレをはじめるとうまくいきそう**です。

美容運は、11月から美肌やダイエットのためのエステなどに少しお金をかけてみると、気が引き締まって美しくなれるでしょう。**化粧品や美容室を年齢に合わせて変えるのもオススメ**です。気になるものを試してみるといいでしょう。

開運のつぶやき　見よう見真似で終わらないように。そこから自分のものにすることが大切

GOLD CHAMAELEON

金のカメレオン座

2024年
チャレンジの年
の運気

1年を通して心がけておくべき
「2024年の開運3か条」と、
2024年の運気を総合運、
恋愛運、金運などに分けて
お伝えします。

ラッキーカラー	ラッキーフード	ラッキースポット
ベージュ ライトブラウン	納豆 メロン	神社仏閣 牧場

2035年までの運気グラフ

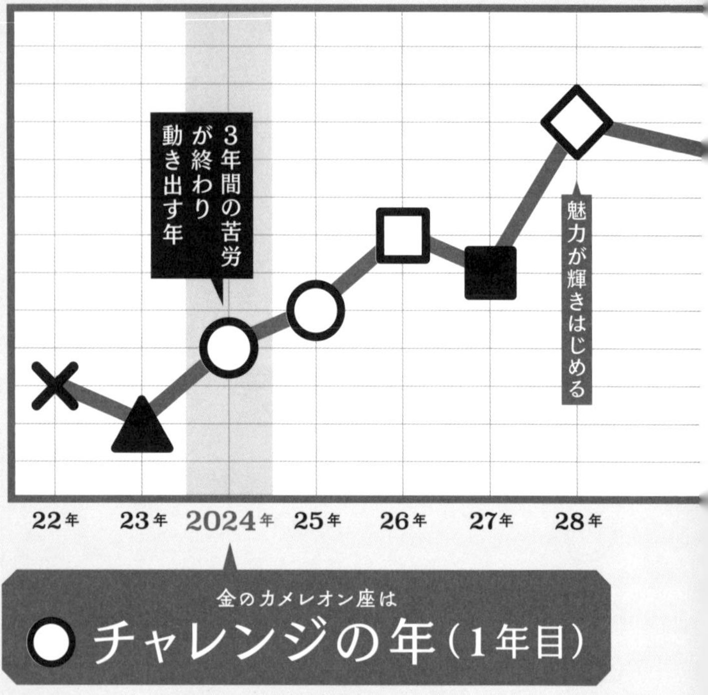

金のカメレオン座は

○チャレンジの年（1年目）

年の運気記号の説明

☆開運の年

過去の努力や積み重ねが評価される最高の年。積極的な行動が大事。新たなスタートを切ると幸運が続きます。

◎幸運の年

前半は、忙しくも充実した時間が増え、経験を活かすことで幸運をつかめる年。後半は新たな挑戦が必要です。

◇解放の年

プレッシャーや嫌なこと、相性の悪い人やものから解放されて気が楽になり、才能や魅力が輝きはじめる年。

○チャレンジの年（1年目）

「新しい」と感じることに挑戦して、体験や経験を増やすことが大事な年。過去の出来事に縛られないこと。

まずは大きな視点で、今年の「立ち位置」を確認しましょう。
長期的な見通しをもって、毎月毎日の行動を決めていくことが大切です。

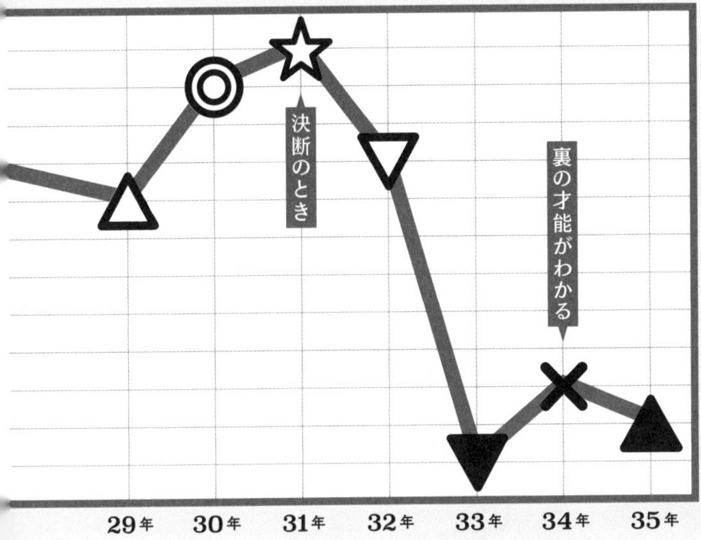

○チャレンジの年（2年目）

さらに人脈を増やし、行動範囲を広げるといい年。ここでの失敗は単なる経験。まだまだ取り返せます。

□健康管理の年

前半は、覚悟を決めて行動し、今後の目標を定める必要がある年。後半は、健康に注意が必要です。

△準備の年

遊ぶことで運気の流れがよくなる年。些細なミスが増えるので、何事も準備を怠らないことが大事。

▽ブレーキの年

「前半は攻め、後半は守り」と運気が変わる年。前半は行動力と決断力が大事。後半は貯金と現状維持を。

■リフレッシュの年

求められることが増え、慌ただしくなる年。体を休ませたり、ゆっくりしたりする時間をつくることが大切。

▲整理の年

前半は、人間関係や不要なものの整理が必要。後半は、チャレンジして人脈を広げることが大事です。

×裏運気の年

自分の思いとは真逆に出る年。予想外なことや学ぶべきことが多く、成長できるきっかけをつかめます。

▼乱気の年

決断には不向きな年。流されながら、求められることに応えることが大事。体調を崩しやすいため要注意。

2024年の運気

チャレンジの年(1年目)

2024年の開運3か条

- 視野を広げて「新しいこと」を受け入れる
- 新たな交流を楽しむ
- イメチェンをする

総合運

「チャレンジの年1年目」は、環境や人脈が変化して「新しい流れ」を感じられる年。2023年までとは興味の対象が変わったり増えたりして、徐々に**やる気や勇気がわいてくる時期**です。「金のカメレオン座」は情報集めが得意なので、視野が広がることで楽しいことやおもしろいことをたくさん見つけられ、気づいたら遊び相手も遊ぶ内容も大きく変わっていることでしょう。

とくに**人間関係は、「出会いの年」といえるくらい大きく変わります。**新しい趣味や習い事など、少しでも気になったことに挑戦すると、長い付き合いになる人や人生を大きく変えるきっかけをくれる人に出会えることも。年上の知り合いも増えるので、遠慮せず、一歩踏み込んだ関係になれるよう頑張りましょう。

引っ越しや転職による「環境や人脈の変化」を怖がらないで

一方で、「金のカメレオン座」は考えすぎてしまうところがあるため、新しい流れを避けてしまったり、なかなか行動に移せず、出遅れてしまうことも。「新しい＝苦労や面倒」と思わず、**「新たな坂を登りながら自分を鍛え**

る年」だととらえ、できるだけ経験や体験を増やすようにしましょう。2024年に新たな挑戦をしないままでいると、畑を耕したのに種をまかないのと同じになってしまいます。どうしてもすぐに動けないという場合は、下半期になってからでも行動すること。得意・不得意や好き嫌いをハッキリさせるためにも、2024年は**引っ越しや転職で環境を変えてでも、これまでとは違った体験を増やす**ことが重要です。

また、尊敬できる先輩や上司、年上の友人をつくることが今後の人生に大きく影響するので、**交友関係の変化に臆病にならない**ようにしましょう。2023年に整理のつかなかった人間関係は、縁が切れてしまうこともありますが、それも結果的によい方向に進むので、ヘコみすぎないように。

2024年の**失敗は、のちのいい経験や幸せにつながります。**むしろチャレンジしないことが大きなマイナスになるので、気になったことにはドンドン挑戦しましょう。

4～5月からの変化、8月の出会いが運気を上げる

上半期の1月～3月中旬までは、突然の別れが訪れる、人との縁が切れる、仕事の流れが急に止まるなど、**驚くような出来事もありそう**です。とはいえ結果的には重荷を下ろせて次に進む流れになるので、マイナスに受け止めすぎないようにしましょう。**恋人との別れもあるかもしれませんが、本来なら2023年に切れるはずの縁**だった可能性が高いので、執着してはいけません。仕事でも、急にポジションを外される、部署異動になる、ほかの地域に転勤になるなどの変化がはじまりそうです。

4～5月になると、**新たな環境に変わるほうが運気もよくなるので、変化を素直に受け入れましょう。**また、この時期は大人っぽくイメチェンしてみるのもオススメ。派手な色合いや目立つ雰囲気よりも、品のよさや大人っぽさを演出した髪型、服装、持ち物に変えてみましょう。幼稚なものや、何年も置きっぱなしにしている学生時代の持ち物なども片付けるように。

8月は、さらに前向きになり、本格的な変化がはじまります。このときに、自分の能力を磨くことを怠らないようにしてください。**人生の流れを変えて**

くれる人や言葉にも出会えそうなので、上司や先輩、憧れの人と対話する時間を大切に。たまたま手にとった本から、あなたを突き動かす言葉が目に飛び込んでくる、なんてこともありそうです。また、舞台やライブ、体験教室などにも行ってみましょう。そこで将来必要になりそうな資格や免許を見つける可能性も。

気になっているのに**なかなか行動できないことにも、10〜11月には思い切って挑戦**してみましょう。運気のいい10〜11月が1年のなかで最後のチャンスだと思って、いろいろと計画を立ててみると、勇気も出てきて動けるようになるでしょう。

伝統的な趣味と相性抜群。何かひとつ好きなことを見つけて

一方、注意が必要なのは1〜2月、7月、9月、12月下旬です。1月の「乱気の月」、2月の「裏運気の月」は、ストレスから体調を崩しやすいので、無謀な判断や、衝動で動くのはやめましょう。7月の「リフレッシュの月」では、それまでの頑張りや無茶が響いて体調を崩しやすいので要注意。とくに、目の疲れや肩こりはしっかりケアしておきましょう。

9月の「準備の月」は、本来ならじっくり考えてから行動するはずのあなたが、誘惑や目先の欲望に流されて道を踏み外すこともあるので、**軽はずみな行動はしない**こと。若い人と対話するのはいいですが、振り回されないように。**12月下旬は、無責任な行動や発言をしやすくなる**ので要注意。この1年で頑張ってきたことを急に投げ出したくなり、諦めムードが漂うこともありそうです。くれぐれも冷静に判断し、現状の幸せを手放さないようにしましょう。

そもそも「金のカメレオン座」は真似がうまく、周囲に似てくる、合わせ上手なタイプ。多少レベルが高い場所でも、目標を決め、時間をかけてなじんでいく器用な人なので、とくに**手先を使うものや道具を使うものに興味がわいたときには迷わず挑戦**してみるのがオススメ。最初はようすを見ていたことでも、一度のめり込むとあなたの才能や能力がドンドン引き出されていきます。自分の才能を目覚めさせるためにも、絵画教室や料理教室、

開運のつぶやき ┃ 美しいものに目がいく癖を身につけることが大切

メイクレッスンなど、多少根気がいるものを選んでみるといいでしょう。また、見知らぬ土地を旅行したり、習ってみたい趣味や興味のある資格、尊敬できる先生などを見つけたら門を叩いてみるのもオススメです。武道や格闘技、茶道や華道、伝統的なものや工芸などの趣味もあなたと相性がよく、習いはじめてみると人生が楽しくなってくるでしょう。

「チャレンジの年」は、**「新しい」「未経験」「未体験」と思うことに挑戦**することが大切な年です。ひとつでもいいので、**この1年で自分の「得意なこと」や「好きなこと」をつくるように**してみてください。できれば6月中旬までに気になるものを探し、8月、もしくは10 ～ 11月からスタートしてみると思った以上にうまくいきそうです。

知ったかぶり、無謀な行動、変化に臆病になるのはダメ

新しい出来事や新しい出会いが増え、環境が変化してくる1年ですが、**変化を恐れたり、新たなことから目を背けると、その後の運命が大きく乱れてしまいます。**2024年は、新たな土地へ行き、畑を耕し、どんな種をまくべきか調べたり考えたりするタイミングです。ここでの頑張りが2030年の「幸運の年」や2031年の「開運の年」に大きく影響するので、サボったり、年齢を言い訳にして「いまさら」などと挑戦しないままでいると、人生を台なしにしかねません。

2024年は「予想外な出来事」も多くなる運気です。自分の想像していなかった出来事がいろいろと起きますが、何事もいい経験だと思って前向きにとらえ、はじめての体験からたくさん学びましょう。

やる気も出てくる年だけに、**視野を広げて世界を知ることは、将来の可能性を広げる**ことにつながります。実際に自分が体験していないのに、身勝手に「これは○○だから」「これは知っている」などと言っていることも多いもの。知っているつもりが間違って認識していたり、時代とともに新しい理論や異なる考え方も出てくるものです。「勉強が苦手」などと言っていると運気が悪くなるだけなので、柔軟な発想を心がけるようにしましょう。

ただし、行動を起こすのはいいですが、無謀なことに挑戦したり、その

場の衝動で動いてしまうと信用をなくすことがあるので気をつけましょう。

考えすぎや過去への執着はやめる。そして、すぐ行動！

「金のカメレオン座」は、突っ込まれると弱いタイプでもあるので、判断力を鍛えるためにも、**3秒以内に答えを出す訓練をしてみたり、突っ込まれたときにすぐに言葉を返す練習**などもしておくといいでしょう。とくに2021年の「乱気の年」、2022年の「裏運気の年」に苦労したり、面倒なことや課題となる出来事があった人は、自分の弱点や欠点をそのままにせず、少しでも克服できるように努めましょう。

興味のあることを増やしたら、そこから**勉強することが大事。**これまで読んだことのないジャンルの本を読んでみたり、本の話ができるような人脈を広げてみることも大切です。「金のカメレオン座」は、本心や夢を語るのが苦手なところがありますが、今年は、**将来の夢を照れくさがらずに周囲に話してみる**といいでしょう。自分の考えを口に出すことで、協力してくれる人が現れたり、おもしろい人脈もできるでしょう。

年ごとの運気グラフの位置はまだ下のほうですが、ここからしばらくは上り坂となり、さらに**鍛えるために必要な試練がたくさん出てくる時期。**「チャレンジの年」は、チャレンジしなければ、のちの運気の流れに乗れなくなってしまう重要な年です。この運気は2年続くので、たとえ失敗したり間違った道に進んだとしても、2025年に軌道修正ができます。また2026年の上半期までは、まだハッキリとした目標を定めなくても大丈夫です。

ただ、注意が必要なのは、過去への執着。2022年の「裏運気の年」の下半期、2023年の「整理の年」に切れてしまった縁を、いつまでも気にしている場合があります。上下関係や古い付き合いを大事にするのはいいですが、このあたりで**切れてしまった縁は、本当に大切ならいずれまたつながってくるので気にしない**こと。それよりも、執着や後悔をしていると、前に進めなくなってしまいます。嫌な出来事もあったと思いますが、その人を許せなくても、いつまでも怒りをためておかず、「許したことにする」と決めましょう。そして、新たな人に目を向けるようにすると、違う人間関係を楽しめて、自然と忘れられるようになります。今年は**「過去の友情にこだわらない」ということを頭におき、いまのあなたに合う人と仲よく**しましょう。

2024年を、どんな1年にするといいのか？

恋も仕事も人間関係も趣味も、新たな方向に動き出す1年です。変化があるのはいい流れに乗っている証拠。変化がないときこそ、不安になったほうがいいくらいの運気です。**自ら動いて変えることが大事**なので、勇気を出してさまざまな物事に飛び込み、ドンドン経験を増やしましょう。

情報もたくさん集まり、何をしていいのかわからなくなってしまう瞬間もあるかもしれませんが、ときには、**あえて自信をなくすようなことに挑戦し、失敗してうまくいかない自分を楽しんでみる**といいでしょう。そのための勇気や度胸は、待っていても身につきません。悩むくらいなら、「恥ずかしい思いをしたぶん強くなれる」と思って挑戦を。

新しい出会いが増えると、新たに面倒な人に会うこともあるでしょう。しかしそんなことは気にせず、**いろいろな人の考え方や価値観の違いをおもしろがりましょう。**そのうえで、**自分の才能を見つけて磨くこと**を心がけてください。むしろ新しい人に会って、自分の魅力や才能を見つけてもらうといいでしょう。2024年は、「はじめまして」を口にする機会を意識的に増やしていく年にしましょう。

2024年「チャレンジの年」の行動ポイント

- 新たな交友関係や環境に変わることを受け入れる
- 「はじめまして」を口にする機会を増やす
- 趣味や資格など自分の才能を見つけて磨く
- 7月は体調を崩しやすいので注意。体をケアする
- 切れてしまった縁に執着しない

恋愛運

「チャレンジの年1年目」は、出会いが多く、素敵な人と出会える年。ただ、「金のカメレオン座」はようすを見すぎて、せっかくのチャンスを逃してしまうことが多いタイプ。だからといって、焦ってすぐに交際をはじめてしまうと残念な思いをする場合も。とくに、「好きです」と告白された相手が有名企業に勤めていたり、将来安泰だと思えるような仕事だったりすると、好きでなくても交際をはじめてしまい、痛い思いをするパターンも見られます。基本的には、**恋に慎重なほうが素敵な人を見つけられるタイプ**だということを覚えておくといいでしょう。

とくに2021年の「乱気の年」、2022年の「裏運気の年」に、周囲に言えないような人と付き合ってしまったり、自分が不倫や浮気相手になっていた過去がある場合は、同じ過ちを犯さないように。相手に押し切られそうになったときは、すぐに判断せず、簡単に関係を進めないようにしましょう。好みでない人や年下との交際からも学べることはあったと思いますが、不満もたまったはず。本来の好みである、**経済的に安定した「大人の交際」ができる人かどうかを、しっかり見極める**ようにしましょう。

8月、10～11月に恋のチャンス到来。出会いを増やして

2024年は、とくに4月から人との付き合いや人脈が大きく変わってきます。**はじめて会う人には、笑顔で挨拶する**ことが大切です。相手の話を楽しそうに聞き、おもしろければいいリアクションと笑いで盛り上げましょう。

4～5月に出会った人とは、8月か10月から交際しはじめるのがオススメ。それまでは周囲の評判を確かめたり、相手の友人に会い、過去の話などをいろいろ聞いてみるといいでしょう。**8月は、あなたが急にモテる**とき。突然のモテ期に戸惑っていると、チャンスを逃してしまいますが、あらかじめ心構えをしておけば、いい出会いをつかめるでしょう。信頼できる人からの紹介でいい縁がつながることもありそうです。**10～11月は仕事が忙しくなってきますが、恋のチャンスも多くなる**時期。忙しさを言い訳にせず、短時間でも会えるなら、会ってどんな人か確かめてみるといいでしょう。真

剣に交際を考えてくれる人は、あなたのことを簡単には諦めないはずなので、2025年まで友人でいるくらいでも問題ないでしょう。

出会いがなかなかないと嘆いているなら、8月、11月に、結婚相談所に登録したり、紹介やお見合いなどの**「縁つなぎ」を周囲にお願いしておくと、いい出会いにつながりそう**です。

いちいち理屈や理由を考えず、素直に恋をしよう

「金のカメレオン座」は一目惚れが少なく、勢いで飛び込んだ恋は、残念な結果になりやすいタイプ。そのため、きちんと恋愛した延長線上に結婚があることを望みます。そのせいで、残念な人でもズルズルと交際を続けて、縁を切ることに躊躇してしまうことがあるので要注意。**過去の恋愛に自信がない人ほど、「恋愛と結婚は別」**と思い、20 ～ 30年後が想像できる人、いい夫婦や親になれそうな人と交際するのがいいでしょう。

また、収入がいいだけで簡単についていってしまう癖もあるのが「金のカメレオン座」。お金があることだけにとらわれたり、一流企業というだけで安心したりせず、本当に仕事ができるのか、お金の価値を理解しているのか、人として厚みがあるかなどを見極めるようにしましょう。**見る目を養うためにも、自分の成長も欠かせないと肝に銘じましょう。**

基本的には恋に慎重なタイプですが、視野が広がり、これまで興味のなかったタイプも少し受け入れられるようになる年です。理屈や正論で考えすぎず、素直になるといいでしょう。無理に若づくりしたり、若さをアピールするのではなく、人には年齢に見合った魅力があるのを忘れないこと。そもそも年上との相性がいいタイプです。**多少背伸びするくらいのファッションや、しっかりした言葉遣い、所作**ができると、素敵な恋ができるでしょう。

行動ポイント

- 相手のステータスだけでなく、人間性を見る
- 大人の交際ができる人を見極める
- 焦りは禁物。過去の失敗に学ぶ

結婚運

2024年は、新たな生活リズムや環境の変化がはじまる運気。結婚する可能性はありますが、やるべきことが多くなってしまったり、興味のあることや気になることが増える年でもあります。結婚の流れになりやすいのは、交際期間が長く、2018年の「幸運の年」、2019年「開運の年」、2020年「ブレーキの年」の3年の間に交際がスタートしたカップルで、2021年の「乱気の年」、2022年「裏運気の年」に別れたり同棲解消することなく、2023年の「整理の年」を乗り切ったカップルです。**運気のいいときに付き合いはじめていて、運気の乱れる時期を無事に乗り越えた2人**であれば、2024年に結婚の話が進むでしょう。すでに2023年の下半期に話が盛り上がり、「2024年に婚姻届を出そう」という話が出ているなら、**2人の思い出の日を結婚記念日にする**のがオススメです。特別な日がない場合は、双方の運気のいい日か、悪くない日を選ぶといいでしょう。

幸せそうな既婚者や、結婚間近の人に波長を合わせてみて

まだ恋人はいないけれど年内に結婚したいと望む場合は、「金のカメレオン座」は周りの人と波長を合わせるのが上手なので、**幸せそうな既婚者と仲よくしたり、婚約中の恋人がいる友人と遊ぶようにするとあなたも結婚に進みやすく**なります。逆に、結婚してから不満ばかり口にしている人や不倫している人、婚約したのに浮気しているような人と一緒にいると、似てきてしまうので要注意。「婚活している」と言いながらも、選り好みの激しい人とも距離をあけたほうが無難です。周りの既婚者や婚約中の友人が理想的なカップルか、幸せそうにしているかどうかを見極めつつ、あなたの**「周囲に染まりやすい性質」をいい方向に使う**ようにしましょう。

恋人が3年以上いない場合は、「お金がもったいない」などと言わずに即引っ越しを考えてください。結婚できない部屋に住んでいると、いつまでもできないので、遅くても11月には引っ越せるよう準備を。それまでに家賃の相場を調べたり、引っ越し資金を貯めておくといいでしょう。

恋に慎重なタイプですが、理想が高いぶん、それに見合う人の多くは

開運のつぶやき　素敵な人には素敵な人が集まって、愛がある人には愛のある人が集まってくる

すでに恋人がいたり結婚していたりする場合が多く、**あなたが浮気相手になってしまったり不倫する可能性も高め**です。年収の高い人、一流企業に勤めている人、経営者や社長、といった人に告白されると、あなたは理由をつけては関係をもってしまうところがあるので気をつけましょう。過去にそういう経験がある人は、今年からは気持ちを切り替えること。新たな出会いを探し、同じパターンに引っかからないようにしましょう。「うまくいっていないから」という相手の言葉にだまされないように。

結婚後も家庭と仕事のバランスが上手にとれるタイプ

結婚できる可能性が高い年と言えるほどではありませんが、相手が「金・銀の鳳凰座」「金のインディアン座」「金の羅針盤座」の場合は、相手の運気がよく、結婚に最適な年を迎えている人たちなので、その運気に乗って結婚するのもいいでしょう。ただ、どのタイプも仕事が忙しくなるので、結婚は後回しになりがちです。**「忙しいから」と相手に言い訳されてしまうケース**もあると心得ておきましょう。その場合は、「忙しいときこそ、結婚して余裕を見せたほうがいいよ」「忙しそうだから、私もサポートしてあげる」などと、**結婚のメリットを伝えてみるといい**でしょう。

実際に「金のカメレオン座」は、結婚すると家庭をしっかり守れるタイプで、**家庭と仕事のバランスも上手にとれる人になる**ことが多いでしょう。それなのに、いざプロポーズされると、理屈や理由を考えてから答えを出そうとしたり、余計なことを考えすぎたりして、相手に「結婚する気はないのかな?」と思われてしまうところも。**うれしいプロポーズは素直に受け入れて**、「運気の流れからしても、今年は環境が変わって当然だ」と思い、勇気を出して飛び込んでみるといいでしょう。

=== 行 動 ポ イ ン ト ===

- 2020年以前からの交際なら結婚も
- 恋人が3年以上いないなら引っ越しを
- 運気のいい人にリードされての結婚はアリ

開運のつぶやき｜相性がいい人とは、歩幅を自然と合わせてくれる人

仕事運

2024年は、変化の多い1年です。仕事の内容が変わる、職場の雰囲気が変わる、上司の突然の異動、これまでにない部下の登場、新人に振り回されるなど、良くも悪くもあなたの**想像以上の出来事が起きる運気**となるでしょう。変化の少ない会社であっても、人事からの突然の辞令でポジションが大きく変わることや、プレッシャーのかかる仕事や立場を任される可能性などがありそうです。「金のカメレオン座」は、何事もデータを集めて分析し、時間をかけて攻略しようとすればできるタイプなので、最初は戸惑うかもしれませんが、**ゆっくりでも自分の成長を見せられるよう努めてみる**といいでしょう。

転職するにもいい運気ですが、新しい職場で働きはじめるのは6月以降がオススメ。とくに1～2月は無謀な転職や離職をしないようにしましょう。また、今年は職場や仕事関係者といい人間関係をつくれる年でもあるので、仕事帰りに食事や飲みに誘ってみたり、仕事以外の交流を楽しんでみるとよさそうです。**自らすすんで行動すると、思っていた以上にいい人脈が広がる**でしょう。付き合いでゴルフに行ったら、予想外に上司や先輩、取引先の偉い人と仲よくなれた、なんてこともありそうです。上下関係をしっかりわきまえる「金のカメレオン座」は、年配者との相性もいいので、思い切って**上司や先輩の懐に飛び込んで**みましょう。

手先の器用さを活かして、手に職をつけるといい

ダイエットや体力づくりを兼ねて**ゴルフをはじめるのもよく、スタミナがついて仕事が楽になる**場合も。「金のカメレオン座」は真似がうまいため、上手な人のコツを分析したり、教えてもらうと成長が早くなります。もともと、コツコツ努力するのが好きなタイプなので、上達しているのをほめられるとさらにやる気にもなれそう。職場でも、**仕事のできる人を分析し、真似をして自分の技に取り入れる**といいでしょう。

自分にはどんな仕事が向いているのかわからないと嘆くなら、2024～2026年の上半期までに、何かひとつ手に職をつけることをオススメします。

開運のつぶやき　努力したことで得られるのは「信頼」

とくに、道具を使う仕事に長けているため、自分の**手先の器用さや真似のうまさを活かせるような仕事**をはじめてみてもいいでしょう。料理、工芸品制作、デザイン、プログラミングなど、細かくて周囲が避けそうな仕事こそあなたに向いている場合が多いでしょう。

「チャレンジの年1年目」である2024年に、**現状維持のままでいたり、何も挑戦しないようなことだけは避けて**ください。部署の異動、ポジションや担当の変更を断ったり、「その仕事はやったことがないので嫌です」などと感情でものを言わずに、「未経験の仕事ならよろこんで」というくらいの態度でいるのがいいでしょう。

挑戦を恐れず経験を増やせば、自分の才能も見つかる

今年は、多少恥ずかしい失敗をすることもありますが、**恥ずかしい思いをするから人は強くなれて、大きく成長できるもの**だと思いましょう。苦手なことや未経験の物事を恐れて、前に進めなくなってしまうところもありますが、「視野を広げよう、幅を広げよう、もっと世界を知ろう」と思い、**新たな環境や不慣れなことを前向きに**とらえてみてください。2024年の頑張りが明るい未来につながっていると信じて、いろいろと試してみましょう。

ハッキリとした目標を決めるのはまだ先になりますが、まずは経験を増やすことや、いろいろな挑戦をさせてくれる職場や環境に感謝することを忘れないように。今年のあらゆる**変化はいい流れに乗れる兆しなので、結果を焦らずに、一歩一歩、前に進む**時期だと思っておきましょう。どんな一歩も、対応力が鍛えられて、いい経験になります。歩みを進めながら、自分のもっている才能や魅力に早く気づいて、その能力をドンドン磨いていくことを怠らないようにしましょう。

=== 行動ポイント ===

- 変化を恐れず、未経験な物事に飛び込む
- 仕事関係者とオフでの交流を楽しむ
- 自ら恥をかきにいくくらいの覚悟で臨む

開運のつぶやき｜自分の仕事の先で、あなたに感謝している人が必ずいるもの

金運&買い物運

本来「金のカメレオン座」は、安定した収入を望み、不要な出費の少ないタイプ。しかし、2021年の「乱気の年」、2022年「裏運気の年」、2023年「整理の年」には、突然機械が故障して修理や買い替えを迫られたり、職場や仕事の事情で収入がダウンしたり、通院や家族の問題により支払いがかさむなど、予想外の出費に悩まされたり、経済的に苦しい状況に追い込まれた人もいると思います。大変な状況は2023年の下半期には終わり、2024年の**4月あたりから金運は上がってきます。**ただ、急激に収入がアップするというより、余計な出費が減り、**自由に使えるお金が少し増えるくらいの流れ**だと思っておいてください。

一に人脈づくり、二に自己投資、三に自分磨き

2024年は、環境の変化が起きたり、人付き合いが増えるので、これまでとは違う種類の出費が増えますが、**人付き合いにはケチケチしない**ことが大切。飲み会や食事会、ホームパーティー、イベントなどにはできるだけ足を運んだほうがよく、そのためにも日々節約をしておくといいでしょう。

また、自己投資するといい年です。とくに4～5月、あるいは8月や10～11月は、何かを学びはじめるには最適なタイミング。気になるスキルや資格があるなら、**教材を買ったりスクールに申し込んだりする**といいでしょう。また、**イメチェンや自分磨きにもお金が必要となってくる年**です。「金のカメレオン座」にとって最高にいいのが、大人っぽくイメチェンすること。身の回りにある年齢に見合わないものや、幼稚に見られそうな服やアイテムは、フリマアプリやネットオークションなどで売り、自分磨きのためのお金に変えるといいでしょう。**使い道の優先順位は、「一に人脈づくり、二に学びや自己投資、三に自分磨き」**とするのがオススメです。使い道別にお金をわけて貯めたり管理したりするといいでしょう。

そもそも「金のカメレオン座」は**コツコツタイプの金運なので、NISAなどで少しずつ投資**をはじめておくのがよさそうです。スタート時期は4～5月か、遅くても6月にすると、ゆっくりとですがお金を増やすことができそう。

開運のつぶやき　相談するときは、自分に都合の悪い話を聞き入れる覚悟を忘れないように

すでにはじめている人は、しっかり勉強したうえで金額を少しだけ増やしてみたり、ほかの銘柄を購入してみるといいでしょう。「金のカメレオン座」は学習能力が高いので、投資のプロや資産運用の上手な人の話をしっかり聞いて、参考にするのがオススメです。「簡単に儲かる話」などないので、それなりのリスクを説明してくれるところを選び、じっくりゆっくり増やしていくといいでしょう。ただし、**9月は大出費につながる判断ミスをしやすい**ので気をつけましょう。

お金を増やして何をしたいのか。将来の夢を語ろう

「金のカメレオン座」は、お金に対する欲望がほかのタイプよりも強いぶん、**だまされたり、投資詐欺に引っかかってしまうことも多い傾向**が。2021年の「乱気の年」、2022年の「裏運気の年」にだまされたり、話と違うような出来事があった人は、今年から慎重にお金を扱うようにし、世の中にはうまい話などないと思っておきましょう。また、人脈をつくるときには、**年上や年配者、お金持ちとのつながりを大切にする**といいでしょう。無理に若い人との人脈をつくるよりも、学べることや吸収できることが多く、あなたのお金に対する価値観や考え方を変えてくれるでしょう。

また、夢を語ることが苦手だったり、人に話すのを避けている人も多いですが、将来どうなりたいか、お金を増やして何をしたいのかを話してみるといいでしょう。明るい未来の話をするなかで、お金がなくても得られる幸せを教えてもらえたり、そうした未来に導いてもらえることもあります。**「夢を語れるようになれると、金運の流れも大きく変わる」**と思っておくといいでしょう。1〜2年かけてもいいので、明るい未来や夢の話ができる人を目指してみましょう。

行動ポイント

- 交際費をケチらない
- 年上やお金持ちとのつながりをつくる
- 将来役立つことや、自分磨きにお金を使う

パワフルに活動できる年。多少の不調など吹っ飛ばせるくらい心も体も軽くなり、環境の変化にも対応できるでしょう。2024年は**ドンドン動くといい縁がつながる**と思い、前向きにとらえましょう。ただ、最初は不慣れなことを面倒に感じて疲れる場合も。そこを乗り越えるためにも、**定期的な運動で体力づくりをする**といいでしょう。

2021 〜 2023年に体調を崩した人でも、2024年には調子のよさが戻ってきます。例年1〜2月は不調を感じやすい時期ですが、「今年も調子が悪い」と思い込まず、よくなると信じて体に負担をかけることを避けつつ、睡眠時間を多くとりましょう。ただ、**7月には夏の疲れが早々に出る**ことがありそうです。暑さ対策は早めに行い、エアコンの寒さ対策も忘れずに。

また、体を鍛えたくても、早朝の運動には注意が必要です。ストレッチくらいの軽いものなら大丈夫ですが、**ランニングをするなら夕方か夜のほうがいい**でしょう。体調の異変が目に出やすいタイプでもあるので、不調を感じたときは早めに眼科に行きましょう。

美意識を高める必要もある年です。2024年は、**本来のあなたの魅力を出せる髪型やファッションを意識**しましょう。「金のカメレオン座」は大人っぽいほうが魅力が出るので、「若い＝美しい」ではないと思うこと。幼稚な服や派手で目立ちすぎるものは避け、落ち着いた色や大人びたアイテムを選びましょう。体重が増えた人も、今年から運動をはじめれば本来のスタイルに戻りやすいはず。ただ、急なダイエットは体に負担がかかるので、1〜2年かけて体重を落とすイメージで、無理なく行いましょう。

もともと手先が器用なタイプなので、**メイクレッスンに通うと自分の魅力をさらにアップさせる方法が身につきそう。**美容サロンに行くなら、これまでとは違うお店や、周囲の評判のいいお店を選びましょう。ゆとりがあれば伝統芸能や華道、茶道で美しい所作を習ってみるのもいいでしょう。

=== 行 動 ポ イ ン ト ===

- 夕方から夜にかけての運動が吉
- 大人っぽいファッションにする
- メイクの仕方や美容グッズを変えてみる

開運のつぶやき　得意を極めるのもいいが、不得意なことに挑戦して学ぶ大切さも忘れないで

家庭&親子運

2021～2022年に離婚や別居を考えながらも**2023年を無事に乗り越えた夫婦は、2024年から新たな関係がはじまる**でしょう。大きな問題がなかった場合でも、2021～2022年のあなたはいつもと違う行動や発言で家族を困惑させたり、イライラをまき散らすなど、気づかぬうちに問題をつくっていた可能性が。反省点があるなら、あなたを受け入れてくれていた家族に感謝し、仲直りを心がけましょう。まだ問題が未解決でも、4月を過ぎたあたりから気持ちや環境の変化があり、過去の問題が少しずつ気にならなくなっていくでしょう。

親との関係は、実家暮らしの社会人なら**一人暮らしをするなど、距離感を変える**といい年。転勤になり離れて暮らす場合もありますが、前に進むいい兆しととらえましょう。親との関係が気まずくなっている場合は、距離をとることで自然と関係が戻っていきます。ただ、あなたが新たな環境を嫌がり、同じ状況を続けようとしがちなので気をつけて。

子どもとは、今年からあなたらしいキチキチとした生活リズムを取り戻せますが、**自分の考えや型を押しつけ、マニュアル通りに子育てしようとすると反発**が出ます。新しい習慣づくりをしたり、行ったことのない場所に家族旅行するなどして、皆で意見を出し合って計画する楽しさを教えましょう。ときにはあなたが一歩譲り、無計画な旅や行き当たりばったりの時間を家族で楽しんでみるのもオススメ。計画通りに進まないのを悪く思わず、その時間をどう楽しむと学びに変えられるかをみんなで体験しましょう。

思い切った引っ越しやリフォーム、大幅な模様替えなど、環境を大きく変えるのもいいでしょう。カーテンやラグ、家具や家電の配置替えをする、絵を飾るなど、多少不便を感じても、これまでとは違う雰囲気で過ごすことが大切です。あなたの**部屋を和テイストにすると、急に気持ちが落ち着く**ことがあります。畳の部屋や、陶芸品や掛け軸などもオススメです。

行動ポイント

- 親とは距離感を変える
- 自分の型を子どもに押しつけすぎない
- 引っ越しやリフォームで環境を変える

年代別アドバイス

10代のあなたへ　年上や先輩の知り合いを増やすと楽しめそう

2024年からがあなたの「人生の再スタート」だと思って、ゆっくりでもいいので努力の積み重ねをはじめましょう。年上の友人や知り合いをたくさんつくってみるのもオススメです。そもそも大人っぽいタイプなので、同年代より先輩や年上の人と一緒にいるほうが、楽しめたり学べることも多いでしょう。将来に役立ちそうな資格や勉強があれば、今年からコツコツと努力して学ぶことが大切です。自分の才能を発見したり、持ち前の能力に磨きをかけることも忘れないようにしましょう。

20代のあなたへ　挑戦することを恐れず経験や体験を増やしていこう

過去にとらわれず、2024年から新たな目標に向かって進んでいきましょう。交友関係もやるべきことも、すべて最初からやり直すくらいの気持ちでいるとよさそうです。挑戦することも恐れないように。できれば引っ越しをして環境を変えるなど、生活リズムを自ら変化させてみるといいでしょう。情報集めや分析も必要ですが、見ているだけで行動しない癖をつけないよう、少しでも経験や体験を増やしていきましょう。

30代のあなたへ　今年の失敗はいい経験に。挑戦を恐れないで

ここ2、3年の出来事にとらわれていると、前に進めなくなってしまいます。良くも悪くも、「過ぎて去ったから、過去」なのだと割り切って、新しいことに目を向けるようにしましょう。失敗を怖がってしまう年代ですが、2024年は多少失敗してもいい経験になり、学べることのほうが多いので、まずは挑戦する道を選んでみて。出会いを増やすために、大人の集まりに参加してみるのもよさそうです。大人の魅力を出すようなイメチェンもオススメ。

人生のステージによって、運気のとらえ方も変わってきます。
年代別に異なる起こりやすいこと、気をつけることを頭に入れておきましょう。

40代のあなたへ
流行や若い人の意見を積極的に取り入れてみよう

長年積み重ねてきたことがやっと役立つようになる年。新たな役割を任されるような流れにも入るでしょう。情報収集するのもいいですが、これまでの努力を信じて行動することが大切です。新しいことをなかなか取り入れられなくなってくる年代ですが、2024年からは意識して流行を取り入れてみて。若い人の意見や考えからも学べることがたくさんあるので、聞く耳をもつようにしましょう。

50代のあなたへ
あなたに憧れる人が現れる年。教えられることを伝えて

自分の世界を広げてくれる人に出会える年。年下でも、知性や技術をしっかりもっている人は多いので、素直に教えてもらう気持ちを忘れないで。あなたがコツコツ取り組んでいる姿を見て、尊敬する人や憧れる人、真似をする人も現れそうです。遠回りでもじっくり積み重ねた甲斐があったことを話してみると、いい人脈もできるでしょう。ほかにもあなたが人に教えられるようなことがあれば、いろいろと伝えてみるとよさそうです。

60代以上のあなたへ
絵画や陶芸をはじめると一生の趣味になりそう

ここ1、2年で体力の低下を感じていたり体調を崩した人はとくに、2024年から定期的な運動をはじめましょう。少しずつでもいいので筋トレやウォーキングなどをしたり、スポーツジムが近くにあれば、若いパーソナルトレーナーをつけて筋力アップの方法を学ぶのもオススメ。効率よくスタミナをつけられそうです。絵画や陶芸など、ものづくりの分野が気になっているなら、今年から習いはじめることで一生の趣味となり、この先も楽しめるでしょう。

GOLD CHAMAELEON

金のカメレオン座

毎月毎日の
運気
カレンダー

2023年9月～
2024年12月

占いを道具として使うには、

毎月の運気グラフ（P.94）で

月ごとの運気の流れを確認し、

運気カレンダー（P.96〜）で

日々の計画を立てることが重要です。

毎月の運気グラフ

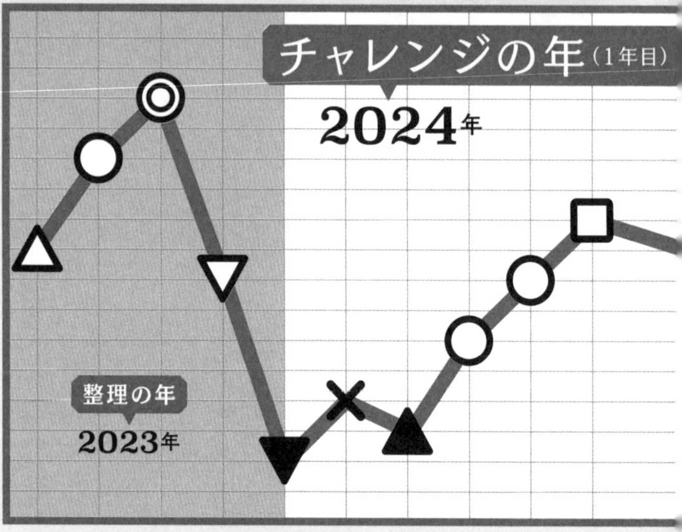

9月 準備の月
10月 チャレンジの月
11月 幸運の月
12月 ブレーキの月
1月 乱気の月
2月 裏運気の月
3月 整理の月
4月 チャレンジの月
5月 チャレンジの月
6月 健康管理の月

月の運気の概要

▼ ゆっくり前進できる月。焦らず、ポジティブに過ごそう

× 「裏の能力」に目覚める月。アイデアをメモしておこう

▲ 今月で悩みを断ち切ろう。キッパリと手放すことも考えて

○ 行動的になるといい月。「避けていた世界」に飛び込もう

○ 一歩踏み込むと縁がつながりそう。「年上の知り合い」をつくってみて

□ 夢や希望を具体的に語ると道を切り開くことができる

※このページの記号の説明は、「月の運気」を示しています。P.72「年の運気記号の説明」とは、若干異なります

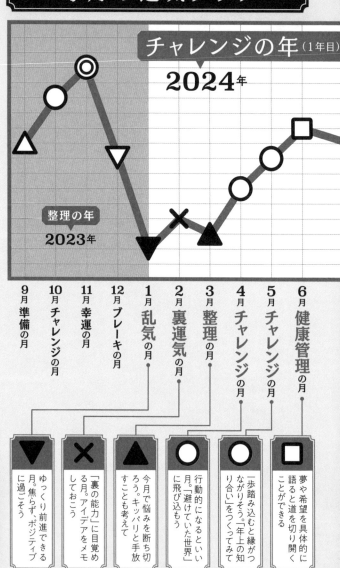

1年を通して、毎月の運気がどう変わるかを確認しておきましょう。
事前に知っておくことで、運気に沿った準備や心構えができます。

※「毎月の運気グラフ」は、その年の運気の影響を受けるため同じ記号でもグラフ上の高さは変わります

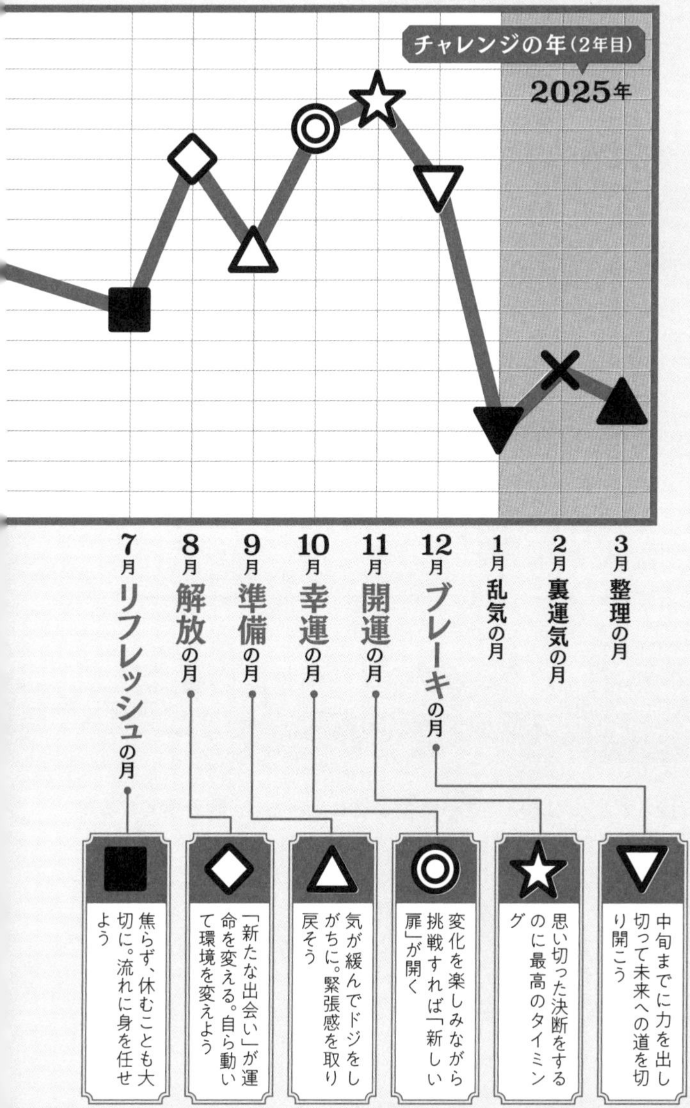
チャレンジの年（2年目）
2025年
7月 リフレッシュの月
8月 解放の月
9月 準備の月
10月 幸運の月
11月 開運の月
12月 ブレーキの月
1月 乱気の月
2月 裏運気の月
3月 整理の月
焦らず、休むことも大切に。流れに身を任せよう
「新たな出会い」が運命を変える。自ら動いて環境を変えよう
気が緩んでドジをしがちに。緊張感を取り戻そう
変化を楽しみながら挑戦すれば「新しい扉」が開く
思い切った決断をするのに最高のタイミング
中旬までに力を出し切って未来への道を切り開こう

9月

△ 準備の月

2023年

9月

1 2 3 4 5 6 7 8 9 10 11 12 1 2

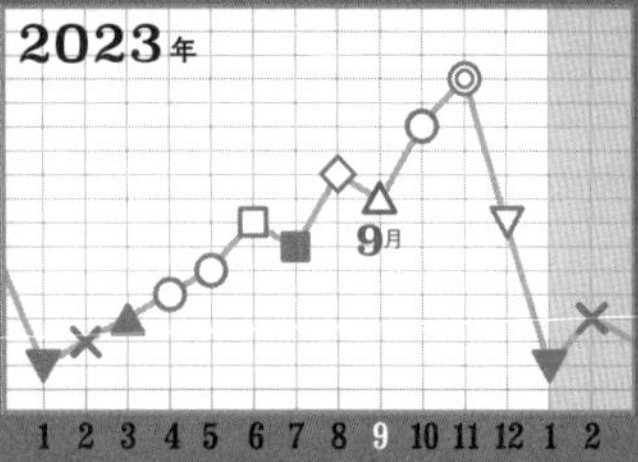

今月の開運3か条

- 遊ぶ計画を先に立てる
- ていねいに行動する
- 「遊び心」を忘れない

総合運

オンとオフのメリハリが必要な月。プライベートの時間も大切に

気持ちが楽になる一方で、行動が雑になったり、隙が多くなる時期。何事もよく確認するようにしましょう。しっかり仕事をしてしっかり遊び、遊び心を大切にすると、視野も広がりいい流れで進めます。反対に、仕事だけを必死に頑張りすぎると、パワーを使いすぎて気力がもたなくなり、前に進まない感じになりそうです。焦らずに人生を楽しむ方法を考え、趣味やプライベートの時間を大切にするのも忘れないようにしましょう。

開運のつぶやき 他人から馬鹿にされているくらいがちょうどいい

恋愛&結婚運

無理に見極めようとせず一緒の時間を楽しんで

年上の人や関わるのが難しそうな人と仲よくなれたり、リラックスして話ができそうです。異性の友人ができるなど、いい関係になる人も現れそう。慎重に相手を見極めるのもいいですが、今月は一緒にいる時間を楽しむようにすると、進展が期待できるでしょう。ただし、お酒の勢いでの行動は、後悔する可能性が高いので気をつけて。少し華やかな服を選んだり、髪型を変えてみると注目されそう。結婚運は、話を進める気持ちにはならない時期でしょう。

仕事運

「ゲーム感覚」で仕事に取り組んでみて

集中できない日が増えてしまいそうですが、無理に頑張るよりも、しっかり仕事をして、しっかり休むことが大事です。今月は先に遊びの予定を立てたり、少しゲーム感覚で仕事をしてみると、思ったよりもスムーズに進められるでしょう。真面目に取り組むのはいいですが、考えが固くなりすぎて視野が狭くなることも。職場の人や仕事関係者と食事会や飲み会などで話をすると、気持ちが楽になって仕事もはかどるようになるでしょう。

金運&買い物運

体験や経験にお金を使おう

やや出費が増えそうですが、久しぶりに楽しい時間を過ごせたり、いい息抜きができる時期。ケチケチせずにしっかり楽しんで、ストレス発散にお金を使うといいでしょう。買い物よりも、体験や経験への出費がいいので、夏をしっかり満喫し、美術館や舞台などに足を運んでみましょう。ローンを組むことや、高級なものの購入は避けて、参考程度に欲しいものの情報を調べておきましょう。投資は、判断ミスをしやすいので慎重に行うこと。

美容&健康運

間食、夜の飲酒は避けて

油断すると暴飲暴食をして、体重が一気に増えてしまうことがある時期。とくに間食や、夜の飲酒と食事には要注意。「夏の疲れをとるためにスタミナを!」と言って、ただの食べすぎにならないように。ドジなケガもしやすいので、テンションが上がっているときの足元には十分気をつけましょう。美意識も低下しやすい時期。日焼け対策を忘れたり、スキンケアが雑になることがあるので、予防やケアは念入りに。

開運のつぶやき | 目の前の快楽ではなく、自分の成長が本当の幸せ

9月

△準備の月

1（金）	○	過去の反省を活かすことは大切ですが、ずっと後悔し続けても何にもならないので、気にしすぎないように。失敗しても成功しても、「これまでの積み重ねの結果が出ているだけ」と開き直るといいでしょう。
2（土）	○	小さなラッキーやお得な出来事がある日。些細なことでもしっかりよろこぶと、大きなよろこびに変わってくるでしょう。あなたも人から感謝されるような行動をするようにしましょう。
3（日）	▽	日中は、友人や恋人、知り合いと前向きな話をすると、気持ちが楽になるでしょう。ただ、余計なことをうっかり口に出さないように気をつけて。相手の話を笑顔で聞くことも大事です。
4（月）	▼	他人に過度な期待をするとガッカリするだけ。少しの期待にしておけば、どんな結果にも満足できるでしょう。今日の出来事から、自分の考え方を改めてみるといいでしょう。
5（火）	×	間違った指示を出したり、受け取り方や解釈を間違えてしまいそう。誤解や勘違いから面倒なことになりそうなので、不安なときはしっかり確認しましょう。相手の話は最後までしっかり聞くこと。
6（水）	▲	身の回りを整理整頓するといい日。置きっぱなしのボールペンが書けなくなっている場合は、処分してスペースをあけましょう。使うことのない紙袋なども捨てましょう。
7（木）	＝	新しい人に出会えたり、新たな情報を入手できる日。気になったことには積極的に参加し、あなたから声をかけて話を聞くといいでしょう。質問上手や聞き上手を目指してみましょう。
8（金）	＝	周囲の人に似るタイプなので、現状に満足できないと嘆くなら、交友関係を変える覚悟をしましょう。習い事を探してみたり、新たな趣味や学びたいことを見つけてみましょう。
9（土）	□	優柔不断になって、無駄な時間を過ごしたり周囲をイライラさせてしまうかも。ランチやドリンクは「3秒以内に決めるルール」で過ごしてみるといいでしょう。突っ込まれたときほど素早く決める練習をしてみましょう。
10（日）	■	今日は、無理をせず家でのんびりして、疲れをためないようにしましょう。時間があるときは、マッサージや整体、スパや温泉などに行ってみるのがオススメ。うっかりのケガにも気をつけましょう。
11（月）	◇	あなたの意見や考えが周囲と一致する日。アイデアや要望が通りやすいので、上司や周囲に伝えてみるといいでしょう。言い方とタイミングは間違えないように。
12（火）	△	段差で転んだり、打撲やケガをしやすい日。とくに、歩きスマホには注意すること。ほかにも小さなミスや忘れ物をしやすく、大事なものをどこかに置き忘れてしまうこともあるので気をつけましょう。
13（水）	○	自分のことでも相手のことでも、済んだことは気にしないように。恩と感謝は忘れないで、自分が与えたことはすぐに忘れるようにするといいでしょう。執着したり、恩着せがましくならないように。
14（木）	○	仕事で結果が出てほめられたり、上司や先輩にランチやドリンクをご馳走してもらえることがありそう。目の前の仕事に真剣に取り組むといいでしょう。
15（金）	▽	日中は、楽しく仕事ができて問題なく進みそう。夕方あたりからは隙ができやすく、失敗が増えたり、判断ミスをしやすいので気をつけましょう。予定が急に変更になる場合もありそうです。

開運のつぶやき　人は学ぶために生きている

16（土）	▼	不要な出費が増えそうな日。ついつい誘惑に負けて衝動買いをしたり、おいしそうなものを買いすぎてしまいそう。1日に使う金額を決めてから出かけるといいでしょう。
17（日）	×	予想外の出来事があり得る日ですが、落ち着いて判断することが大切。「今日は裏運気の日だから」と心構えをしておくと、平常心を保てるでしょう。自らの失言で、トラブルを引き起こす場合もあるので気をつけて。
18（月）	▲	なんとなく続けているゲームやアプリを消去することで、時間をつくることができそう。仕事や将来に役立つことに時間を使いましょう。人生を振り返ると、必ず無駄な時間があり、後悔するものです。
19（火）	＝	弱点や欠点を鍛えることも大切ですが、自分の得意なことを極める努力も忘れないように。どちらが楽しく学べて成長できるのかを、しっかり考えて行動するといいでしょう。
20（水）	＝	新しいことに挑戦することで学べる日。小さなことでも、これまで体験していなかったことにチャレンジしてみると、おもしろい発見がありそう。いい出会いにつながる可能性もあるでしょう。
21（木）	□	判断力が鈍ったり、優柔不断なところが出て、決めるのに時間がかかりそうな日。迷ったときや重要なことは、周囲に相談するといいでしょう。いったん保留にして、後日判断してもいいでしょう。
22（金）	■	集中力が低下したり、気力がわかない感じになりそうな日。思ったよりも疲れがたまっている可能性があるので、こまめに休んだり、一息つける時間や仮眠の時間をつくるといいでしょう。
23（土）	◇	友人や知人に、明るい話や希望のある話をしてみるといい日。相手を元気にすることで、自分も元気になり前向きになれるでしょう。いい言葉を選ぶのを意識してみて。
24（日）	△	遊びに出かけるにはいい日ですが、ドジなケガやうっかりミスをしやすいので気をつけましょう。押しが強い異性にもてあそばれたり、振り回されることもあるかも。相手選びを間違えないようにしましょう。
25（月）	○	やる気がわきはじめ、本来の能力を出せる予感。これまでの努力がいい方向に進んでいると実感できるでしょう。今日は、遠慮しないで自分の力を存分に発揮してみて。学んできたことを若い人に教えるのもいいでしょう。
26（火）	○	経営者目線で仕事をすると、これまでとは違う方法や、もっとやったほうがいいことを見つけられるでしょう。時間や儲け、経費のことなど、数字に敏感になって、いろいろと考えてみましょう。
27（水）	▽	午前中はいい判断ができたり勢いに乗って仕事が進み、満足しそう。楽しいランチもでき、周囲の人ともいい感じでいけそうです。ただし、夕方あたりからは調子が悪くなったり、嚙み合わなくなってしまうかも。
28（木）	▼	余計な妄想が膨らんで、目の前のことに集中できなくなったり、大きなミスをしやすい日。失敗を隠したり報告せずにいると、大きな問題になってしまいます。対処や報告、謝罪は素早く行いましょう。
29（金）	×	意外な仕事を任されたり、これまで縁のなかった人に会えるかも。押しが強いと空回りするので、一歩引いておくようにしましょう。今日は謙虚な気持ちを忘れずに、仕事に取り組みましょう。
30（土）	▲	大掃除をするにはいい日。この夏に使わなかったものや着なかった服などは、一気に処分して、身の回りをスッキリさせましょう。扇風機や季節外れのものも、一緒にしまっておきましょう。

☆開運の日　◎幸運の日　◇解放の日　○チャレンジの日　□健康管理の日　△準備の日
▽ブレーキの日　■リフレッシュの日　▲整理の日　×裏運気の日　▼乱気の日　＝運気の影響がない日

10月

○チャレンジの月

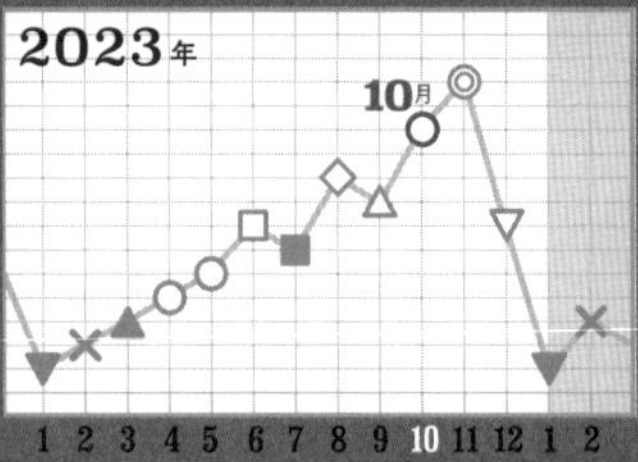

今月の開運3か条

- 気になっていることに挑戦する
- 友人や家族からの助言はしっかり受け止める
- 家計簿をつける

総合運

言い訳と後回しをやめ本気で動き出して

ずっと環境を変えたいと思っていたり、情報を調べつつなかなか行動に移せなかった人も、今月からは重い腰を上げて、本気で動く時期です。長年温めながらも、ここ数年の予想外の忙しさや面倒くささを理由に後回しにしていたことや、言い訳をして取り組まなかったことに手をつけるといいでしょう。とくに2022年の「裏運気の年」には、自分の弱点や欠点が見えたはずなので、克服するために少しでも努力や勉強をはじめましょう。

開運のつぶやき　成功する方法はどれも簡単で単純だが、継続することが難しい

恋愛&結婚運

知り合いの、素敵に成長した姿に恋してしまうかも

すでに出会っている人との縁が強くなる時期。新しい出会い運は期待が薄いので、異性の友人や身近にいる人を、あらためて注目してみるといいでしょう。数年前には素敵とは思えなかった人のいい部分が見えたり、相手の成長や努力を知って、好きになることもあるでしょう。すでに気になる人がいるなら、相手の好みに近づく努力をすると、振り向いてもらえる可能性も。結婚運は、長年付き合っている相手とは、下旬に大事な話ができそうです。

仕事運

「得意なこと」を極めようとする意思がいい流れをつくる

やる気がわきはじめる時期。転職を考えていた人も、求められることが増えるにつれ自然と不満が減り、やる気になれそうです。「もっとこうすれば！」と前向きな考え方もできるようになるでしょう。自分の得意な仕事をさらに極めるように努めると、周囲に実力が認められたり、いい流れをつくれたりしそうです。新しい業務やルールに縛られることもありますが、これまでの苦労のおかげで、乗り越えられる実力が身についているでしょう。

金運&買い物運

家計簿で無駄遣いを見つける

今月だけでもアプリで家計簿をつけてみると、不要な出費が見えてくるでしょう。まずは固定費の削減が重要。使わないサブスクを解約したり、生活習慣を変えるようにしましょう。家賃を下げるために、引っ越しを決断して来月から違う場所に住むのもいいでしょう。買い物は、使い慣れたものを購入するのがオススメ。コンビニは使わず行きつけのお店を利用すると、お得なサービスを受けられたり、無駄な時間も使わなくて済みそう。

美容&健康運

朝日を浴びながら運動を

運動不足の人や、しばらく体を動かしていないと思う人は、生活習慣を少し変えてみるといいでしょう。朝日を浴びながらのストレッチや軽い筋トレなどをするのがオススメです。なんとなくやめてしまったダイエットを再開してみるにもいい時期。美意識を高めるには、友人から紹介されたエステやサロンに行くといいでしょう。サロンを経営している知り合いがいる場合は、連絡してみるとサービスしてもらえることもありそうです。

開運のつぶやき　大切なのは運よりも「思いやり」

10月

○チャレンジの月

1（日）	○	前向きになれる言葉を聞けたり、気持ちが楽になりそうな日。新たな目標や、興味が惹かれることを見つけられるでしょう。好奇心の赴くままに動いてみると、いい出会いもありそうです。
2（月）	○	「知識よりも経験が大切」だと体感できそうな日。知っているだけの言葉は弱く、説得力もないことを忘れないように。経験が足りないと思うなら、臆病になっていないで、ドンドン挑戦してみるといいでしょう。
3（火）	□	恩を少しでも感じている相手のお願いなら、少しくらい無理と思ってもOKしてみるといいでしょう。ただ、夜は疲れやすいので、急な誘いには無理をしてまで応じないように。
4（水）	■	寝不足を感じたり、考えすぎて疲れてしまいそうな日。目の周りをマッサージして、休憩中はスマホを見ずに目を閉じてみると楽になりそう。食事は、胃腸にやさしそうなメニューを選ぶといいでしょう。
5（木）	◇	以前から興味があった話が舞い込んできたり、会いたいと思っていた人を紹介してもらえることがありそう。人との縁を大事にして、叶ってほしい願いは言葉に出しておくといいでしょう。
6（金）	△	大きな失敗や判断ミスをしやすい日。いつも以上に落ち着いて行動するようにし、事前準備や最終確認はしっかりしておきましょう。勢いやノリで進むと、後悔したり、信用を失ってしまうことがあるので要注意。
7（土）	◎	居心地のいいお店や、お気に入りの場所に行くといい日。友人を誘って話をしてみると、気持ちが楽になりそうです。いいアドバイスをもらえたり、前向きな話もできそう。笑える思い出話をすると、運気もよくなるでしょう。
8（日）	☆	小さなラッキーがありそうな日。ご馳走をしてもらえたり、予想外のお小遣いをもらえたりするかも。買い物でポイントが多くつくこともありそうです。些細なことでもしっかりよろこぶと、もっとよろこべることが起きるでしょう。
9（月）	▽	周囲のやさしさに甘えすぎないように。守ってもらえていることに早く気づいて、あなたも誰かを守るように努めましょう。夕方以降は、振り回されたり無駄な時間を過ごすハメになりそうです。
10（火）	▼	珍しいミスをしやすい日。大きな問題につながることがあるので、慎重に判断し、冷静に行動しましょう。頭の回転が悪いと感じるときは、休憩したり、周囲に意見を求めてみましょう。
11（水）	×	気が緩んでしまいそうな日。数字や日付を間違えたり、連絡や約束を忘れてしまうことがありそう。ボーッとしていないで、今日やるべきことを朝からしっかり確認しておきましょう。
12（木）	▲	何事も順序が大切。慣れた仕事ほど雑になりがちなので、ていねいに行うよう心がけましょう。まずは、職場をきれいにしたり、身の回りを整えておくと、仕事がやりやすくなるでしょう。
13（金）	○	学べることが多い日。疑問に思うことは、誰かに聞く前に一度自分で調べてみたり、深く考えて、自分なりの答えを出してから詳しい人に教えてもらうといいでしょう。たとえ間違っていても、考える力は身につきます。
14（土）	○	イメチェンをするにはいい日。髪を切って大人の雰囲気を出してみるといいでしょう。ふだんとは違うお店で服を購入するのもオススメ。年齢に見合う服装を選んでみましょう。
15（日）	□	突っ込まれると弱いタイプですが、何か言われたら、すぐに答える練習をするといい日。何事も「3秒以内に決める練習」をしてみるといいでしょう。多少の失敗は楽しむくらいの気持ちでいましょう。

開運のつぶやき　過去のどんな出来事もプラスに変換することが大切

16（月）	■	疲れが出たり、集中力が途切れてしまいそう。じっとしているよりも、柔軟体操をするなど、少し体をほぐしたほうが、頭がスッキリしそうです。うっかりからのケガにも気をつけましょう。
17（火）	◇	理解できないからといって否定しないで、少しでも理解するよう努力したり、考え方を変えてみる姿勢が大切。「自分にはわからないから」といって簡単に否定していると、世界はドンドン狭くなるだけだと忘れないように。
18（水）	△	同じような失敗をしやすい日。自分の癖や行動パターンをしっかり分析しておくといいでしょう。嫌な予感も当たりやすいので、不安に思ったときは立ち止まって考え直してみて。
19（木）	◎	悩みや不安があるなら、付き合いの長い人に相談すると、的確なアドバイスをもらえそう。ただ、自分の愚痴や不満を言うだけにならないように気をつけましょう。親友からの厳しい言葉で、目が覚めることもあるでしょう。
20（金）	☆	自分では伝えているつもりでも、相手には伝わらない言葉があるもの。相手のことをもっと考えて、言い方や言葉を変えてみるといいでしょう。やさしい気持ちが本当にあれば、思いは伝わるものです。
21（土）	▽	買い物や用事は、午前中のうちに済ませておくといいでしょう。午後はのんびりしたり、疲れをためないように工夫して過ごしましょう。無計画な行動で、余計な出費をすることや、疲れてしまうことがありそうです。
22（日）	▼	不確かな情報に振り回されて不安になったり、やる気がなくなってしまいそうな時期。些細なことで身近な人とケンカになることや、気まずい空気になってしまう場合も。つねに上機嫌でいるように心がけておきましょう。
23（月）	×	自分の考えが正しいと信じていても、相手にも正義があるもの。「相手も正しい」と思ってみると、どうするべきかが見えてくるでしょう。相手に合わせると決めたなら、文句や不満を言わないようにしましょう。
24（火）	▲	目の前を整理整頓することで、頭のなかも整理できる日。散らかった部屋では、集中できなくてミスが増えてしまったり、いい考えも浮かばないでしょう。
25（水）	○	小さなことでもいいので、新たなことに挑戦するといい日。手応えがなくても、楽しい感じがするなら、続けてみるといいでしょう。とくに何もない人は、本を買って読んでみて。
26（木）	○	自分の都合だけを考えて判断していると、あなたの魅力がなくなるだけ。責任を背負ったり、ほかの人の気持ちを考えて判断できるようになることで、周囲から助けてもらえたり、評価にもつながっていくでしょう。
27（金）	□	気になる人やおもしろそうな人を見つけたと思えたら、連絡してみるといい日。土曜日の夜か、日曜日の予定を聞いてみるといいでしょう。思いのほか仲よくなれそうです。
28（土）	■	日中は、しっかり体を休ませて、健康的なランチを食べるといいでしょう。運動不足と感じるなら、軽く体を動かしたり、少し汗を流すのもオススメ。動画を参考にしながらヨガやダンスをしてみましょう。
29（日）	◇	気になる人や好きな人とデートができたり、友人と楽しい時間を過ごせそう。自分から遊びに誘って、イベントやライブに出かけてみるといいでしょう。素敵な出会いもありそうです。
30（月）	△	珍しく寝坊や遅刻をしやすい日。時間にルーズになりがちなので、「10分前行動」を意識するようにしましょう。忘れ物もしやすいので、事前にしっかり確認すること。
31（火）	◎	親に昔から言われている小言が、いまになって響いてきそうな日。自分の悪い癖が出てしまうケースもあるので、気をつけましょう。親友からは、あなたの長所や魅力をあらためて教えてもらえることがありそうです。

☆開運の日　◎幸運の日　◇解放の日　○チャレンジの日　□健康管理の日　△準備の日
▽ブレーキの日　■リフレッシュの日　▲整理の日　×裏運気の日　▼乱気の日　＝運気の影響がない日

11月

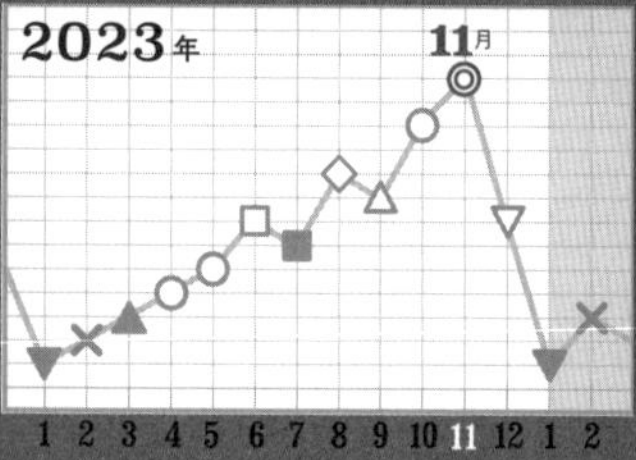

◎ 幸運の月

今月の開運3か条

- 年上の人の話を聞く
- 固定費を下げる
- 仕事に使うものを買い替える

総合運

思い切った挑戦の準備を。人付き合いも大切な月

やる気になれることを見つけられて動き出せる時期ですが、そのぶん出費が増える覚悟は必要です。それでも生活を変えたいなら、思い切った挑戦をするといいので、引っ越しや転職を検討してみましょう。イメチェンや資格取得に向けて動き出すにもいいタイミングです。人付き合いを大切にし、勉強会や気になる習い事の体験教室に行ってみると、いい先生に出会えて人生観が変わることもあるでしょう。自己投資には、ケチケチしないこと。

開運のつぶやき　過去のいろいろなことが感謝に変わったときが、幸運をつかんだ瞬間

大人の集まりに参加して まずは友人づくりを

寂しいからと「とりあえず」で交際に進むと、金銭感覚がまったく合わない人や、お金目当ての人の場合があるので要注意。焦らずに、少し見栄を張ってでも、大人の集まりや信頼のおける異業種交流会などに行くほうがよさそう。ただ、深い縁ができる運気ではないので、まずは異性の友人をつくったり、いい相手を紹介してくれそうな人を見つけて。結婚運は、2、3年前から結婚を意識していた相手がいれば、今月一気に話を進めるといいでしょう。

仕事道具を買い替えると やる気アップにつながる

今月から、徐々にですが前向きになれたり、次の目標が見えてくるでしょう。仕事用の靴やスーツ、ペンなどを買い替えてみると、気持ちが引き締まってやる気になれそうです。収入のことで悩んだり、考えたりする時間も増えますが、いまは不満を言わず、しばらくようすを見ておきましょう。できれば仕事に役立つ資格の勉強をしたり、スキルアップのためのスクールに通いはじめるとよさそうです。本もたくさん読んでおきましょう。

固定費を 見直そう

人付き合いが増えたり、買い物の誘惑に負けたりして、気がついたら出費が多い月になってしまいそう。故障や修理、買い替えなど、どうしても必要な出費もあるので、節約をしておくと助かる場合も。また今後のために、多少面倒でも固定費を下げる努力が大切です。無駄な保険の見直しや、サブスクの解約などをしておくように。投資は、思い切った決断をしてしまうと後悔するので、少額で試すくらいがちょうどいいでしょう。

高額な美容法に 気をつけて

「いい美容法があるよ」と知人に勧められて、高級なエステサロンの会員になってしまったり、ダイエットでお金を使いすぎたりしそうな時期。美意識を高めるのはいいですが、お金をかけすぎないように。「ローンで支払えば問題ない」などと思っていても、のちにやりくりが苦しくなる可能性があるので、収入に見合うか、よく考えて決めましょう。付き合いでの飲酒や外食も増えやすいので、食事や睡眠のバランスをしっかり整えておくことも大事です。

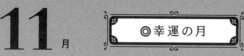

11月

◎幸運の月

日	運勢	内容
1（水）	☆	おもしろそうな話を聞けたり、いい誘いがある日。遠慮しないで積極的に話を聞いて、後日集まりがあるなら参加してみるといいでしょう。仕事でも手応えを感じられ、充実した1日を送れそうです。
2（木）	▽	日中は、いい流れで仕事ができ、周囲の人ともうまく付き合えそう。夕方あたりからは、自己中心的な人に振り回されたり、余計なことを言われて嫌な思いをするかも。不機嫌な人に振り回されないようにする練習だと思いましょう。
3（金）	▼	段差や滑りやすい床で転んで、服を汚したりケガをしやすい日。高価なものは持ち歩かないほうがよさそうです。スマホを落として、画面を割ってしまうようなこともあるので、今日は慌てて行動しないように。
4（土）	×	妄想が膨らんで、余計な心配事や不安が増えそうな日。起きるかわからないことを心配するよりも、いい思い出を振り返ったり、明るい未来を想像するようにしましょう。
5（日）	▲	掃除をするにはいい日。不要なものや使わないものは処分し、開かないアプリやデータも消去しましょう。先月使用しなかったサブスクは解約を検討したほうがいいので、明細をチェックしてみましょう。
6（月）	○	興味をもったことは、なんでもリサーチしてみるといい日。とくに、やってみたい習い事やお稽古事にどのくらいのお金がかかるのか、調べてみるといいでしょう。大丈夫そうなら、思い切って申し込んでみるといいかも。
7（火）	○	新しい考え方を取り入れるといい日。前向きな言葉や、いい話を見つけるようにするといいでしょう。「何をしているときに輝いているのか」をみんなで話してみると、互いの才能や魅力を発見できそう。
8（水）	□	自分に足りない部分を考えるのもいいですが、今日は得意なことをもっと鍛えるといいでしょう。「自分の強みをさらに強化するには、どうすべきか」を考えて行動してみましょう。
9（木）	■	根気強さがなくなってしまいそうな日。急に力が抜けてしまったり、集中力が落ちてしまう場面もありそうです。頑張りすぎないで、「しっかり休むことも仕事のひとつ」だと思っておきましょう。
10（金）	◇	学んできたことや経験したことを、うまく活かせたりあなたの魅力として発揮できそうな日。遠慮していると流れに乗れないので、自分からアピールしていきましょう。今日は積極的に行動することが大切です。
11（土）	△	間違った情報に振り回されそうな日。ネットで「期間限定」とあるのを見つけて、慌てて行ったら、昨年の広告だったり期限が過ぎていた、なんてことが。自分でも「ドジだな」と思うことをしそうです。
12（日）	◎	親友に会って語り合ってみるといい日。言いたいことを言える存在に感謝しましょう。お気に入りのお店や場所に行くと、「また頑張ろう!」と気持ちを切り替えられることもあるでしょう。
13（月）	☆	わからないことは、素直に人に聞くといい日。知らないままにしているほうが恥ずかしい思いをするので、詳しい人に教えてもらいましょう。勘違いしていたことに気づけることも。
14（火）	▽	日中は、学べることが多く、何事も前向きに受け止められそう。夕方あたりからは余計なことを考えすぎたり、やる気を失うような出来事がありそうです。ソリの合わない人と一緒にいる時間が増えてしまう場合も。
15（水）	▼	他人の雑な部分が目についてイライラしたり、期待外れなことがあってガッカリしそうです。相手にも、あなたの雑なところを見られていたり、期待が外れてガッカリされている可能性があるので、気をつけましょう。

開運のつぶやき　素敵な話をたくさんすると、運気は自然とよくなってくる

16 （木）	×	他人のトラブルに巻き込まれてしまいそうな日。「自分は関係ないのに」などと思わずに、「困ったときはお互いさま」と協力したり、励まし合ったりしましょう。自分が困ったときにも助けてもらえるはず。
17 （金）	▲	あいまいな返事や、できない約束は信用を失うだけ。口約束にならないようにメモをしておくといいでしょう。食事や飲みの誘いがあったら、都合のいい日を何日か出し、すぐに相手に送っておきましょう。
18 （土）	○	今日は新しくできたお店や、気になっているけれど足を運んでいない場所に行くと、いい発見があったり、素敵な体験ができるでしょう。出かけた先で、おもしろい出会いもありそうです。
19 （日）	○	気になる人に連絡してみるといい日。とくに、自分からは誘ったことのない人に連絡を入れてみるとよさそうです。急に遊ぶことになったり、食事に行くことになるかも。いい話を聞けることや、楽しい時間を過ごせそうです。
20 （月）	□	何事もしっかり考えることが大切な日。情報を素直に受け止めるのはいいですが、疑問点を見つけたり、その先がどうなるのか想像してみることも大切です。自分なりの答えを見つけて人に話してみると、いい勉強になるでしょう。
21 （火）	■	思ったよりも疲れやすい日。待ち時間が長くなったり、会議がダラダラ長引いて、眠気に襲われてしまうことも。スタミナがつきそうなランチを食べて乗り切りましょう。
22 （水）	◇	求められることが増えて忙しくなりそうです。人から求められるときは、恋愛運が上がっている証拠なので、気になる人に連絡をしてみましょう。今夜会うことになったり、後日デートすることができそうです。
23 （木）	△	ダラダラ過ごしてしまいそうな日。気がついたら午後になっていたり、1日の終わりに、「何もやっていない」と思うことになるかも。そうならないよう、友人に連絡をして遊びや食事に誘ってみましょう。
24 （金）	◎	自分の得意なことで周囲を笑顔にできたり、能力を役立てられる日。これまでの経験を若い人に教えることも大切です。「今日は、いつもより目立つ日だ」と思って過ごしましょう。
25 （土）	☆	日用品や消耗品を買いに行くにはいい日ですが、誘惑や見栄で余計なものや高いものを買ってしまいそう。値段が高いからといって、気に入るとも似合うとも限らないので気をつけましょう。
26 （日）	▽	少しいいランチを食べに出かけたり、気になる場所に行くといい日。映画デートをするのもよさそうです。ただ、次の日のことを考えて早めに切り上げ、夜は家でのんびりするといいでしょう。
27 （月）	▼	自分の至らないところが見えてしまう日。弱点や欠点を突っ込まれてヘコんでしまうかも。余計なことをして時間を無駄にするなど、周囲に迷惑をかけてしまうこともありそうです。ていねいに行動するよう心がけましょう。
28 （火）	×	急に残業になったり、トラブルに巻き込まれてしまいそうな日。今日は流れに身を任せ、無理に逆らわないようにしましょう。「こんな日もある」と思って、気持ちを切り替えて。
29 （水）	▲	「あっ!」と思うようなものを忘れそうな日。家に取りに帰る時間もなく、焦ることもありそうなので、外出するときや席を離れるときは、持ち物チェックを忘れないようにしましょう。
30 （木）	○	後輩や部下など、年下の人の話を聞くことが大事な日。「最近の若い人は」などと思わないで、いまの流行や今後は何が流行りそうかを尋ねてみるといいでしょう。思ったよりもいい情報を得られそうです。

☆開運の日　◎幸運の日　◇解放の日　○チャレンジの日　□健康管理の日　△準備の日
▽ブレーキの日　■リフレッシュの日　▲整理の日　×裏運気の日　▼乱気の日　＝運気の影響がない日

12月

▽ブレーキの月

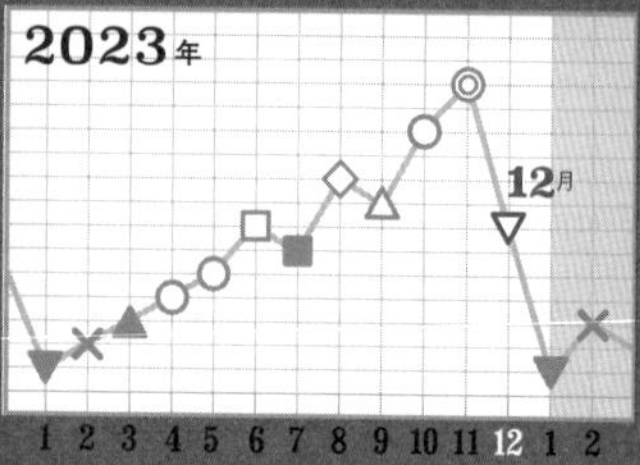

今月の開運3か条

- 覚悟ができているなら動き出す
- 中旬までは、興味のあることに素直に行動する
- 休みの計画を先に立て、しっかり休息をとる

総合運

夢があるなら前を向き早めに動け!

慎重で、一気に行動に移すタイプではありませんが、すでに次に進むべき道への覚悟を決めているなら、中旬までに動くといいでしょう。自分の情熱が冷めないうちに動き出すといいので、夢のために人との縁を切ることや、環境を変えることに躊躇しないように。まだ次にやりたいことが見つかっていない場合は、気になることにチャレンジしたり、人脈を広げておくといいでしょう。ただし、下旬になると迷いが出て、判断ミスをしやすくなってしまいそうです。

開運のつぶやき　人生は己が主役だが、最高の脇役になってみると、別の主役から重宝される

恋愛&結婚運

気になる人には中旬までに飛び込んでみて

小さなチャンスを逃さなければ、素敵な恋人ができる時期。優柔不断になったり、余計な心配ばかりしていると、タイミングを逃してしまいます。周囲から評判がいい人なら、思い切って飛び込んでみましょう。下旬になると流れが変わって、失恋しやすくなり、チャンスが遠のいてしまう可能性が。気になる人がいるなら、中旬までにこまめに連絡しておきましょう。結婚運は、3年以上の付き合いなら、中旬までに婚姻届を出すといいでしょう。

仕事運

月の半ばあたりを境に仕事に対する気持ちが変わりそう

中旬までは仕事に集中できそうですが、その後は頑張りや我慢の限界がきてしまいそう。とくにここ1、2年、不向きと思える仕事や苦手なことに取り組んできた人ほど、突然気持ちが離れてしまうことが。反対に、ここ1、2年、やる気が起きずダラダラしていた人は、中旬までに開き直れてやる気がわいてくる場合もあります。ただし下旬は、1年間の疲れが出たり、仕事に集中できなくなってしまい、離職や転職を考える時間が増えそうです。

金運&買い物運

2024年に備えて貯金や節約を

欲しいものを見つけても、ここは辛抱するとき。来年の4月以降の買い物のために、いまから節約し、貯金をしておくといいでしょう。2024年は環境が大きく変わったり、自ら動くのにいい運気になるので、お金が必要になってきます。そのためにも、いまは不要な出費を抑え、固定費をできるだけ下げておくことが大事。下旬になると予想外のコストが増えてくるので、しっかり計画を立て、見栄で出費しないように気をつけましょう。

美容&健康運

大人の魅力を出してみる

上旬は問題なく元気に過ごせそうですが、中旬あたりからスタミナ不足を感じたり、疲れが抜けなくなってしまうことも。ストレスもたまりやすくなるので、こまめに休むようにし、休日はのんびりできるように計画を立てておくといいでしょう。温泉旅行やスパ、マッサージなどに行くのもオススメです。美意識は高まってくるので、「大人の魅力」を出すよう心がけるといいでしょう。身の回りに幼稚なものを置かないように。

開運のつぶやき　少し遠回りすることは悪くない

12月　▽ブレーキの月

1（金）	○	気になったことに素直に挑戦するといい日。日々がマンネリ気味だと思う人ほど、ちょっとでも「新しい」と思えることにチャレンジしてみましょう。気になったことをいろいろ調べてみると、おもしろい発見がありそうです。
2（土）	□	気になる人がいるなら、好意を伝えたり、急でもいいので食事に誘ってみましょう。相手の連絡を待っているだけでは、いつまでも何も変わりません。
3（日）	■	今日はしっかり体を休ませて、無理のないスケジュールで過ごすといいでしょう。すでに疲れを感じている場合は、約束を断ったり、予定を変更することも大事。昼寝をするなど、ゆっくりできる時間をつくるようにしましょう。
4（月）	◇	みんなの注目を集めてしまう日。仕事で活躍できるだけではなく、恋愛面でもチャンスがありそう。何度も目が合う人は、あなたに好意を寄せているかも。あなたも気になった人には話しかけてみるといいでしょう。
5（火）	△	気持ちが大きくなるのはいいですが、調子に乗りすぎると、ドジな失敗をしたり見栄での出費が増えてしまうことも。謙虚な気持ちを忘れずに、最終確認もしっかりするようにしましょう。
6（水）	◎	学んできたことや、経験したことを活かせる日。自分のことだけでなく、周囲の役に立ちそうなことがあれば、手助けしたり知恵を貸すようにしましょう。相手に感謝されて、あなたも協力してもらえるようになるでしょう。
7（木）	☆	いい仕事やいい仲間に恵まれる日。あなたの企画やアイデア、意見などが通って、予算をとることもできそうです。今日は遠慮せず、積極的に取り組みましょう。うまくいかないときは「まだ経験が足りない」と素直に受け止めること。
8（金）	▽	サボっている人や、仕事のできない人にイライラするときは、自分にもサボりたい気持ちがある証拠。もっといまの仕事に感謝して、効率よく進められるように集中しましょう。
9（土）	▼	思い通りに進まないことや、邪魔が入りそうな日。イライラせずに、うまく流されたほうが無駄なパワーを使わなくて済むでしょう。油断していると、ケガをしたり体調を崩すので気をつけましょう。
10（日）	×	ふだんなら興味のないものに出費しやすい日。価値があると感じるものほど、実際にはそれほど価値がない場合があるので、冷静に判断するように。年齢に見合わないものも、簡単に購入しないようにしましょう。
11（月）	▲	自分の仕事や能力を過小評価しすぎて、やる気を失い、積極的に取り組めなくなってしまいそうな日。自分の力に自信をもち、多少の失敗やできないことにヘコまないようにしましょう。どんな仕事も無駄にはなりません。
12（火）	○	いつもと違うリズムで生活してみるといい日。朝の散歩を兼ねて、ふだんとは違う道で会社に行ってみたり、ランチにいつもは選ばないものを試してみましょう。些細な変化が人生を楽しくしていくでしょう。
13（水）	○	最初はピンとこなくても、とりあえず行動してみるといい日。オススメされた本やドラマ、映画はメモをしておきましょう。思った以上にハマったり、教えてくれた人と楽しく話せそうです。
14（木）	□	今日は、予定を詰め込みすぎると、ヘトヘトになってしまいそうです。時間にゆとりをもって行動したり、少し早めに仕事を進めておくといいでしょう。何事もギリギリにならないように。
15（金）	■	思ったよりも疲れがたまっていて、体調を崩しやすい日。今日は暖かい格好をして出かけましょう。休憩時間はしっかり体を休めるようにして、温かいお茶を飲む時間もつくっておくといいでしょう。

開運のつぶやき｜不安から解放されたいなら、自分よりもつらい人が救われることを願って

16（土）	◇	突然遊びに誘われたり、意外な人から連絡がありそうな日。余裕があるならノリで会うといいですが、短時間にしておくのがオススメ。夜はルーズになったり、判断ミスをしやすいので要注意。時間を気にして行動しましょう。
17（日）	△	忘れ物や小さなミスをしやすい日。遊びに出かけるのはいいですが、恥ずかしい思いをすることもあるので、余計な言葉は慎んでおきましょう。
18（月）	◎	目の前のことに集中できないときは、一生懸命に仕事をしている人や、結果を出している人を見習うといいでしょう。「その人ならどんなふうに仕事をするか」をイメージすると、やる気がわいてくるはず。
19（火）	☆	クリスマスプレゼントや年末年始に必要なものを買ったり、予約をするなら、今日がオススメ。気になっているものを購入すると、お得なサービスを受けられそうです。仕事運もいいので、期待に応えることができるでしょう。
20（水）	▽	日中は、運気を味方につけられていい結果が出せたり、多くの協力が得られそう。夕方以降は、誘惑に負けてガッカリする出来事が増えてしまうかも。慎重に行動するよう心がけましょう。
21（木）	▼	他人のミスで仕事がやり直しになったり、本来ならする必要のない仕事まで押しつけられてしまうかも。「困ったときはお互いさま」だと思って、上機嫌で行動するように努めましょう。
22（金）	×	余計な妄想が膨らんで、目の前のことに集中できなくなりそう。仕事をサボっていると思われたり、突然チェックされることがあるので、気を引き締めておきましょう。
23（土）	▲	大掃除をするといい日。身の回りにあるものを、使わないものと使うものとに分け、不要なものはドンドン処分しましょう。年齢に見合わないものや、何年も置きっぱなしにしているものも捨てるように。
24（日）	○	例年とは違う感じのクリスマスイブになりそう。恋人のいない人は、友人を誘ってみると思った以上にいい経験ができそうです。イベントやライブに行ってみるのもいいかも。
25（月）	○	仕事のできない人に、ガッカリしたり怒ったりする前に、「なぜできないのか」をよく考えてみるといいでしょう。できない理由がわかれば、そこを改善すればいいだけ。自分も相手も、次は同じ失敗を避けられるようになるでしょう。
26（火）	□	何事も順序が大切な日。「慣れた仕事だから」と手順を無視していると、面倒なことになりそうです。些細なことでも基本に忠実に、しっかりとていねいな仕事をするようにしましょう。
27（水）	■	今月の疲れが出てしまいそうな日。寝不足で目の下にクマができたり、関節を痛めてしまうようなことも。朝から、軽く柔軟体操をしておくといいかも。
28（木）	◇	恋愛運のいい日ですが、好みではない人からデートや遊びに誘われるかも。好きなタイプでなかったら、ハッキリ断っておきましょう。相手から酔っ払った勢いでメッセージが届くこともありそうです。
29（金）	△	掃除をするつもりが、逆に散らかしてしまうようなことになりそう。食器を割ったり、傷つけてしまうこともあるので、軽はずみな判断は禁物。思ったよりもドジなことをしてしまう日です。
30（土）	○	しばらく会っていない友人や、今年会えなかった人に連絡をしてみるといい日。急に会うことになったり、前向きになる話を聞けたりしそう。街で偶然再会して、話ができることもありそうです。
31（日）	○	出費が増えてしまいがちな日。「欲しかったものを見つけた!」と思ってすぐに手を出すと、高い値段で購入してしまいそう。予算をきちんと考えて、ときには諦めることも肝心です。

☆開運の日　◎幸運の日　◇解放の日　○チャレンジの日　□健康管理の日　△準備の日
▽ブレーキの日　■リフレッシュの日　▲整理の日　×裏運気の日　▼乱気の日　＝運気の影響がない日

1月

▼ 乱気の月

2024年

1月

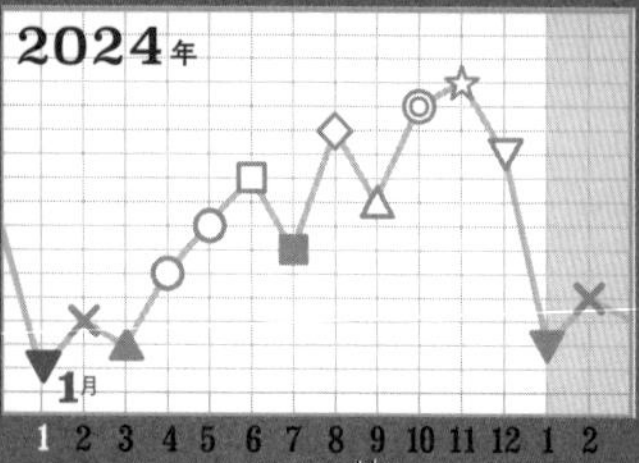

今 月 の 開 運 3 か 条

・プラス面を探す癖をつける

・勉強になりそうな本を読む

・明るい未来を妄想する

総合運

ゆっくり前進できる月。
焦らず、ポジティブに過ごそう

2023年末から気持ちが前向きになり、やる気になっていた人も多いでしょう。ただ今月は、心配事や不安なことが増えたり、余計な妄想が膨らんでしまいそうです。「前向きになったのは、勘違いだったかも」と自信を失ってしまうことも。それでも、焦らなくて大丈夫です。「チャレンジの年」に入っているので、ゆっくりですが前進する流れになっていくでしょう。明るい未来を想像したり、物事のプラス面を探すようにするといいでしょう。

開運のつぶやき ｜ 言葉と行動を一致させなければ、人はついてこない

恋愛&結婚運

新たな出会いはご用心。慎重にようすを見て

ここ1、2年で、これまでとは違ったタイプの人と恋をしたり交際している人は、今月は愛情を試される場面がありそうです。些細なことでケンカになるケースや、気持ちが離れていると感じる場合も。互いに愛情があれば、問題も乗り越えられるでしょう。新しい出会い運は、相手がのちにトラブルを起こしたり、あなたを振り回すようになる可能性があるので慎重に。結婚運は、焦らず自分磨きをするときだと割り切っておきましょう。

仕事運

現状に不満を抱くより仕事があることに感謝を

気持ちは前向きでも、結果がなかなか出なかったり、評価されないことに焦ってしまいそうな時期。愚痴や不満を言いたくなったときは、現状のいい部分に目を向け、仕事があることへの感謝を忘れないようにしましょう。欠点や雑な部分が目立ってしまう場面もあるので、ていねいに仕事に取り組むこと。疲れもたまりやすいため、無理をしすぎないよう気をつけましょう。

金運&買い物運

勢いで動かないこと

今月は気持ちに変化が起き、新しいものが欲しくなるタイミングです。ただ、ふだんなら買わないものや急に欲しくなったものは、無駄な出費になることが多いので勢いで購入しないように。金運も荒れやすい運気。機械のトラブルや故障などで、予想外の支出が増えてしまいそうです。誘惑にも負けやすくなるので、儲け話には注意しましょう。

美容&健康運

野菜や果物を食べよう

油断しているつもりがなくても、風邪をひいたり、体調を崩してしまいそうな時期。急に予定を詰め込んで疲労がたまることもあるので、ほどよく休んで無理は避けるようにしましょう。美容面もスキンケアなど、基本的なところをサボったり、雑にやってしまうこともあるので注意が必要です。ビタミン不足にならないように、野菜とフルーツをしっかり摂取するといいでしょう。

開運のつぶやき 「この先にはきっといいことがある」。そう思って進む人に運は味方する

1月 ▼乱気の月

1（月）	▽	新年早々満足できる1日を過ごせそう。急な誘いがあって予定が変わったとしても、楽しい時間になるでしょう。ただし、夜の飲酒はほどほどに。早めに寝ないと、次の日に疲れが出てしまうかも。
2（火）	▼	家族や親戚に痛いところを突っ込まれそうな日。不機嫌な態度をとらないで笑顔で上手にかわすようにしましょう。ほかにも予想外の出来事が起きそうです。
3（水）	×	余計な妄想が膨らんで目の前のことに集中できなくなったり、ミスが増えてしまいそう。うっかり約束を忘れることや、買い物に行った先で買う予定のものを購入し忘れてしまうこともあるので気をつけましょう。
4（木）	▲	期待外れなことが多くなる日。過度な期待をしなければ、思ったよりも楽しめそうです。不要な荷物は置いて、できるだけ身軽な格好で出かけてみるといいでしょう。
5（金）	＝	変化を楽しむといい日。ふだんなら行かないようなお店を覗いてみたり、興味をもった本を読んでみましょう。いい学びや発見につながりそうです。
6（土）	＝	新しいことを体験すると、いい勉強になる日。知り合いからの紹介や、人の縁を大切にするといいでしょう。ただし、やや出費が増えてしまうので覚悟はしておいて。
7（日）	■	いろいろ考えることも大切ですが、優柔不断な態度は周囲をイライラさせてしまうかも。今月は「乱気の月」なので、ふだんとは違うほうを選択してみると楽しめそうです。たとえハズレを引いたとしても、いい経験になったと思いましょう。
8（月）	■	朝から疲れを感じて、集中力が欠けてしまいそう。短時間でも目を閉じてゆっくりする時間をつくったり、ストレッチなどで軽く体を動かすとよさそうです。栄養ドリンクには頼らないように。
9（火）	◇	得意なことを活かすにはいい日ですが、調子に乗りすぎたり、余計な発言をしないよう気をつけましょう。好みではない人から好かれてしまうこともあるかも。
10（水）	△	小さな油断が大きなトラブルや面倒な事態を招いてしまいそう。今日は、些細なことでもしっかり確認し、最終チェックも忘れずに。
11（木）	＝	付き合いの長い人を尊重しても、相手にうまく利用されて終わりそう。あなたの情報が欲しいだけという場合もあるでしょう。今日は、少しくらい損をしても仕方がないと思っておくといいかも。
12（金）	＝	仕事が終わったら仲間と新年会を開いて、前向きな話をしてみるといいでしょう。予想外の出費が増えてしまいそうですが、後輩や部下にご馳走をするにもいい運気です。
13（土）	▽	部屋の片付けや買い物などはできるだけ午前中に終わらせて、ランチのあとはゆっくりするといい日。夕方以降は、物事が予定通りに進まなくなったり、ダラダラ過ごしてしまいそうです。
14（日）	▼	予定が急にキャンセルになるなど、ガッカリするような出来事が起きそうな日。短気を起こさないよう気をつけて、時間にゆとりをもって行動しましょう。
15（月）	×	よかれと思った行動が裏目に出てしまったり、空回りしやすい日。誤解されてしまうこともありますが、善意が伝われば誤解も解けるので、気にしすぎないように。

開運のつぶやき　行く先が見えなくなったなら、見る方向を変えれば必ず道がある

16（火）	▲	身の回りにある不要なものを処分しましょう。たまった紙袋は一気に捨ててしまうこと。使わないペンなども処分するか、必要な人にあげるといいでしょう。
17（水）	＝	クイズやなぞなぞの本を読んで、頭の体操をするとよさそう。雑学の勉強をするといい話のネタにもなるので、気になる本を探して読んでみましょう。
18（木）	＝	多少失敗してもいいので、挑戦する気持ちが大切です。うまくいかない原因をしっかり考え、コツをつかむまで何度も挑戦してみるといいでしょう。
19（金）	■	自分の進むべき道を間違えていないか、チェックが必要な日。努力の方向性は正しいのか、空回りしたり無駄なことをしていないか、じっくり考えてみましょう。
20（土）	■	時間があるなら、近所のスパや温泉に行ってゆっくりしましょう。マッサージで日ごろの疲れをとるのもオススメ。予定を詰め込むとヘトヘトになってしまいそうです。
21（日）	◇	意外な人から遊びに誘われたり、うれしい出来事がある日。恋愛を意識するよりも、話していて楽しい異性の友人を誘ってみるといいでしょう。
22（月）	△	忘れ物をしやすい日。出かける前には持ち物や、1日の予定を確認しておきましょう。操作ミスも増えやすいので、いつもよりもていねいに仕事に取り組むように。
23（火）	＝	一区切りついたと思って油断していると、追加の仕事が入ったり、やり直しが発生しそう。自分では完璧だと思っていても、相手から見たらまだまだな場合も。今日は、相手の立場や気持ちをもっと想像して行動しましょう。
24（水）	＝	数字にもっとこだわって働いてみましょう。儲けや時間のことを考えてみると、雑にしていた部分をうまくカットできそうです。仕事の勉強になる本を購入して読むのもいいでしょう。
25（木）	▽	日中は、勢い任せでも乗り切れます。ただし、夕方あたりからは弱点や欠点が表に出てきてしまいそう。至らない点はしっかり認めて、今後の課題にしましょう。
26（金）	▼	優柔不断が出てしまいそうな日。判断ミスもしやすいので、自分本位で考えないように。周囲がよろこぶことはなんなのか、よく考えたうえで判断すると、問題を避けられそうです。
27（土）	×	失恋やケンカなど、人間関係で嫌な思いをしそうな日。至らない点を指摘されてもムッとしないこと。ハッキリ言ってくれる人への感謝を忘れないようにしましょう。
28（日）	▲	大掃除をするにはいい日。年末に手をつけられなかったところや、なんとなく置きっぱなしにしているものがないかチェックしましょう。不要なものは処分するように。
29（月）	＝	若い人からの情報が必要になる日。最近の流行や考え方を教えてもらうといいでしょう。年齢はわずかな差でも、違いがあることを楽しんでみて。
30（火）	＝	あまり接点のない先輩や上司と話をする機会がありそう。聞き上手を目指して、いろいろ質問をしたり、しっかりリアクションをとっておきましょう。
31（水）	■	他人のいい部分を、少しでも真似してみましょう。悪いところは真似しないように。憧れられる人や尊敬される人はどんなことができているのか、観察してみるといいでしょう。

☆開運の日　◎幸運の日　◇解放の日　○チャレンジの日　□健康管理の日　△準備の日
▽ブレーキの日　■リフレッシュの日　▲整理の日　×裏運気の日　▼乱気の日　＝運気の影響がない日

2月

×裏運気の月

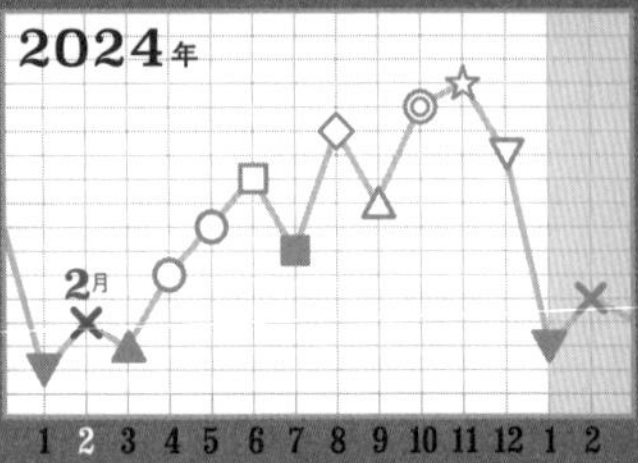

今月の開運3か条

- 図々しくなってみる
- 感謝できることを探す
- 若い人に教えてもらう

総合運

「裏の能力」に目覚める月。アイデアをメモしておこう

わからないことは素直に教えてもらったり、頭を下げてお願いしてみるといい月。ときには図々しくなってみてもいいでしょう。「裏運気の月」は体調には注意が必要ですが、裏の「インディアン座」の能力に目覚めるおもしろい時期でもあります。不思議な知り合いができたり、想像力や空想力が増してきて楽しく過ごせるでしょう。ネガティブな妄想や余計な心配はしないように。おもしろいアイデアが浮かんだら書き残しておくと、のちに役立つかも。

開運のつぶやき　予想外なことが起こると苦しいけれど、だからこそおもしろくなることもある

ふだんとは違ったデートを提案すると進展があるかも

先月あたりから仲よくなった人や今月新たに会う人とは、慎重に接することが大切です。一瞬盛り上がっても、相手の価値観が理解できないことや、のちにトラブルや疲れの原因になってしまう可能性が高いでしょう。片思いの相手がいる人は、少し積極的になってみたり、ふだんは誘わないような場所でのデートを提案してみると、OKしてもらえるかも。結婚運は、結婚願望が薄い人ほど急に意識しそうですが、勢いで進めず周囲の意見をしっかり聞くように。

難しいと思ったときほど前向きに取り組んで

「この仕事を続けて大丈夫かな」と心配になったり、周囲を信頼できなくなりそうな時期。将来に不安を感じるときは、友人や知人に相談を。ときにはパワーのある後輩に話してみると、背中を押してもらえてやる気になれそうです。また、意外な仕事を急に任されて困惑することもあるかも。難しく感じるときほど、この先に楽しいことが待っていると思って、前向きに取り組んでみるといいでしょう。

判断ミスでの出費に要注意

判断ミスをして、不要な買い物や余計な出費が増えてしまいそうな月。ふだんなら購入しないようなものを衝動買いしたり、何を買ったのか覚えていないのにお金が減っている、なんてことも。ストレス発散での暴飲暴食や、不要な契約の取り交わしにも気をつけましょう。投資も、欲張ると大失敗しやすいので、今月は勉強と情報収集の時期だと思っておきましょう。

不摂生はすぐにやめる

疲れが一気に出てしまいそうな時期。油断して、風邪をひいてしまうこともあるでしょう。先月あたりから生活リズムが変わったり、不摂生をしている場合は、すぐにやめないと後悔することになるかも。正月太りをそのまま放置していたら、今月も体重が増えて、ケガや疲れの原因になってしまいそうです。美意識も低下しやすい月。スキンケアや歯磨きなどを雑にしてしまうことがあるので、時間がなくてもていねいに行うよう心がけましょう。

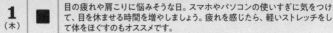

2月

×裏運気の月

1（木）	■	目の疲れや肩こりに悩みそうな日。スマホやパソコンの使いすぎに気をつけて、目を休ませる時間を増やしましょう。疲れを感じたら、軽いストレッチをして体をほぐすのもオススメです。
2（金）	◇	周囲から注目されやすい日ですが、実力不足なところや雑な部分も見られてしまいそう。変に隠そうとせず、足りないところは周りに素直にお願いして、助けてもらいましょう。
3（土）	△	午前中は、テキパキ行動できそうです。午後からは、余計なことを考えすぎて、無駄な時間を過ごしてしまうかも。ダラダラするくらいならしっかり休んだほうがいいでしょう。
4（日）	＝	置きっぱなしのものを片付けるにはいい日。調味料やクローゼットの奥にある服、靴など、冷静に見直してみると、使っていないものがいろいろと出てきそうです。不要なら友人にあげるか、詳しい人に聞いてネットで売ってみて。
5（月）	＝	協力してくれる周囲の人や、日ごろから仲よくしてくれる人に感謝の気持ちを表しましょう。お菓子や飲み物など、ちょっとしたものでかまわないのでご馳走したり、プレゼントするといいでしょう。
6（火）	▽	日中は、勢いで仕事を進められるので問題はないでしょう。夕方あたりからは、小さなミスをしやすくなるため、目の前のことに集中するように。失言をしないよう、言葉選びにも気をつけること。
7（水）	▼	古い考えを人から突っ込まれそう。決断に時間がかかって、モタモタしてしまうこともあるでしょう。今日は若い人に合わせるといい流れに乗れそうですが、多少の面倒事にも巻き込まれてしまうかも。
8（木）	×	周囲のスピードについていけなくなったり、取り残されてしまいそう。マイナスに考えすぎないで、「まあいいか」とつぶやいてみると、本当になんとかなる方向に進むでしょう。
9（金）	▲	シンプルに考えるといい日。悩みや不安がたくさんあっても、すぐにすべては片付けられないもの。できそうなことをまずはひとつ見つけて、ゆっくりでもいいので解決するよう努めましょう。
10（土）	＝	気持ちが少し楽になりそうな日。新しいことも楽しく受け入れられるでしょう。おもしろそうなことを調べたり、話題のお店や場所に行ってみて。
11（日）	＝	ふだんなら遊ばないタイプの人や、縁が薄いと思っていた人と仲よくなれそうです。苦手と思い込まないで、相手のプラス面に注目するといいでしょう。
12（月）	■	自分の考えを押し通そうとするより、周囲に上手に流されたり合わせてみるといい日。自分と意見や考え方が違う人から学べることがあるでしょう。おもしろい発見もありそうです。
13（火）	■	急に忙しくなってヘトヘトになりそうな日。精神的に疲れる出来事もあるので、気を引き締めて過ごしましょう。気分屋な人に振り回されてしまうことも。
14（水）	◇	小さなチャンスがあったり、周囲から少し期待されたりする日。まずは小さなチャンスをしっかりつかんで、結果を出すことが大事です。些細なことでも真剣に取り組みましょう。
15（木）	△	肩の力を抜いて過ごすのはいいですが、力を抜きすぎると雑な仕事をしたり、後味の悪い締めくくりになってしまいそう。しっかり働いて、しっかり休むなど、メリハリをつけましょう。

開運のつぶやき　苦しいと思ったらスタート。困難だと思ったら成長期

16（金）	＝	嫌な予感は信じたほうがいいでしょう。そのままにすると面倒なことに巻き込まれたり、後悔するハメになりそう。親友や付き合いの長い人からの忠告にも耳を傾けて。
17（土）	＝	不要な出費が増えそうな日。気になるお店に行くのはいいですが、買うものを決めてから出かけましょう。ふだんなら買わないようなものが、なぜか気になってしまいそうです。
18（日）	▽	日中は、楽しい時間を過ごせそう。気になるお店にランチに行くと、おいしいものに出会えるでしょう。夕方は、期待外れなことがあるかも。ガッカリせずに、「経験が増えた」と気持ちを切り替えましょう。
19（月）	▼	誤解や勘違いをされやすい日。話をするときは自分の意見を優先せず、相手にどう伝わるのかをよく考えてから言葉にしましょう。相手によって言い方を変えることも大切です。
20（火）	×	苦手な人と一緒になる時間が増えたり、不慣れなことに取り組む流れになりそう。そのぶん、学べることが多く、不思議な人と仲よくなれることもあるでしょう。
21（水）	▲	身の回りをきれいに整え、こまめに掃除をするといい日。散らかしたままにしていると、面倒なことが起こったり、失くし物をする原因になりそうです。
22（木）	＝	口角を上げて笑顔の練習をしましょう。滑舌をよくする練習をしてから外出するのもよさそうです。面倒と思ったときほど、にっこり笑顔でいることを意識してみましょう。
23（金）	＝	ちょっとした変化を楽しんでみるといい日。これまでなんとなく選んだことがなかったドリンクを飲んでみたら、思わぬ発見があったり、想像と違った味だったりして楽しめるかも。お気に入りも見つけられそうです。
24（土）	□	年下の人や若い人と接する機会を増やすことで、いい経験や学びがありそう。しばらく会っていない後輩に連絡したり、食事や飲みに誘ってみるといいでしょう。
25（日）	■	今日は、しっかり休んで日ごろの疲れをとりましょう。20分くらい昼寝をする時間をつくったり、近所のマッサージやスパに行ってみるのもオススメです。
26（月）	◇	いい対話ができそうな日。深い話をしたり本音を言うのが苦手でも、今日はいろいろ話してみると気持ちが楽になるでしょう。相手の考え方や発想を聞くことで、いい勉強にもなりそうです。
27（火）	△	久しぶりにドジな失敗をしそうな日。確認作業をしっかり行い、慌てて行動しないように気をつけましょう。忘れ物もしやすいので要注意。
28（水）	＝	過去の経験を活かせる日。面倒だからといって避けるのではなく、自分のレベルがアップしていると信じて飛び込んでみましょう。親友に連絡するといい情報が入りそうです。
29（木）	＝	仕事運はいい日ですが、プレッシャーを感じることもありそう。多少面倒なことがあっても、今日の経験はのちに役立つでしょう。苦労や重荷を引き受けたぶん、自分の力になると信じておきましょう。

3月

▲整理の月

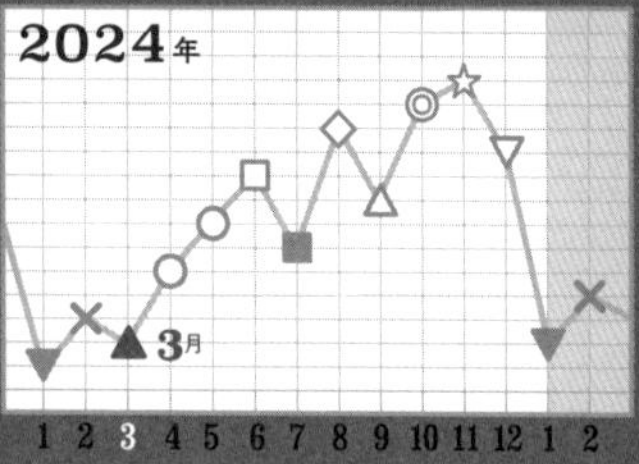

今月の開運3か条

- 諦めも肝心
- 信頼できる人に相談する
- 執着しない

総合運

今月で悩みを断ち切ろう。キッパリと、手放すことも考えて

良くも悪くも気持ちが切り替わりはじめ、人との距離感や興味をもつことに変化が出てくる時期。1、2月にどうしようか悩んでいたことや、判断できずにそのままにしていた問題があるなら、今月中に断ち切りましょう。ときにはキッパリ諦めることで気持ちが楽になったり、次に進めるようになるので、執着せずに手放す勇気を出すこと。時間の無駄になっていることもやめると、好きな物事に費やす時間を一気に増やすこともできそうです。

開運のつぶやき　自分がほめられたときのことを思い出す人に、運は味方する

恋愛&結婚運

引っかかりを感じる相手とは話し合って決着を

交際期間が3年以内のカップルは、別れ話が出たり、大きなケンカをしたり、気持ちが離れている感じが伝わってしまう時期。とくに、今年から引っかかることが出てきた場合は、しっかり話すことが大切です。すでに相手に好きな人がいたり、離れる準備に入っているなら、今月中に別れてスッキリさせましょう。新しい出会い運は下旬に少しありますが、つながりは弱そう。結婚運は、相手に結婚願望がなければ、これ以上付き合わず別れたほうがいいでしょう。

仕事運

気持ちが楽になりそうな月。異動を願い出るのもアリ

不慣れや苦労を感じていた仕事から離れられたり、大きな壁を越えられたりして、ちょっと楽になれる時期。中旬まで頑張ってみると流れが少しよくなってきます。ただ、そのぶん「もういいかな」と思えてきて、現在の仕事を手放したくなることも。いまの職場に限界を感じているなら、部署異動や仕事内容の変更をお願いしてみるのもいいでしょう。仕事をスムーズに進めるためにも、気が散るようなものは身の回りに置かないように。

金運&買い物運

固定費を削り節約を

高価な買い物や、長期的に使うものの購入は避けたほうがいい運気。いいものを買っても壊れて修理費用がかかるなど、数年たってから後悔することがあるので気をつけましょう。今月は、不要な固定費をできるだけ削り、節約できるところを探すのがオススメです。投資でもガッカリする結果になりやすいので、無理にはじめたり、金額を増やしたりしないほうがよさそう。損切りするにはいい時期です。

美容&健康運

拭き掃除がいい運動に

生活習慣の乱れや、不健康な暮らしをしている自覚があるなら、今月から改善するといいでしょう。飲酒や喫煙を控えたり、軽い運動やダイエットをはじめたりするのもよさそうです。とくに食事のバランスを整えることが大切なので、間食や食べすぎは避けましょう。休日やあいた時間に一生懸命掃除をするといい運動になりそうです。こまめな拭き掃除をするのがオススメ。

3月

▲整理の月

1（金）	▽	日中は、問題が起きてもクリアできそう。簡単に諦めないで、しっかり考えて判断するといいでしょう。夕方あたりからは、うっかりケガをしたり、ドジな行動をしやすいので気をつけましょう。
2（土）	▼	ふだんなら興味をもたないものが欲しくなりそうな日。勢いで購入しても結局使わなかったり、着なかったりするかも。「なんでこんなものを買ったんだ?」とあとで思わないよう、今日の買い物はやめておきましょう。
3（日）	×	不安や心配事が増えてしまいそうですが、その多くは妄想なので考えすぎないように。せっかくなら、明るい未来やおもしろいことをもっと考えましょう。
4（月）	▲	使わないものや、置きっぱなしにしているものを思い切って処分するといい日。「もったいないから」と何年もそのままにしているものは、ドンドン捨てること。
5（火）	＝	自分の仕事をしっかりするのは当然のこと。今日は、ほかの人のサポートをしたり、周囲がよろこぶことを少しでもやってみるといいでしょう。小さなことでも相手の手助けになることや、周囲を笑顔にできることを頑張ってみて。
6（水）	＝	いつもと少しでも違うことに挑戦してみると、いい気分転換になりそう。気になったお店に入ったり、新商品のドリンクを飲んでみたりするといいでしょう。帰り道も、いつもと違う道にすると何か発見があるかも。
7（木）	□	小さくてもいいので目標を決めて、1日を過ごしてみましょう。不満に目を向けていると、時間を無駄にするだけなので気をつけて。
8（金）	■	疲れがたまりやすい日。今日は無理せず少しペースを落としたほうがよさそう。ストレスになるような人と関わる機会も多くなるので、気を引き締めておきましょう。
9（土）	◇	期待していた以上にうれしいことが起こる日。気になる場所に足を運んだり、舞台やライブを観に行ったりするといい勉強になりそうです。「悩んだら行動」を心がけましょう。
10（日）	△	小さなミスをしやすい日。食べこぼしをしたり、ドリンクを倒してしまうようなことがありそうです。手を滑らせて食器やスマホの画面を割ってしまうこともあるので要注意。
11（月）	＝	悪い癖が出てしまいそうな日。これまで自分がどんな失敗をしてきたか思い出してみると、簡単に問題を避けられそうです。周囲から突っ込まれても、優柔不断な部分を出さないように。
12（火）	＝	余計な出費をしやすい日。誘惑に負けて不要なものを購入してしまいそうなので、ネットでの買い物にはとくに注意しましょう。仕事でも、数字や金額の確認をしっかり行うこと。
13（水）	▽	日中はいい流れで仕事ができたり、落ち着いて過ごせそう。夕方あたりからは、余計な突っ込みが入ることや、周囲のトラブルに巻き込まれてしまうことがあるかも。
14（木）	▼	人間関係や仕事が嫌になってしまいそうな日。これまで引っかかっていたことがある人ほど、今日は気持ちが抑えられなくなり、感情的になってしまうかも。
15（金）	×	マイナス面ばかり見ないで、プラス面に注目するように意識して過ごしましょう。今日は失敗しやすい運気ですが、そこから学べることが見つかったり、周囲の人の分析ができることもあるでしょう。

開運のつぶやき　もっと人を理解しようと努めると、人生も楽しくなるもの

16（土）	▲	恋人がいる人は別れ話が出やすいので要注意。些細なことで大ゲンカになることもありそうです。そろそろ別れようと思っていた場合は、いいきっかけになるかも。大掃除や片付けをするにもいい日です。
17（日）	＝	ダメ元でもかまわないので、気になる人を遊びに誘ってみるといい日。小さな勇気や行動力がのちに役立ってくるでしょう。ふだん遊んだことのない人に連絡してみるのもオススメです。
18（月）	＝	情報を集めるのはいいですが、間違った情報に振り回されないように気をつけましょう。しっかり確認することや、そもそも誰が言っていることなのか調べることも必要です。
19（火）	□	白黒ハッキリつけたくなる日。ただし、今日はまだ答えを出すには早いので、焦らないように。夜は疲れがたまりやすいので、ゆっくり湯船に浸かって早めに寝るようにしましょう。
20（水）	■	体調を崩したり、疲れを感じやすい日。あなたがつねに絶好調なわけではないのと同じように、誰でも不調なときがあると心にとめておきましょう。
21（木）	◇	当たり前なことに感謝を忘れないように。ほかの人がいるからこそ自分の仕事があり、生きていられるのだと思いましょう。夜は、ドジなミスをしやすいので気をつけること。
22（金）	△	ちょっとした忘れ物をしやすい日。確認作業をしっかり行い、「15分前行動」を心がけておくこと。そうすれば、万が一忘れ物をしても、取りに戻る時間をつくれるでしょう。
23（土）	○	今日は行きつけのお店やお気に入りの場所に行ってみるといいでしょう。懐かしいことを思い出したり、偶然の出会いを楽しめそう。学生時代に通っていた場所に再び訪れてみるのもオススメです。
24（日）	○	日用品や、身の回りで足りなくなったものを購入するといい日。ただ、余計なものまで欲しくなりそうなので、あらかじめ買うものを決め、メモをしてから出かけるようにしましょう。
25（月）	▽	午前中は、頭の回転が早くいい判断ができそうです。午後からは、優柔不断になって判断に時間がかかってしまうかも。ダラダラしていると、かえって疲れてしまうので気をつけましょう。
26（火）	▼	素直になれずにチャンスを逃したり、マイナスな評価を受けてしまいそうな日。うれしいときはしっかりよろこび、ミスをしたらすぐに報告して謝るようにしましょう。
27（水）	×	余計な妄想が膨らんだり、無計画な行動に走りやすい日。今日は何かと裏目に出やすいので、最初から裏をねらってみると、いい経験ができるかも。
28（木）	▲	身の回りを整理整頓しておくと、余計なトラブルを避けられそう。引き出しのなかや、ふだん整えていないところもきれいにしてみましょう。
29（金）	○	苦手なことや不慣れだと思うことに、少しでも挑戦してみるといい日。克服しようと努力することで、周囲に認めてもらえそうです。自分でも、一歩成長できたと実感できるでしょう。
30（土）	○	はじめて行く場所でいい縁がありそう。いつもならあまり行かないような場所に興味が出たら、思い切って足を運んでみるといいでしょう。近くでイベントやライブ、舞台などをやっていないか調べてみるのもオススメです。
31（日）	□	1日の計画をしっかり立ててから行動するといい日。なんとなくダラダラしていると次の日に響いてしまいます。とくに帰宅の時間はしっかり守るようにしましょう。

☆開運の日　◎幸運の日　◇解放の日　○チャレンジの日　□健康管理の日　△準備の日
▽ブレーキの日　■リフレッシュの日　▲整理の日　×裏運気の日　▼乱気の日　＝運気の影響がない日

4月

○チャレンジの月

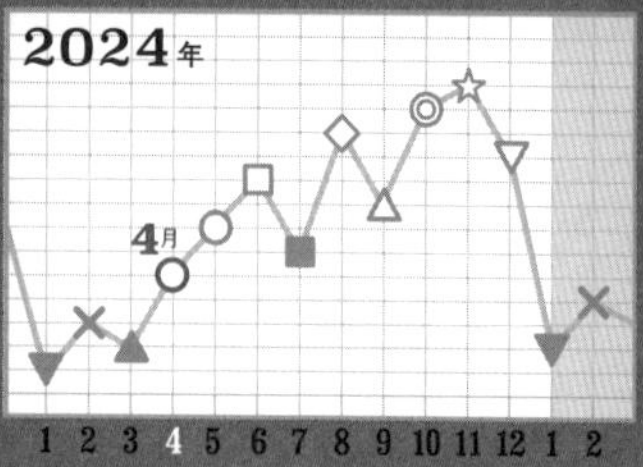

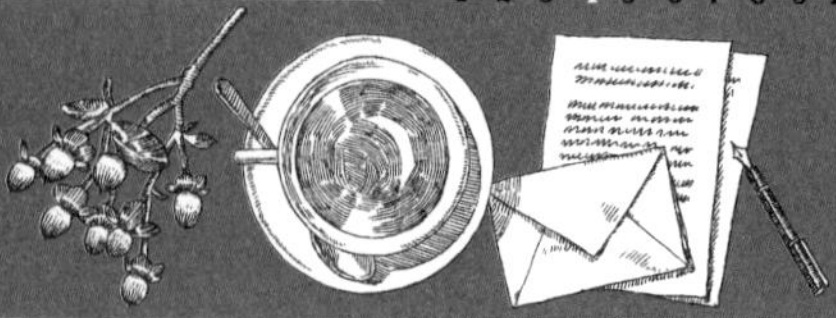

今月の開運3か条

- 新しいことに挑戦する
- 生活リズムを変える
- 人脈を広げる

総合運

行動的になるといい月。「避けていた世界」に飛び込もう

本来のあなたの調子を徐々に取り戻せる時期。同時に、新しいことにも目を向けられるようになり、興味のわくことも増えてくるでしょう。じっくり情報を集めて学ぶのもいいですが、できれば行動的になって、ドンドン人脈を広げてみましょう。なんとなく避けていた世界に飛び込んでみたり、気になる習い事をはじめるにもいいタイミングです。これまでとはまったく違うタイプの友人や知り合いをつくるきっかけもあるので、臆病にならないように。

開運のつぶやき　足りないのは情報や運ではなく行動力

恋愛＆結婚運

好みのタイプが変わり 気になる人が現れそう

出会いが増え、気になる人も見つかりそうです。ただ、まだあなた本来の魅力が輝く時期ではないので、ゆっくり距離を縮めたり、まずは友人になっておくくらいがいいでしょう。好みにも変化があり、これまでターゲットにしていなかった年齢の人が気になってくることも。自分の気持ちに素直になっておくのがよさそうです。結婚運は、やるべきことや興味のあることが増えるので、結婚の話を落ち着いて進められる状況にはならないかも。

仕事運

「臨機応変な対応」が大切。 仕事ができる人を真似てみて

新しい仕事を任されたり、これまでと違うチームで仕事をする流れになる運気。じっくり分析したり情報を集めてから取りかかろうとするとテンポが遅れてしまうので、自分のペースを維持しつつ、仕事ができる人の真似をしてみましょう。マニュアルを守るのも大事ですが、臨機応変な対応をすることも重要です。対応力を身につけるつもりで取り組むように。新人や初対面の人を食事や飲みに誘ってみるのもよさそうです。

金運＆買い物運

今後の金運を変えるとき

今月からの努力や学びが、のちの金運を大きく変えることになります。お金に関わる本を読んで勉強したり、少額でもNISAなどをはじめてみるといいでしょう。すでにはじめている人は、違う銘柄を選んでみるのもよさそうです。買い物運は、徐々に買い替えをはじめるといい時期。身の回りにある使い古したものを新しく買いそろえていきましょう。最新家電を選ぶのもオススメです。

美容＆健康運

未経験のことを試してみよう

ダイエットや運動など、これまでやっていなかったことを試しにはじめてみるといい時期。何事もやってみないとわからないので、情報を集めるだけでなく、体験するようにしましょう。友人を誘ってエステの体験コースに申し込んだり、スポーツジムを見学するのもよさそうです。ただ、営業上手な人に契約を迫られても、違和感があればハッキリ断ること。健康運は、新しい生活習慣を取り入れ、健康的な生活リズムに切り替えていきましょう。

開運のつぶやき 「若いときにやっておけばよかったな」と思える努力は、いますぐにやること

4月

○チャレンジの月

1（月）	■	心身ともに疲れてしまいそうな日。小さなことにイライラしてしまうこともあるので、休憩中は目を閉じてゆっくりするといいでしょう。エイプリルフールのウソにだまされても、怒らないように。
2（火）	◇	周囲の協力を得られたり、仲よくしてもらえそうな日。新しい出会いもあり、一目惚れするような人にも出会えるかも。明るく笑顔で挨拶をすると、いい縁がつながりそうです。
3（水）	△	朝から小さなドジをしてしまうかも。何事もしっかり確認し、時間にはゆとりをもって行動しましょう。休憩中に話し込んで時間を無駄にしたり、余計なことを言ってしまうこともあるので気をつけましょう。
4（木）	◎	付き合いの長い人から、いい情報やアドバイスを聞けそうな日。ハッキリ言われてグサッとくるときもありますが、言ってくれたことに感謝を忘れないようにしましょう。
5（金）	☆	仕事運がいい日。真剣に取り組むと、いい結果が出たり手応えを感じられそう。どんな仕事も、人様の役に立っているということを忘れないようにしましょう。買い物をするにも最適な日なので、気になるものを購入してみて。
6（土）	▽	午前中は、買い物をするにはいい運気。昨日購入しようと思っていたものがあるなら、買いに行ってみましょう。夕方からは疲れやすくなるので、予定を詰め込まないよう気をつけておくこと。
7（日）	▼	寂しい気持ちになったり、余計なことを考えすぎて疲れてしまいそうな日。とらえ方を変えるだけでプラスにすることができる場合もあるので、物事をポジティブに考えるようにしましょう。
8（月）	×	優柔不断になり、小さなことで迷って、タイミングを逃してしまいそう。間違えたとしてもそこから学べることを探してみると、いい経験に変わるでしょう。
9（火）	▲	やる気がないときほど、身の回りを片付けてみるといいでしょう。散らかったところをきれいに整えると自然とやる気も出てきます。2、3分で終わりそうなところから手をつけてみましょう。
10（水）	○	先輩や上司と話すことも大切ですが、部下や後輩など若い人と接してみることで、新たに学べることがあるでしょう。流行や最近ハマっていることを聞いてみると、あなたも興味がもてることを見つけられそうです。
11（木）	○	いつもと同じもいいですが、ふだん食べないランチメニューなど少しでも違うものを選んでみると、いい発見がありそう。今日は、「小さな変化を楽しむといい運気」だと思って過ごしましょう。
12（金）	□	うまくいかないときに「誰かが悪い」と思っていると、いつまでも成長しないもの。まずは「すべて自分が悪い」と思って、何をどうするべきだったのか、じっくり考えてみると一歩前に進めるでしょう。
13（土）	■	今日は、予定を詰め込まずのんびりするなど、疲れをためないように過ごしましょう。慌てるとケガをする原因にもなりそうです。夜は、急に遊びに誘われることがあるかも。
14（日）	◇	デートをするには最高な日。予定がないときは、ちょっとでも気になる人や友人に連絡してみると、楽しい1日を過ごせそう。告白されて交際がスタートすることもあるかも。
15（月）	△	忘れ物をして焦って取りに帰ることになったり、仕事でチェックミスが見つかることがありそう。今日はうっかりしやすい日だと思って、ていねいに行動しましょう。

開運のつぶやき　力を出し切って、全力でぶつかって、すっからかんになるから人は強くなる

16（火）	◎	自分の得意なことで周囲を助けたり、アドバイスをしてみるといいでしょう。小さなことでも人の役に立って、感謝してもらえると、前向きに生きられるようになるでしょう。
17（水）	☆	お得な買い物情報やポイントアップの情報を入手できそう。小さなことを楽しみながら、行動してみるといいでしょう。上司や先輩にご馳走してもらえることもあるかも。
18（木）	▽	日中は、ほめられたり、自分でも納得のいく結果が出そうな日。夕方あたりからは、余計な妄想が膨らんでしまい、集中力が欠けることがあるでしょう。うっかりミスもしやすいので、気をつけておきましょう。
19（金）	▼	愚痴や不満を口にしてしまいそう。言いたくなるときは、相手に過度に期待していたか、自分の能力を過信しているだけです。現実をしっかり受け止めるようにしましょう。
20（土）	×	予想通りに進みにくい日。期待外れだとガッカリするよりも、自分の想像力が足りないことを反省しましょう。「人生は思い通りにならないからこそ、おもしろい」ということを忘れないように。
21（日）	▲	大掃除をするといい日。身の回りに使わないものや年齢に見合わない幼稚なもの、着ていない服などがあるなら、思い切って処分しましょう。
22（月）	○	自らすすんで仕事に取り組むことで、やる気になれる日。結果は同じだとしても、言われた通りに仕事をするより、もっと工夫したり、自分のやり方を見つけて楽しく過ごせるようになるでしょう。
23（火）	○	余計なことを考えてしまうと前に進めなくなるので、まずは行動してみましょう。取り組みはじめてから考えてみたほうが、うまくいきそうです。多少失敗したり想像と違ったりしても、いい経験だと思いましょう。
24（水）	□	生きていてたとえ何かにつまずいたとしても、前に進んでいるならよかったと思うように。すべての目標や目的が叶って順調に進むわけがないと覚悟することも必要です。転んだり、うまくいかないことも、いい刺激ととらえましょう。
25（木）	■	少し疲れが出たり、体調に異変を感じたりしそうな日。目の周りのマッサージや肩を回すストレッチなどをするといいでしょう。集中力が続かない感じがするときは、ミスもしやすくなるので気をつけて。
26（金）	◇	言いたいことは、言葉を選んでハッキリ伝えてみるといい日。今日は開き直ってみたほうが、いい結果につながってくるでしょう。ただし、悪口や文句を言うことと、自分の意見を伝えることとは大きく異なるので、間違えないように。
27（土）	△	珍しいミスをしやすい日。気づいたら食べこぼしで服を汚していたり、手を滑らせてスマホを落として傷つけてしまうことがありそうです。今日は、ふだんより注意して過ごしましょう。
28（日）	◎	久しぶりに会う人と楽しい時間を過ごせそう。離れて暮らす家族がいるなら、連絡しておくといいでしょう。しばらく会っていない親友にも連絡してみると、いい話が聞けそうです。
29（月）	☆	買い物をしたり、決断をするにはいい日。気になる場所にも行ってみましょう。素敵な出会いもあるので、フットワークは軽くしておくこと。資格取得に向けた勉強などを本気ではじめるのもオススメです。
30（火）	▽	日中は、楽しい時間を過ごせそう。午前中はとくに頭の回転がよく、直感も冴えるでしょう。夜は、小さなミスをしやすいので気をつけて過ごすように。

5月

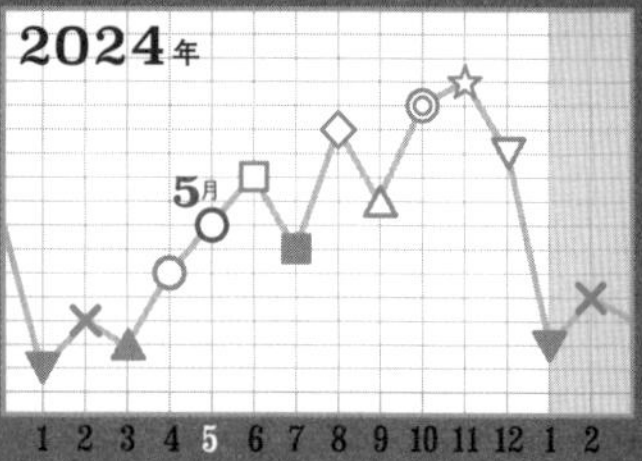

○ チャレンジの月

今月の開運3か条

- 失敗から学ぶ
- 新しい出会いを楽しむ
- 大人っぽくイメチェンする

総合運

一歩踏み込むと縁がつながりそう。「年上の知り合い」をつくってみて

先月に続き、新しい出会いや体験が増える時期。変化に対応できなかったり、うまくいかずに落ち込んでしまう場合もありますが、「人生で一番学べて成長できるのは、失敗したとき」と前向きにとらえましょう。多少失敗しても、周囲は許してくれたり、なんとも思わないことが多いものです。また、今月は年上の知り合いや友人をつくる努力をするといいでしょう。先輩にかわいがられるよう意識したり、一歩踏み込むと、いい縁がつながりそうです。

開運のつぶやき｜不安で止まったらもっと不安になるだけ。不安なら行動するしかない

恋愛&結婚運

恋を楽しむために恋愛ツールの活用を

やるべきことが増える時期なので、恋愛に目を向ける時間や心の余裕がなくなり、出会いや交際のチャンスを逃してしまいそう。仕事も大切ですが、恋を楽しむためにも今月はモテを意識した服を選び、少しでも時間をつくって出会いの場に顔を出してみましょう。マッチングアプリをはじめたり合コンに参加したりと、避けていたことに挑戦してみると、いい経験になりそうです。結婚運は、勝手に諦めず、恋人と前向きな話をするといいでしょう。

仕事運

ていねいに取り組むこと。前向きな失敗ならOK

こなすべきことが多くなったり、実力不足なところや至らない点が見えてしまいそうな時期。期待にすべて応えようとするより、ゆっくりでもいいので一つひとつていねいに取り組みましょう。ゆっくりでも成長が周囲に伝われば問題ありません。少々失敗してもいいですが、どうせなら前向きな失敗をするように。上司や偉い人と仲よくなるきっかけもあるので、遠慮せず懐に飛び込みましょう。思った以上に気に入られて、いい情報を得ることもできそうです。

金運&買い物運

大人の雰囲気を意識して

買い替えなど買い物をするにはいいタイミングです。できればこれまでとは違うお店に足を運んだり、一度は最新のものを見に行ってみるといいでしょう。新しく出たからいいというわけではないので、機能や性能を比較してみましょう。服は、年齢よりも少し上に見えるものや、品のあるものを選ぶとよさそうです。髪型も、大人の雰囲気を出してみましょう。投資をスタートするにもいい運気なので、臆病にならないように。

美容&健康運

定期的な運動をはじめよう

やることが増えて慌ただしくなりますが、体調が大きく崩れる心配は少ないでしょう。多少の無理もききそうです。ただし、ストレスがたまって言葉遣いや態度にイライラしている感じが出ると、信頼を失うことがあるので気をつけましょう。また、スタミナのつくスポーツや基礎代謝の上がる運動をはじめて、定期的に行いましょう。美意識も高められる時期なので、いい化粧水やパックなど、周囲からのオススメを試してみるとよさそうです。

開運のつぶやき　否定的な人ほど否定されやすいもの。認められたければ肯定することが大切

5月 ○チャレンジの月

1（水）	▼	計画やイメージの通りに進まない日。あいた時間を楽しむ工夫をしたり、明るい未来の妄想話をしてみると、いい1日を過ごせそうです。うまくいかないときは、あえて「おもしろくなってきた」と言って、人生を楽しみましょう。
2（木）	×	小さな判断ミスをしやすい日。「おいしそう」と飛びついて購入したのに、口に合わなかった、なんてことがあるかも。勘が外れてもガッカリしないで、いい経験ができたと前向きにとらえましょう。
3（金）	▲	小さなことでイライラしやすくなりそう。態度に出すと、近くにいる人と気まずい空気になってしまうので気をつけましょう。相手の言葉を悪いほうに受け止めないことも大切です。
4（土）	○	興味あることや気になることが増える日。好奇心に従って素直に行動してみると、おもしろい発見や、明るい未来につながる出来事が起こりそう。気になる相手がいるなら、待っていないで自ら連絡してみましょう。
5（日）	○	行動範囲が広がる日。遊びに誘われたり、新しい体験や経験ができるでしょう。新しい出会いもある運気なので、あなたからも友人や知り合いに連絡して遊びに誘ってみるといいでしょう。
6（月）	□	マメな行動が大切な日。大きな結果を出そうとするより、日々の積み重ねが未来につながると信じて、小さなことをコツコツ積み重ねましょう。勉強をはじめるにもいい運気です。
7（火）	■	集中力が欠けることや、仕事に身が入らない感じがありそうな日。ランチを食べすぎないように気をつけたり、ストレッチなどで軽く体を動かしてみると、体も頭もスッキリするでしょう。
8（水）	◇	自分にもっと素直になってみるといい日。うれしいときは素直によろこびましょう。ただし、素直とワガママは違うので、自分だけ得すればいいとは思わないように。みんなの得になることを考えて行動しましょう。
9（木）	△	注意力が散漫になりやすい日。気が散りそうなものは、近くに置かないこと。仕事でスマホを使わない人は、引き出しやロッカーにしまって、簡単に触れないようにするといいでしょう。
10（金）	◎	旧友や、しばらく交流のなかった人から連絡がありそう。週末などに予定を合わせて、遊ぶ約束をしておきましょう。片思いをしている人は、相手に連絡してみると、いいきっかけをつかめそうです。
11（土）	☆	買い物をするにはいい日。長く使えるものや年齢に合う服を選んでみましょう。財布をしばらく変えていない人は、今日購入して使いはじめると、金運がよくなるでしょう。
12（日）	▽	遊びに行くなら、外出先で学べることを探してみましょう。流行のものや、人気があるものを見つけたら、「なんではやっているんだろう?」と理由を考えてみて。遊びが勉強になることを忘れないようにしましょう。
13（月）	▼	余計な心配をしてしまいそうな日。そのほとんどは妄想で終わる場合が多いので、心配せずいつも通りの生活を送りましょう。妄想するなら、明るい未来や幸せなことを考えるように。
14（火）	×	疲れを感じやすい日。体調を崩してしまうこともありそうです。無理をしてもストレスをためてイライラするだけなので、今日は少しペースを落とし、のんびり過ごしましょう。
15（水）	▲	誰にでもソリの合わない人はいるもの。相手の嫌なところばかりに目を向けないで、「この人にも家族や親友がいる」と思ってみるといいでしょう。少しでもいいところを見つけるつもりで接してみて。

開運のつぶやき　成功したから楽しいのではなく、楽しむことが上手だから成功しているだけ

16（木）	○	仕事に慣れて飽きてしまったなら、飽きるくらい自分の能力がアップしたのだと思って、これまでの自分の頑張りをほめておきましょう。ほかにできることを見つけてみるのもいいでしょう。
17（金）	○	年齢に関係なく、自分よりも能力の高い人や知識がある人はたくさんいるもの。若い人から学べることもあるでしょう。素直に相手を認めて、わからないことは教えてもらうことが大切です。
18（土）	□	友人や知人に誘われたときに、「行けたら行く」と言っている間は、運気は上がりません。行くなら「行く」、行けないときは「行けない」とハッキリ伝えることが互いのためだと早く気づきましょう。
19（日）	■	今日は予定を詰め込まず、体をしっかり休ませましょう。昼寝をしたり、少し贅沢なランチやお茶を楽しんだりして、ゆっくりする時間をつくっておくといいでしょう。
20（月）	◇	あなたに注目が集まったり、頼りにされそうな日。いまの力を出し切ってみると、流れや状況がよくなってくるでしょう。恋愛でも素敵な人と仲よくなれたり、交際をスタートできる可能性が。
21（火）	△	気が緩みがちな日。忘れ物やうっかりミスをしたり、余計なことばかり考えてしまいそう。休憩時間に濃いめのお茶や苦いコーヒーを飲んで、気を引き締めるといいでしょう。
22（水）	◎	無駄だと思っていた知識や雑学、学んできたことが役立つ日。「人生に無駄なことなどない」と思えそうです。過去のすべてに感謝できるようになると、未来が自然と明るくなるでしょう。
23（木）	☆	数字や時間、儲けなどを意識して、真剣に仕事をするといい日。経営者目線で自分の仕事を見直してみると、やるべきことがもっとハッキリしてくるでしょう。自らすすんで仕事に取り組むことで、おもしろくなってくるはず。
24（金）	▽	これまで人にやさしく接していた人ほど、親切にしてもらえる日。人を雑に扱ってしまっていた場合は、厳しい突っ込みを受けてしまうでしょう。自分がされてうれしいことを、ほかの人にもしてあげるように。
25（土）	▼	今日と明日は疲れやすくなるので、無理はほどほどにしておきましょう。ストレッチや軽い運動をしたり、胃腸にやさしそうな食べ物を選ぶようにするといいでしょう。
26（日）	×	イライラするのは、疲れがたまっている証。怒りそうになったら深呼吸をして、すぐ感情的にならないようにしてみましょう。今日は、読書をしたり、好きな音楽を聴くなど、ゆっくり過ごすのがよさそうです。
27（月）	▲	短時間でも身の回りを片付けるといい日。少し手を動かしてみると、やる気もわいてきそうです。ちょっとした場所も、拭き掃除をしてピカピカに磨いてみるといいでしょう。
28（火）	○	今日は新しいことを試すかどうか迷ったら、手を出してみて。新商品のお菓子や飲み物、新メニューに目がいったら挑戦してみるといいでしょう。旬の食べ物のよさをあらためて知ることもできそうです。
29（水）	○	引き立て役になることも大事な仕事のひとつです。今日は、目立つ人のサポートをしてみるといいでしょう。相手がいい結果を出せたときは、ひそかに自分の手柄だと思っておきましょう。
30（木）	□	「失敗したら恥ずかしい」と思っていると、本当に失敗してしまうもの。「多少失敗したとしても、何か学べるだろう」と信じて飛び込んでみましょう。いい勉強やいい経験ができるはず。
31（金）	■	こまめな気分転換が大切な日。短時間で集中して仕事を進め、休むときはしっかり体を休ませましょう。仕事帰りには、おいしいものを食べに行ったり、趣味の時間を楽しんで。気になる人に連絡すると、週末にデートができるかも。

☆開運の日　◎幸運の日　◇解放の日　○チャレンジの日　□健康管理の日　△準備の日
▽ブレーキの日　■リフレッシュの日　▲整理の日　×裏運気の日　▼乱気の日　＝運気の影響がない日

6月

□健康管理の月

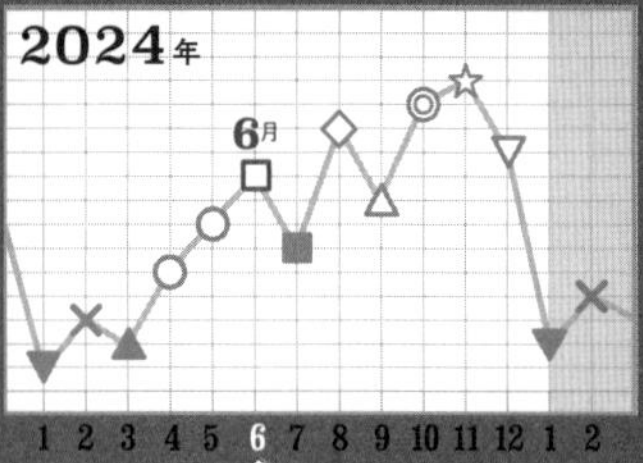

今月の開運3か条

- 具体的な目標や夢を口にする
- イベントやライブを見に行く
- 判断力や瞬発力を鍛える

総合運

夢や希望を具体的に語ると道を切り開くことができる

自分の考えや意見をハッキリ言うことが大切な時期。周囲に合わせて流れに逆らわずに生きるのもいいですが、今月は将来の夢や希望を語るなど、具体的に自分がどうなりたいのか言葉にすることで、ゆっくりと道が切り開かれていくでしょう。まだどうなりたいのかがわからない場合は、いろいろな人に会ってみたり、ライブやイベント、舞台などを見に行くといいでしょう。パワーのある人から刺激を受けて、興味のあることが見つかりそうです。

開運のつぶやき　自分を変えられるのは、他人や時代ではなく、自分

恋愛&結婚運

将来を考えられる相手なら「プロポーズの予約」を

恋人がいる場合は、今後どうしたいかをハッキリ伝えることが重要。将来を考えられる人なら、「プロポーズの予約」をしたり、想像できない相手には別れを切り出してもいいタイミングです。新しい出会い運もいい時期。気になる習い事をはじめたり、定期的に行く場所をつくると素敵な人に出会えるでしょう。初対面の人には前向きな話をするよう心がけて。結婚運は、いつ婚姻届を出すか、具体的な日にちを話し合ってみるといいでしょう。

仕事運

転職も視野に今後についてよく考えてみて

今後についてしっかり考えるきっかけがある時期。現在の仕事に満足している場合でも、目標をしっかり定めておきましょう。現状に不満や不安があるなら、転職を考えるか、嫌われる覚悟で問題点を伝えてみるといいでしょう。また、あなたの意見を求められる機会もある時期です。周囲に合わせるだけでなく、自分の考えをしっかり言葉にできるよう準備しておきましょう。

金運&買い物運

無駄な出費を見直そう

お金の使い方や将来必要になるお金について、真剣に考えて行動に移すといいタイミング。ポイントがより貯まるよう情報を集めたり、無駄な買い物や出費をしていないか、家計簿アプリなどを使って確認してみるといいでしょう。長く使うものを購入するにもいい時期です。値段が高くても、いい品を選ぶようにしましょう。投資をはじめたり、投資額を増やすにもいい運気なので、ネットでもできるものを生活に困らない程度の額で行いましょう。

美容&健康運

ボクシングの体験がオススメ

時間にゆとりがあるなら、スポーツをはじめるといい時期。健康的な生活リズムをつくれたり、瞬発力や判断力がアップすることもあるでしょう。とくにボクシングの体験教室に行ってみると、思った以上に楽しめていい汗を流せそう。美容運では、目標となる人を見つけるといいでしょう。雑誌やネットなどで自分と骨格が似ている有名人やモデルを探し、少しでも近づけるよう努力したり、似た髪型やメイクを試してみるのがオススメです。

開運のつぶやき | 「何をしたくないか」を考えると、やるべきことが見えてくる

6月

健康管理の月

1（土）	◇	好意を寄せている人から連絡がくるかも。急な誘いでもOKしてみると、一気に進展しそうです。素敵な出会いがある可能性もあるので、人の集まりには参加しておきましょう。髪を切るにもいい運気です。
2（日）	△	ふだんなら行かないようなイベントやライブに足を運んでみるといい日。思った以上に衝撃を受けたり、いいパワーをもらえそうです。素敵な言葉に出会えることも。忘れ物やうっかりミスには、気をつけておきましょう。
3（月）	◎	自分の悪い癖やよくないパターンを繰り返さないよう気をつけましょう。過去にも似たような気持ちや雰囲気になったことがあると気づいたら、上手に切り替えたり、前向きな発言をするといいでしょう。
4（火）	☆	正直に自分の意見を伝えることで、周囲が動いてくれたり、流れが変わったりする日。人から突っ込まれたとしても、自分の意見や将来の夢を語ってみるといいでしょう。優柔不断になっていると、せっかくの運気を逃してしまいます。
5（水）	▽	日中は、順調に進みそうですが、当たり前だと思うことへの感謝は忘れないようにしましょう。夕方あたりからは気持ちがブレたり、不要な心配をしすぎてしまうかも。
6（木）	▼	余計な妄想が膨らんでしまいそうな日。想像するなら、明るい未来やおもしろいことにしておきましょう。今日は妄想のしすぎで、仕事でもミスをしやすいので注意が必要です。
7（金）	×	恥ずかしいミスをしやすい日。周囲に迷惑をかけないよう、しっかり確認すること。とくに数字や時間、金額などの打ち間違いがないかのチェックは念入りに。
8（土）	▲	なんとなく続けているSNSやゲームアプリを思い切って消去すると、気持ちがスッキリするでしょう。苦手に感じていたチャットグループから退会するのもいいでしょう。
9（日）	○	ライブやイベント、行ったことのない場所やお店に足を運ぶといい日。おもしろい発見や素敵な出会いがありそうです。「新しい」に敏感になってみると、楽しい1日を過ごせるでしょう。
10（月）	○	周囲からのアドバイスは大切にしましょう。あなたによくなってほしいという思いで声をかけてくれていることが多いものです。ただ、表現や言葉は人によって違うので、冷静に分析して受け入れましょう。
11（火）	□	現実的で具体的な目標を掲げるといい日。3、5、10年後の自分が笑顔で過ごすために、いまから何をすればいいのかを考え行動に移しましょう。勉強をしたり、体を鍛えるなどの自分磨きにも楽しみながら取り組んでみましょう。
12（水）	■	疲れから小さなミスをしやすい日。休憩中に目を閉じる時間をつくったり、軽くストレッチをするといいでしょう。ドジなケガもしやすいので、慌てて行動しないように。
13（木）	◇	自分が正しいと思ったことを言葉にするのはいいですが、「正しい」よりも「楽しい」を選んでみると、さらによくなるでしょう。あなただけでなく、周囲や多くの人が楽しいと思えることを考えて発言しましょう。
14（金）	△	うっかりミスをしやすい日。仕事に一生懸命になるのはいいですが、約束の時間を忘れたり、報告やメールの送信を忘れている場合があるので、気をつけて過ごしましょう。
15（土）	◎	親友に会うと運気が上がる日。しばらく会っていない人に連絡してみると、食事をすることになったり、相手の趣味に付き合う展開になるかも。自分の知らないことを教えてもらえて、いい情報も手に入りそうです。

開運のつぶやき　運が悪いのではなく、習慣が悪いだけ。習慣を直せば、人生はおのずと変わる

16（日）	☆	買い物をするにはいい日。長く使うものや買い替えを考えているものがあるなら、思い切って購入しましょう。店員の意見を聞くのではなく、自分の意思で決めるように。
17（月）	▽	日中は、いまやるべきことに集中できて、いい結果につながりそう。実力がアップすることもあるでしょう。夕方あたりからは、急にやる気を失ったり、不要な妄想ばかりしてしまうかも。
18（火）	▼	面倒な出来事がある日ですが、「苦労や困難があるほうが、人は成長できる」と思って受け入れてみましょう。理不尽なことを言う上司や取引先ともうまくやることをもっと楽しんでみて。
19（水）	×	裏目に出やすい日。自信をもって取り組むよりも、「どこか欠点や悪いところがあるかも」と自分を疑ってみるといいでしょう。大事な見落としを見つけられて、うまくミスを回避できそうです。
20（木）	▲	合わない感じの仲間やグループから離れるといいでしょう。長く使っているものを思い切って処分するにもいい日です。良くも悪くも区切りをつけることで、スッキリできるでしょう。
21（金）	○	代わり映えのしない日々だと思うなら、勉強をはじめるタイミングかも。スキルアップや資格取得のために勉強したり、本を読んでみるといいでしょう。マネー本を読んで即実践すると、金運がアップしそう。
22（土）	○	積極的な行動が幸運を引き寄せる日。気になる人がいるなら、ランチや映画に誘ってみましょう。気になる人がいないなら、知り合いに連絡したり、まだ遊んだことがない人を誘ってみて。
23（日）	□	いまの家に長く住んでいるなら、引っ越しを考えてみるといいでしょう。引っ越しできない場合は、リフォームや部屋の模様替えもオススメ。髪型を変えてイメチェンするにもいい日です。気分転換になって、運気の流れもよくなるでしょう。
24（月）	■	目覚めのタイミングが悪く、だるさや疲れを感じそう。ストレッチやヨガなどで、軽く体を動かしてみるといいでしょう。段差で転ばないよう気をつけておくこと。
25（火）	◇	仕事で求められることが増え、忙しくなりそうです。バタバタしているときに、気になっていた人から遊びの誘いがきて慌ててしまうことも。すぐに日程を調整し、OKしておくといいでしょう。あなたから連絡をするにもいい運気です。
26（水）	△	自分でも「あ!」と思うようなミスをしやすい日。出勤時間を間違えたり、忘れ物をしたりすることも。準備不足や確認不足が原因の失敗もしがちなので、気をつけておきましょう。
27（木）	◎	これまでの経験が役に立って、自分の成長を感じられる日。親友や尊敬できる人に相談したり、将来の夢を語ってみると、いいアドバイスももらえそう。
28（金）	☆	仕事に真剣に取り組むことが大事な日。細部までこだわったり、求められた以上の働きをするよう意識してみましょう。夜は、頑張ったご褒美に買い物をするといいでしょう。
29（土）	▽	午前中は、買い物をするのにいい運気です。服や靴を買いに、できればはじめてのお店に行ってみましょう。夕方あたりからは、予定通りに進まなくなってしまいそう。
30（日）	▼	ガッカリするような出来事がある日ですが、それはあなたの想像力が足りなかっただけ。相手にもいろいろな事情があるので、思い通りにならないことをもっと楽しめるように、成長しましょう。

☆開運の日　◎幸運の日　◇解放の日　○チャレンジの日　□健康管理の日　△準備の日
▽ブレーキの日　■リフレッシュの日　▲整理の日　×裏運気の日　▼乱気の日　＝運気の影響がない日

7月

■リフレッシュの月

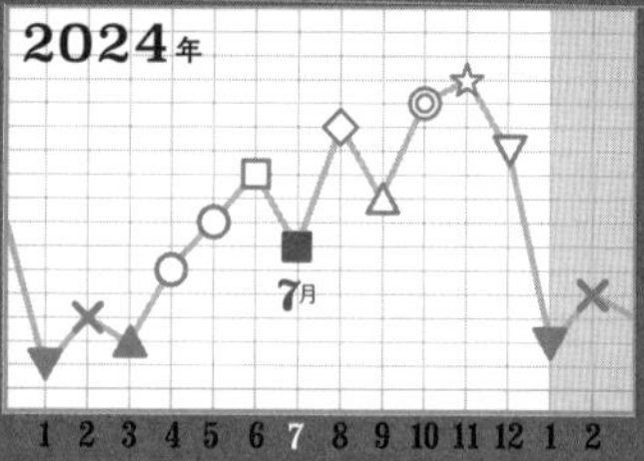

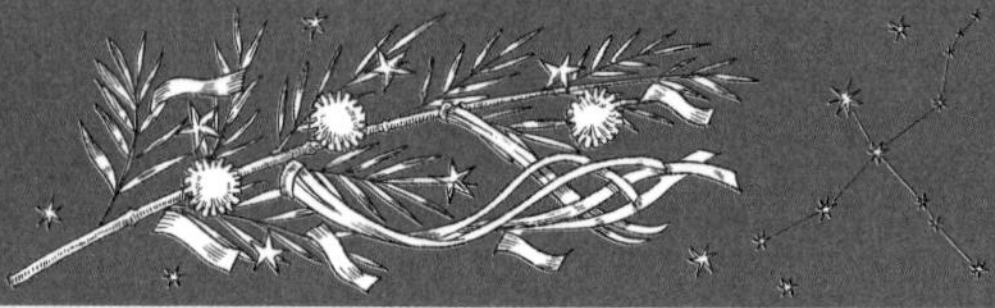

今月の開運3か条

- 休みの日はのんびり過ごす
- ストレッチをする
- 早く寝て遅く起きる

総合運

焦らず、休むことも大切に。流れに身を任せよう

頑張りすぎが原因で体調を崩したり、疲れがたまってしまいそうな時期。焦らずに少しペースを落として、休んでもいいでしょう。周囲はあなたのこれまでの頑張りを認めてくれるので、不安に思わなくて大丈夫です。しっかり仕事をして、しっかり休むようにしましょう。環境に不満が出る場合もありますが、今月は流れに身を任せて、結果が出なかったとしても自信を失わないように。ゆっくり成長している時期だと思っておきましょう。

開運のつぶやき　あなたの代わりは誰もいない。無理をしないで、自分も他人も認めるといい

恋愛&結婚運

危険な相手や不倫に注意。問題に気づいたら即別れて

「寂しいから」「誰も相手にしてくれないから」と、危険な人や愛情のない人に走ると、のちの恋愛運がボロボロになってしまいます。結婚できない原因になる場合もあるため、三角関係や不倫にも気をつけておきましょう。進展したと思っていた相手が既婚者だと発覚するケースもありそうなので、気づいたら別れを即決して。新しい出会いは、下旬に少し可能性がありますが、期待しないように。結婚運は、来月から進展しやすいので焦らないこと。

仕事運

自分のペースを守りながら無理せず取り組むように

疲れからミスをしてしまったり、自信を失いやすい時期。周囲の人はあなたの頑張りを評価してくれているはずなので、焦りは禁物です。多少ミスをしたとしても、成長が見られれば問題ありません。じっくりゆっくり自分のペースを守りつつ、体調に無理のない範囲で仕事を進めるよう工夫しましょう。結果を出している同期や周囲の人と自分を比べていてもヘコんでしまうだけなので、気にしないように。

金運&買い物運

ちょっと贅沢をしてもいい月

ストレス発散や、リフレッシュになることにお金を使うといい時期。少し贅沢をしておいしいものを食べに出かけたり、温泉旅行やエステに行ってみましょう。胃腸にやさしい、乳酸菌の入ったドリンクやサプリなど、体によさそうなものを試してみるのもオススメです。投資は、下旬からいい流れになる運気なので、まずは情報を集めたり、勉強しておくといいでしょう。

美容&健康運

ヘッドスパに行ってみて

今年に入って環境が変わったり、頑張っていた人ほど疲れが一気に出てしまいそうです。「もっと頑張って認めてもらわないと」「みんなの足を引っ張っているのでは」などと考えて、無理をしすぎないように。しっかり休んで疲れをとることも大切です。温泉やマッサージに行く日を決めて、のんびりするといいでしょう。美意識は、疲れが顔に出やすくなるので、ヘッドスパやリンパマッサージに行くのがオススメです。

開運のつぶやき　不思議と応援したくなる人になりましょう。幸運は応援される人に集まるもの

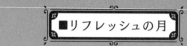

7月

■リフレッシュの月

1（月）	×	今週は、プレッシャーのかかる場面が多くなってしまいそう。今日は、不慣れなことや新しい仕事を任される場合が。緊張感はありますが、時間をかけてでもここから学んで、成長を見せられるよう心がけておきましょう。
2（火）	▲	面倒な人間関係を避けてばかりいては、いつまでも同じことの繰り返し。少し図々しくなってみるといいでしょう。ちょっとでも気になることがあれば相手に質問してみると、会話が盛り上がりそうです。
3（水）	＝	役立つ情報を集められそうな日。ネットで調べるだけではなく、気になる本を買って読んだり、詳しい人に話を聞いてみるといいでしょう。即実践できそうなことは、いまからでもはじめてみましょう。
4（木）	＝	行動範囲が広がったり、行ったことのない場所に案内されそう。臆病にならずに、好奇心を膨らませてみると楽しく過ごせるでしょう。学べる人に会えることもありそうです。
5（金）	■	周囲の期待に応えようと、頑張りすぎてしまいそうな日。日中は問題なく過ごせたり、思ったよりも手応えを得られますが、夜は思った以上に疲れが出ることが。早めに帰宅するようにしましょう。
6（土）	■	とくに予定がないなら、家でのんびり過ごしておきましょう。ストレッチをしたり軽く体を動かしてから昼寝をするなどして、疲れをとるといいでしょう。近くに温泉やスパがあるなら、足を運んでみるのもオススメ。
7（日）	◇	急に遊びに誘われたり、デートをすることになるかも。長時間になると明日に響くので、短時間で切り上げるか、ランチをするくらいにしておくといいでしょう。夜は、判断ミスをしやすくなるため早めに帰宅しましょう。
8（月）	△	気が緩んでしまいそうな日。ボーッとして遅刻したり、話をしっかり聞いておらず、焦ってしまうことがありそう。気を引き締めて1日を過ごしましょう。
9（火）	○	付き合いの長い人との会話から、いいアイデアやアドバイスがもらえそう。本音を言える人に連絡してみるといいでしょう。外出先で偶然出会ったときには、後日でもいいので食事に誘ってみましょう。
10（水）	○	日々の「当たり前」や、「当然」だと思っていることに感謝できるようになると、些細な幸せに気づけるようになるでしょう。今日は、幸せの欠片を見つけられる日なので、いろいろなことに感謝してみるといいでしょう。
11（木）	▽	知ったかぶりをしたり、適当にオウム返しをしないで、知らないことやわからないことは素直に聞くようにしましょう。つまらないプライドが、成長を邪魔しているのだと気がついて。
12（金）	▼	余計な妄想が膨らみがちな日。非現実的なことを考えすぎてしまいそうです。余計な心配をするよりも、これまでなんとかしてきた自分の力をもっと信じてみましょう。
13（土）	×	今日と明日は、日ごろの疲れをとるために時間を使うといいでしょう。家の掃除や片付け、買い物などの用事があっても無理はしないこと。まずは体を休めて、疲れをとりましょう。
14（日）	▲	身の回りの掃除や整理整頓をするといい日。足元に置いてあるものから片付けたり、しばらくカーテンを洗っていない場合はきれいにしましょう。ほかにも気になるところや汚れた場所があるなら、ピカピカにしておきましょう。
15（月）	＝	新しいことに注目してみましょう。はじめて行く場所にも縁がありそうです。開店したばかりのお店に行ってみると、いい発見やうれしい体験に恵まれるかも。新メニューを選ぶなど、ちょっとした挑戦をしてみるのもオススメです。

開運のつぶやき　自慢話よりも、相手がよろこぶ話を自然とできる人に運は味方する

16（火）	＝	柔軟な発想を心がけることが大切な日。考え方ひとつ、言葉選びひとつで人生は変わっていくものなので、ネガティブなこともプラスに変えられるよう工夫してみましょう。
17（水）	■	「実力不足」だと思わないで、「至らない点をゆっくり成長させている」と思っておきましょう。焦ると無駄に疲れたり、ケガをする原因にもなってしまいます。
18（木）	■	いつも以上に疲れがたまってしまったり、体調を崩しやすい日。思い通りにならなくてもイライラしないように。時間があるときは、ストレッチなどで気分転換をしておきましょう。
19（金）	◇	ここ数日の頑張りがいい結果を導きそうな日。予想外の人に手助けしてもらえたり、うれしいつながりもできるかも。将来の夢や目標などを、恥ずかしがらず素直に伝えてみるといいでしょう。
20（土）	△	自分でも笑ってしまうようなミスをしやすい運気。買ったものを置き忘れたり、何を買いに出かけたのか忘れてしまうこともありそう。約束をすっかり忘れてしまうこともあるので、気をつけておきましょう。
21（日）	○	仲よくしてくれている年上の知り合いや、付き合いの長い先輩に連絡してみるといい日。家に遊びに行ったり、食事に誘ってみましょう。楽しい時間を過ごせて、やる気もわいてきそうです。数年ぶりに偶然出会う場合もあるかも。
22（月）	○	時間、儲けなど、仕事のなかで数字に関する部分を真剣に考えて働いてみることが大切な日。経営者目線になって、経費の無駄遣いなどを見直してみると、自分のやるべきことも見えてくるでしょう。
23（火）	▽	日中は、いい流れで仕事ができたり、周囲とうまく協力できそう。大事なことほど早めに片付けておきましょう。夕方以降は、迷いが多くなり、心配事が増えてしまいそう。
24（水）	▼	目の疲れや病気に注意が必要。休憩時間には、目を閉じて目の周辺をマッサージしたり、目薬をさしたりするといいでしょう。目の疲れに効くツボを調べて揉んでみるのもよさそうです。
25（木）	×	優柔不断になってしまい、いい判断ができない日。どうするか悩んだときは、周囲にアドバイスを求めてみるといいでしょう。今日中に決めなくてもいいことは、後日決断しましょう。
26（金）	▲	人にお願いしていたことが残念な結果になる場合がありますが、相手の成長にもっと期待し、頑張りを認めるようにするといいでしょう。誰にでも過程があり、応援されることで頑張れるのだと忘れないように。
27（土）	＝	今日と明日は、新しい出会いがあったり、新たな経験ができそうです。気になる場所に足を運んでみるといいでしょう。少し髪を切ったり、イメチェンをするにもいい日です。
28（日）	＝	おもしろい人や素敵な言葉に出会えそうな日。フットワークを軽くするといいので、知り合いに誘われたら即OKしましょう。自ら気になる人を誘ってみるのもよさそうです。
29（月）	■	午前中は調子がよさそうなので、テキパキ仕事を進めておきましょう。夕方あたりからは、急に集中力が欠けたり、疲れが出てテンションが下がってしまうかも。
30（火）	■	寝起きのタイミングが悪かったり、昨日の疲れが残ってしまいそうな日。栄養ドリンクに頼るよりも、朝から軽く筋トレやストレッチをしたほうがスッキリしそうです。
31（水）	◇	周囲から期待されることや、お願いされる場面が増えそうな日。最善をつくしてみると、いい結果につながったり、信頼され感謝してもらえるでしょう。

☆開運の日　◎幸運の日　◇解放の日　○チャレンジの日　□健康管理の日　△準備の日
▽ブレーキの日　■リフレッシュの日　▲整理の日　×裏運気の日　▼乱気の日　＝運気の影響がない日

8月

◇解放の月

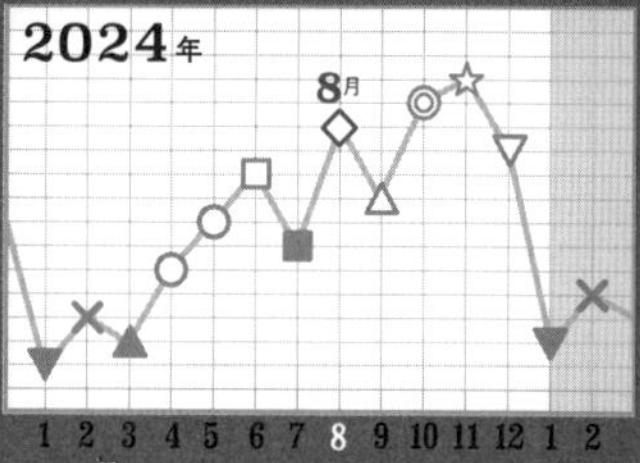

今月の開運3か条

- いい評価は素直によろこぶ
- 気になることは即行動に移す
- 年上の友人や知り合いを増やす

総合運

「新たな出会い」が運命を変える。自ら動いて環境を変えよう

「チャレンジの年」らしく、新しい挑戦がはじまったり、気持ちや環境に変化が訪れる時期。なかなか動き出せなかった人も、勇気が出て行動に移せそうです。いい判断もできるでしょう。現状を変えたいなら、自ら動いてイメチェンをしたり、引っ越しや転職など、人との縁を切ってでも環境を変えてみましょう。新しい生活リズムや習い事をはじめるにもいいタイミング。新たな出会いが、あなたの運命を大きく変えていくでしょう。

開運のつぶやき　大切なのは素直な心。素直に受け止めて、素直に考えて、素直に答えること

恋愛＆結婚運

雰囲気を変えて一気にモテ度UP

新たな趣味をはじめたり、気になっている習い事をスタートさせると、素敵な人に出会えるでしょう。長い間恋人がいない人は、髪や服を大人っぽいイメージに変えてみるのがオススメです。魅力が一気に出て、人気を集めたりモテるようになるでしょう。気になる相手がいるなら、頻繁に会えるよう連絡するといい関係に進みそう。結婚運もいいので、今後のプランを話し合って「プロポーズの予約」をしておきましょう。

仕事運

チャンスをつくってもらえそう。最善をつくすといい流れに乗れる

仕事が楽しくできたり、職場の空気がいい感じになって、やる気がわいてくる時期。期待に応えられるほどの結果が出ない場合もありますが、ここ数年の苦労が自分を成長させてくれている手応えは感じられそうです。多少の問題は乗り越えられるようにもなっているでしょう。大事な仕事を任されたり、チャンスをつくってもらえる機会もありそうです。最善をつくして取り組むと、さらにいい流れに乗れるでしょう。

金運＆買い物運

自分磨きに投資するとき

運気の流れはいいですが、収入が増えるのはまだ先なので、いまは自分磨きやスキルアップにお金を使ってみるといいでしょう。今月自己投資がしっかりできれば、のちに収入アップが望めそうです。趣味や遊びにもお金を使っていいですが、そこから何が学べるのかよく考えてみると、さらに有意義なお金の使い方になるでしょう。投資をするにも最適なタイミングです。気になるものをはじめたり、投資額を増やしてみるといいでしょう。

美容＆健康運

美容に時間とお金をかけて

今月は周囲の注目を集めやすい時期なので、髪型や服、メイクなどを変えて大人っぽくイメチェンするといいでしょう。さらに魅力的に感じてもらえそうです。美容を趣味にするくらい、肌やネイルなどに時間やお金をかけたり、メイクレッスンに足を運んでみるのもオススメです。ダイエットや筋トレを考えているなら、今月からはじめると目標を達成できそう。いいトレーナーとの出会いもあるので、スポーツジムに行ってみるのもいいかも。

開運のつぶやき 「変わらぬ日々だ」と思ったら、勉強をはじめるタイミング

8月

◇解放の月

1（木）	△	いつもと同じ感じでいても、小さなミスをしやすい日。見落としや聞き逃し、チェック漏れなどもしやすいので、しっかり確認するよう心がけておきましょう。ちょっとしたケガにも気をつけること。
2（金）	◎	忙しくも充実した時間を過ごせる日。数年前の苦労を乗り越えたことで、対応力が身についていたり、多少の問題は気にせず取り組めそうです。
3（土）	☆	服や靴、カバンなどを買いに行くといい日。買い替えを考えているものがあるなら、思い切って購入してみましょう。習い事をはじめるのもオススメです。いい美容室で髪を切ってもらうと、モテるようになりそう。
4（日）	▽	気になる人がいるなら、ランチデートや遊びに誘ってみましょう。友人とも楽しい時間を過ごせる運気なので、思い浮かぶ人に連絡してみて。夜は、明日に備えて早めに帰り、のんびりしたほうがよさそうです。
5（月）	▼	期待に応えられず、ガッカリされてしまうことがある日。珍しいミスや勘違いをして、作業をやり直すハメになることも。余計な妄想をするのは、ほどほどにしておきましょう。
6（火）	×	根拠のないウワサに振り回されてしまいそうな日。余計なネット情報も見聞きしないように。動画を見るヒマがあるなら、本を読むなど成長できることに時間を使うようにしましょう。
7（水）	▲	今日は、いろいろなことを整理するように。使わないものはドンドン処分し、不要なサブスクも解約しましょう。仕事でも無駄を削り、もっと効率よく進められる方法を考えて取り組んでみるといいでしょう。
8（木）	○	いつもと少しでも違う方法を試したり、変化を受け入れてみることが大切な日。臆病にならず、新しいことを楽しんでみると、自分の成長にもつながるでしょう。
9（金）	○	新たな出会いや経験に恵まれる日。気になることに挑戦したり、はじめて会う人には自分から笑顔で挨拶しましょう。前向きな話や、いまのあなたに必要なアドバイスを聞くこともできそうです。
10（土）	□	ストレッチやヨガなどで、軽く体を動かしておくといい日。食事も健康的なメニューを意識してみましょう。夜は、疲れがたまりやすくなるので、夜更かしは避けるように。
11（日）	■	夏バテをしたり、外の暑さと室内との寒暖差で体調を崩してしまいそうな日。今日は無理をせず、ゆっくりする時間をつくりましょう。日傘などを持ち歩き、日焼けや暑さへの対策をしっかりしておきましょう。
12（月）	◇	会いたいと思っていた人に会えたり、連絡してみるといい返事がもらえそう。素敵な出会いもある運気なので、知り合いの集まりには顔を出してみましょう。イメチェンをするにもいい日です。
13（火）	△	忘れ物やうっかりミスをするなど、行動が少し雑になってしまう日。今日は、ていねいに行動するよう心がけておきましょう。多少の失敗は話のネタにするくらいの気持ちも大切です。
14（水）	◎	しばらく会っていなかった人に会えそうな日。話をしてみると、やる気がわいたり安心できてもっと頑張れるようになるでしょう。人との縁やつながりを大事にしましょう。
15（木）	☆	お金の使い方やマネープランについて真剣に考えるといい日。貯金額を確認したり、家計簿アプリを使いはじめるなど、現状の収支を見直してみましょう。今後何にどれだけお金が必要になるのか計算することも大切です。

開運のつぶやき　人生に、同じ日は一度もない。1日を大切に真剣に過ごすといいでしょう

16（金）	▽	思った以上に順調に物事が進む日。大事な仕事や手間がかかりそうなことには、早めに手をつけておくといいでしょう。夕方からは、余計な心配事が増えたり、不慣れなことを任されてしまうかも。
17（土）	▼	タイミングの悪いことが続いたり、些細なことでムッとしそうな日。今日は、思い通りにならないことを楽しむくらいの余裕をもつといいでしょう。体調も崩しやすいので無理は禁物です。
18（日）	×	予定を詰め込みすぎて、慌ただしくなってしまいそう。反対に、予定がキャンセルになってヒマな1日になる場合も。予想外をおもしろがってみると、いい経験になりそうです。
19（月）	▲	片付けようと思いつつ、そのままにしているものがあるなら、時間をつくって整理しましょう。後回しにしていた仕事も、できるだけ今日中に終わらせておくこと。
20（火）	○	興味のあることを見つけられそうな日。気になったことを調べてみると、さらに知りたいことが出てくるでしょう。資格の勉強や習い事などをはじめるきっかけもつかめそうです。いい出会いも期待できる予感。
21（水）	○	自分の直感を信じて行動してみるといい日。気になる新メニューや新商品のアイスを選ぶと、お気に入りを見つけられそうです。勘が冴えている感じがして楽しむことができるでしょう。
22（木）	□	自分が尊敬している人や憧れている人なら、どんな言動をするのか想像してみましょう。あなたもその人になったつもりで、行動や言葉遣いを変えてみると、人生が変わってくるはず。
23（金）	■	夏の疲れが一気に出てきそう。今日は無理をせず、体力を温存して過ごしましょう。冷たいものの飲みすぎにも気をつけて。ゆっくり湯船に浸かって早めに寝るようにしましょう。
24（土）	◇	突然告白されたり、交際がはじまることがある日。気になる人がいるなら自ら連絡して、きっかけをつくってみるといいでしょう。共通の趣味があると、進展する可能性が上がりそうです。
25（日）	△	プールに行くなど、夏をしっかり楽しむといい日。多少恥ずかしくても、思い切って楽しんだりはしゃいでみるといいでしょう。ただし、忘れ物や失くし物には気をつけて。
26（月）	◎	今日は気を引き締めて取り組むことが大切。自分の目標や成長すべき課題を、あらためて思い出してみるといいでしょう。付き合いの長い人からの話やアドバイスはしっかり聞くように。
27（火）	☆	仕事で手応えを感じられる日。いつも以上に真剣に取り組むといいですが、真剣に取り組むからこそ悩みも出てくるもの。今日の悩みは学びになって成長につながるでしょう。いい出会いもあるので、挨拶やお礼はしっかりしておくこと。
28（水）	▽	人との会話を大切にしてみるといい日。悩みやモヤモヤを解決できたり、やるべきことがハッキリするでしょう。夜は、知り合いに予定を乱されてしまうことがありそうです。
29（木）	▼	自分に足りない部分が気になってしまいそう。世の中、完璧な人などいないので、つねに最善をつくすことを忘れないようにしましょう。
30（金）	×	何かと裏目に出やすい日。苦労や困難を経験するから、人は強くなったり、次に同じようなことが起きても動揺しなくなるものです。「何事も経験だ」と受け止めて、大きく成長していきましょう。
31（土）	▲	この夏に着なかった服を処分したり、使わなかったものを片付けましょう。マイナスな思い出のあるものも思い切って手放すと、スッキリして前に進めるようになりそうです。

☆開運の日　◎幸運の日　◇解放の日　○チャレンジの日　□健康管理の日　△準備の日
▽ブレーキの日　■リフレッシュの日　▲整理の日　×裏運気の日　▼乱気の日　＝運気の影響がない日

9月

△ 準備の月

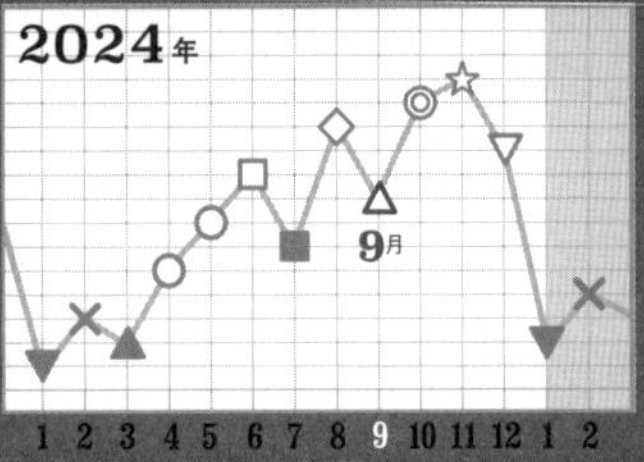

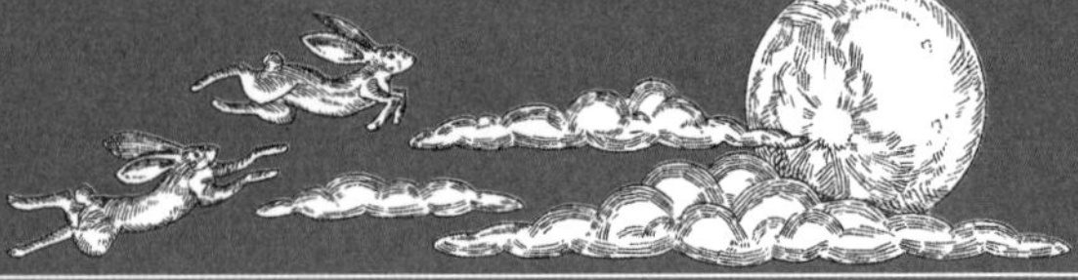

今月の開運3か条

- 人との交流を楽しむ
- 焦らずていねいに行動する
- おいしいお店に行く

総合運

気が緩んでドジをしがちに。緊張感を取り戻そう

先月の「解放の月」で肩の力が抜け、今月はさらにリラックスできそうですが、緊張感がなくなってミスやドジも増えてしまう時期です。珍しく遅刻をしたり、提出物や報告を忘れることもあるので、気を引き締める必要があるでしょう。ただ、遊ぶときはしっかり遊び、ストレスを発散することも大切です。楽しそうなことに素直に挑戦してみると、いい体験ができるでしょう。ふだんなら仲よくならないような人と遊ぶ機会も得られそうです。

開運のつぶやき　努力は苦しくない、サボったあとのほうがもっと苦しい

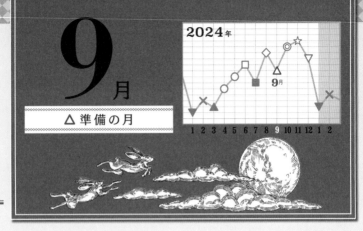

恋愛&結婚運

先月から仲よくなった相手と進展する予感

気持ちに余裕ができ、恋を楽しめそうな時期。食事やお酒の席で出会いがあるので、誘われたらできるだけ顔を出してみましょう。先月から仲よくなった人や気になっている相手とも、進展が期待できそうです。今月新しく出会う相手は、残念な人だったりもてあそばれてしまうだけの可能性が高いので、よく観察しておくこと。結婚運は、焦って話を進めるより、おいしいお店でデートをして楽しい時間を過ごしたほうがいい方向に進みそうです。

仕事運

遅刻、寝坊、見間違い……ふだんはやらないミスに注意

リラックスして仕事に取り組めますが、珍しいミスもしやすい月。遅刻や寝坊、報告忘れ、タイプミス、時間や数字の見間違いなど、ふだんならやらないような小さな失敗をしやすいので注意しましょう。慣れた仕事でも、事前準備と最終確認をしっかり行うこと。職場の人や仕事関係者との交流が深まるタイミングです。あなたから周囲を誘って食事や飲みに行ってみると、いい関係を築くことができるでしょう。

金運&買い物運

値段をしっかり比較して

余計な出費が増える時期ですが、楽しい時間を過ごすためにある程度のお金は必要だと思っておきましょう。交際費も多くなるので覚悟しておくこと。ただ、衝動買いや誘惑に負けて不要なものまで買うことはしないよう気をつけましょう。慌てて選んで、高いものを購入してしまう場合もありそうです。値段は買う前にしっかり比較しておきましょう。投資は、判断ミスをしやすいので無理しないように。

美容&健康運

夜中のお菓子に要注意

気が緩んでしまう時期。美意識の低下に気をつけましょう。ついつい誘惑に負けて間食が増えたり、夜中に小腹がすいてお菓子を食べてしまうことがありそうです。「気づいたら体重が増えていた」なんてこともあるので、定期的な運動を忘れないようにしましょう。慌てていて転んだりケガをするケースも。足元にはとくに注意が必要です。お酒を飲んだときのケガにも用心しましょう。

9月

△準備の月

1（日）	＝	それほど興味がなくても、話題のスポットや気になる場所に足を運んでみましょう。いい発見やおもしろい体験ができそうです。話題の映画を観に行くのもいいでしょう。
2（月）	＝	新しい生活リズムをつくるといい日。慌てることがないようにふだんより5分早めに動きはじめたり、時間にゆとりをもって行動するようにしましょう。
3（火）	□	嫌々仕事をしたり、苦手だと思い込んでいるから身にならないだけ。どうしたら楽しくできるのか工夫を凝らしましょう。考え方を変えたり、憧れの人の真似をしてみるのもよさそうです。
4（水）	■	ドジなケガをしやすい日。段差で足をひねったり、歩きスマホをしていて壁に激突する場合もあるので気をつけましょう。急いでいるときほど、ゆっくりていねいに行動すること。
5（木）	◇	あなたに注目が集まる日。いつもよりメイクや髪型に気合を入れておくといいでしょう。気になる人がいるなら今日連絡してみると、週末にデートできる流れになるかも。
6（金）	△	気が緩んでしまいそうな日。寝坊や遅刻、忘れ物にはとくに気をつけましょう。些細なことでもしっかり最終確認することを忘れないように。夜は、急に友人から誘われて予定が変更になりそうです。
7（土）	○	外出先で偶然の出会いがあったり、懐かしい人との縁を感じそう。勢いで食事に誘ってみると、楽しい時間を過ごせるでしょう。しばらく行っていないお店に足を運んだら、うれしいサービスを受けられることもあるかも。
8（日）	○	デートや遊びに出かけるにはいい日ですが、予想外の出費も増えてしまう運気です。予算を決めて遊ぶようにしましょう。衝動買いは後悔する可能性が高いので、しっかり選んでから購入するように。
9（月）	▽	午前中は順調に物事を進められても、午後は思ったより予定が乱れたり周囲に振り回されそう。ときには、あなたのミスで周りに迷惑をかけてしまうこともあるので気をつけましょう。
10（火）	▼	急に予定が変わったり、順調に進んでいたことにブレーキがかかってしまうことがありそう。不安や心配事が増えるかもしれませんが、最善をつくせば問題は大きくならないでしょう。
11（水）	×	予想外の忘れ物や大遅刻などをしやすい日。思った以上に気が緩んでいるので、気を引き締めて1日を過ごしましょう。失言にも気をつけること。
12（木）	▲	身の回りを片付けるのはいいですが、「なんだこれ?」と思うようなものを勝手に捨てることのないように。あとで必要になったり、ほかの人のものだとわかる場合もあるので、確認してから処分しましょう。
13（金）	＝	小さな変化を楽しむことが大切な日。いつもなら気にならないことに目を向けることで、いい発見があったり、おもしろい情報を入手できそうです。夜は、急に遊びに誘われて、楽しい時間を過ごせるかも。
14（土）	＝	友人からオススメされたお店や場所に行ってみるといい日。おいしいものを見つけられたり、いい体験ができそうです。少し勇気を出して行動してみて。
15（日）	□	なんとなく避けていたことに挑戦してみましょう。「おいしくない」と思い込んでいたものを食べてみると、いい発見がありそうです。

開運のつぶやき　困ったときは、「自分が憧れている人ならどう乗り切るか」を想像しましょう

16（月）	■	夏の疲れをしっかりとるといい日。予定を詰め込むと疲れてしまうので、ゆとりをもって行動しましょう。マッサージに行ったり、リラックスできる場所に足を運んでみるといいでしょう。
17（火）	◇	リラックスして仕事に取り組める日。実力をうまく発揮することや、適切な判断ができそうです。直感を信じて行動することで、いい経験になるでしょう。
18（水）	△	余計なことを考えすぎてしまいそう。マイナス面を気にしすぎると不満がたまるだけなので、できるだけプラス面を見つけるよう意識しましょう。
19（木）	○	過去の経験をうまく活かせる日。苦労してよかったと思えるような出来事もありそうです。後輩や部下に教えられることがあるなら、お節介かなと思っても伝えてみるといいでしょう。
20（金）	○	やさしく親切にしてくれた人に、やさしさを返すようにしましょう。ちょっとしたものでもかまわないので、プレゼントやドリンクを渡してみて。感謝の気持ちを忘れずに過ごすことで、運を味方につけられます。
21（土）	▽	午前中は運気の流れがいいので、身の回りのものを買いに出かけたり、部屋の掃除や片付けをしておくといいでしょう。夕方あたりからは、余計なことを考えすぎて疲れてしまいそう。
22（日）	▼	計画通りに物事が進まず、イライラしてしまいそう。あいた時間は本を読んだり、好きな音楽を聴いたりして、のんびり過ごすといいでしょう。
23（月）	×	真面目に考えるよりも、どうしたら楽しめるのか知恵をしぼったり、工夫するといい日。自分も周囲も笑顔になることを想像しながら行動すると、いい1日になりそうです。
24（火）	▲	失くし物や忘れ物に注意が必要な日。油断していると、大事なものを置き忘れてしまいそうです。落として壊したり、傷つけてしまうこともあるかも。
25（水）	＝	やる気がわいてくる日。少し新しい方法を試してみるといいでしょう。失敗や手応えのなさからも学べることがありそうです。次に活かすにはどうすればいいのか、しっかり考えてみましょう。
26（木）	＝	新しい体験ができる日。新しいことにもっと注目して1日を過ごしてみるといいでしょう。はじめて会う人から大切なことを教えてもらえることもあるでしょう。
27（金）	□	手順や順序をしっかり守りましょう。慣れた仕事を雑に進めていると、やり直しなどで逆に時間がかかってしまうことがありそうです。基本に忠実に取り組みましょう。
28（土）	■	油断からケガをしやすい日。今日は隙ができやすいので、気をつけて過ごしましょう。急いでいるときほど足元に十分注意すること。
29（日）	◇	遊びに誘われたり、デートすることができそうな日。たくさん笑わせてくれる人や、深く語り合える相手と一緒に過ごせるでしょう。気になる人に連絡してみると、会えることになるかも。
30（月）	△	寝坊や小さなミスをしやすい日。話を最後までしっかり聞かないと、間違いにつながるので気をつけましょう。ていねいに品よく1日を過ごすようにすれば、問題は避けられそうです。

☆開運の日　◎幸運の日　◇解放の日　○チャレンジの日　□健康管理の日　△準備の日
▽ブレーキの日　■リフレッシュの日　▲整理の日　×裏運気の日　▼乱気の日　＝運気の影響がない日

10月

◎ 幸運の月

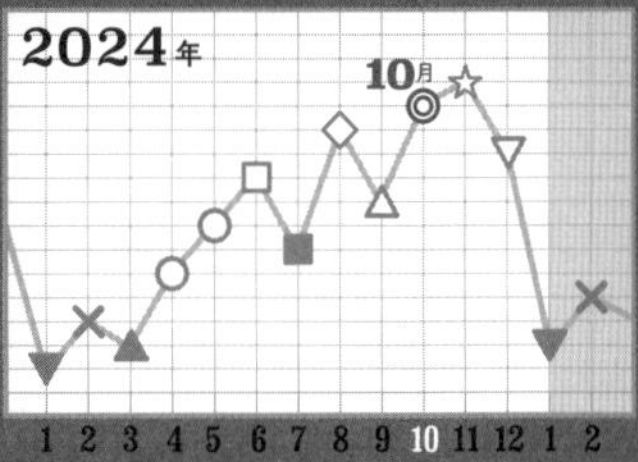

今月の開運3か条

- 至らない点は認めて課題にする
- 簡単に諦めずに粘ってみる
- 親友に会う

総合運

変化を楽しみながら挑戦すれば「新しい扉」が開く

これまでの経験を活かせて、才能や魅力をうまく発揮できる時期。8月ごろからいい流れや手応えを感じていたなら、今月はさらにいい仕事や、うれしい条件の話が舞い込んできそうです。何事も粘りが肝心になるので、簡単に諦めないようにしましょう。少し角度を変えて取り組んだり、変化を楽しみながら挑戦してみると、これまで開かなかった扉が開くこともありそうです。失敗から学ぶためにも、まずは場数や経験を増やしておきましょう。

開運のつぶやき　過去のおかげでいまがあると思って、どんな思い出もプラスにしましょう

恋愛&結婚運

知り合いから告白されたら思い切って交際してOK

すでに知り合っている人と縁が深まる月。とくに8月に急に仲よくなった人や、今年出会ってこまめに連絡をとっている人と進展がありそうです。同僚やただの友人だと思っていた相手から突然告白される場合も。悪い人でなければ、思い切って交際してみましょう。新しい出会い運は、下旬に親友から紹介された人といい縁になりそう。結婚運は、一度でも話が盛り上がったカップルなら、決断するといいでしょう。

仕事運

実力を発揮できるとき。失敗しても無駄にヘコまないこと

やる気が出て、ここ最近でもっともいい結果を残せる運気。不慣れに感じていた環境にも慣れてきたり、いい人間関係をつくれるようになるでしょう。実力を発揮できる一方で、至らない点が見える時期でもあります。学べることがたくさんあるとわかり、今後の自分の成長にも期待できそう。どんな人でも失敗を繰り返して力をつけ、成長し、偉くなっていくものなので、多少の失敗でヘコまないように。うまくいかないことから学んでいって。

金運&買い物運

服や家電の新調にいい月

今月と来月は、買い替えをするには最高のタイミング。ずっと着ていたアウターを新調したり、服装を年齢に見合うものに思い切って変えてみるといいでしょう。長く使っている家電も最新のものにしたほうが、節電になったり機能が増えていたりするので、気になったものを買ってみましょう。行きつけのお店で購入するとお得なサービスを受けられそうです。投資をはじめるにもいい運気。まずはNISAからスタートしてみましょう。

美容&健康運

目標体重を書いた紙を貼る

ダイエットや筋トレなど、これまで挑戦しても続かなかった運動があれば、その原因を考えて、継続できそうなことをはじめてみるといい時期。理想を掲げたほうがいいので、自分の目指す体重を紙に書いて貼っておきましょう。一緒に毎日のトレーニング内容も記しておくとよさそうです。美意識を高めるにもいい運気。エステや美肌サロンなどに行ったり、以前から気になっていた美容法を試してみましょう。

10月

◎幸運の月

1（火）	◎	良くも悪くも癖が出やすい日。自己分析がきちんとできていれば、うまく活かすことができそうです。悪い癖が出てしまったときはしっかり反省して、同じことを繰り返さないよう気をつけましょう。
2（水）	◎	いいアイデアが浮かんだり、頭の回転が速くなりそうな日。ただ、実行に移さなければ意味がありません。失敗したり思い通りにならないことがあっても、そこから学んで成長するといいでしょう。
3（木）	▽	久しぶりに会った人の成長ぶりを感じたり、結果を出していることを知っていい刺激を受けそう。ただうらやむのではなく、相手の努力や頑張りを認めて、「もっと自分も頑張ろう」と思うようにしましょう。
4（金）	▼	無計画な行動は苦労を招くだけ。今日は少し先を見据えて、自分の向き不向きや、得意・不得意を考えてから行動しましょう。
5（土）	×	余計な妄想が膨らんで、ダラダラと過ごしてしまいそう。余計なことを考えず、映画を観たり本を読んだりする時間をつくるといいでしょう。親友に会うと気持ちが晴れそうです。
6（日）	▲	部屋の掃除や片付けをするといい日。時間をつくって、ふだん掃除しないところもきれいにしてみましょう。クローゼットのなかに入れっぱなしのものも、思い切って処分するといいでしょう。
7（月）	○	一歩成長することができたり、発見がある日。自分の価値観や考え方だけが正しいと思い込まず、ほかの人の意見や考え方を聞いてみるといい勉強になりそうです。
8（火）	○	どんな仕事でも与えられた役割をしっかり演じることで、余計な問題やトラブル、不安や心配は減ってくるもの。「自分」を出すのではなく、その役割なら、どう振る舞うと素敵に見えるかを考えて行動してみましょう。
9（水）	□	知ったかぶりをするよりも、知らないことは素直に知らないと言って教えてもらいましょう。ただし、すべて教えてもらうのではなく、自分でも調べたり考えたりすることが大切です。
10（木）	■	疲れていたりイライラするときほど、笑顔を忘れないようにしましょう。不機嫌を顔に出してもさらに空気が悪くなり、協力者もいなくなって苦しくなるだけ。笑顔で挨拶をして、上手に協力してもらいましょう。
11（金）	◇	思った以上に仕事がはかどり、いい流れになりそうな日。多少面倒だと思っても、やるべきことは一気に片付けてしまいましょう。恋愛運もいい日なので、突然の誘いなど急展開がありそうです。
12（土）	△	遊びに行くといい日。ストレス発散ができたり、楽しい時間を過ごせそう。気になる相手がいるなら、あなたから遊びに誘ってみましょう。しばらく会っていない友人に連絡するにもいい運気です。
13（日）	◎	なんとなく先延ばしになっていた約束を果たすことが大切な日。食事や遊びの約束をしたままの人がいるなら、連絡してみましょう。夜は出費が増えてしまいそうです。
14（月）	☆	買い物をするといい日。買い替えを考えているものがあるなら、今日買いに行ってみましょう。店員さんの意見も大切ですが、今日は自分の意思で欲しいものを購入したほうがいいでしょう。
15（火）	▽	日中は実力をうまく発揮できたり、いい判断ができそうです。自分の直感を信じて行動してみると、いい結果につながるでしょう。夜は、優柔不断になってしまうかも。

開運のつぶやき　相手の気持ちに応えられるようになると、運をつかめるようになる

16（水）	▼	あなたのことを雑に扱う人と接する機会がありそう。ムッとしないで、ていねいに対応するようにしましょう。相手を反面教師にして、自分は同じようなことをしないよう心がけること。
17（木）	×	無駄な時間を使ってしまいやすい日。しっかり計画を立てて、少し先のことを考えながら行動しましょう。ダラダラするとかえって疲れたり、仕事でもミスが増えてしまいそうです。
18（金）	▲	散らかった環境でいい仕事はできないもの。身の回りをきれいにしたり、整えておきましょう。自分の周辺だけでなく、みんなで使うスペースもきれいにするといいでしょう。
19（土）	○	友人や恋人とクイズをして、頭を柔らかくしてみて。ほかにも脳を使うゲームをすると、いい頭の体操になりそうです。新しい人と遊ぶことでもいい刺激が得られるでしょう。
20（日）	○	今年になって仲よくなった人と遊んだり、連絡してみるといい日。場合によっては恋の話になることやいい関係に発展することも。行きつけのお店を友人に紹介するにもいい運気です。
21（月）	□	面倒だと思うことを後回しにすると、さらに面倒になり苦しくなってしまいそう。できるだけ早く片付けるようにして、嫌な役回りも率先して引き受けると、いい経験になるでしょう。
22（火）	■	思ったよりも忙しく、慌ただしくなりそうな日。ヘトヘトになってしまい、疲れから行動が雑になってケガをする場合もあるので気をつけましょう。
23（水）	◇	どんな人も、磨かなければ輝かないもの。今日は厳しい指摘を受けることがありますが、「自分を輝かせるために必要な出来事」だと思っておきましょう。片思いの相手がいるなら、夜に連絡するといい流れに進めるかも。
24（木）	△	ついついサボってしまったり、集中力が欠けそうな日。上司に確認してもらうのを忘れてしまうこともあるので、些細なことでもしっかりチェックをお願いしましょう。
25（金）	◎	自分のこれまでの頑張りを素直に認め、現実をしっかり受け入れましょう。納得がいかなくても、まずは現状を素直に受け止めて。そうすることで、やるべきことや前に進むきっかけを見つけられるでしょう。
26（土）	☆	買い物に出かけるにはいい日。長年欲しかったものや買い替えを検討しているものがあるなら、一気に購入するといいでしょう。引っ越しを考えている人は、今日部屋探しに行ってみるといい物件が見つかりそう。
27（日）	▽	ランチデートをしたり、午前中から遊びに出かけるにはいい日です。気になるライブやイベントに友人を誘って行ってみましょう。素敵な体験もできそうです。
28（月）	▼	頑張りが空回りしたり、間違った方向に努力してしまいそうな日。冷静に判断すれば、無駄な時間を過ごさずに済むので、しっかり考えてから行動するようにしましょう。
29（火）	×	余計な心配や妄想が膨らんでしまいそうな日。どうせなら、おもしろいアイデアや前向きなことを想像してみましょう。不要な出費も増えやすいので、無駄な買い物には気をつけておくこと。
30（水）	▲	失くし物や忘れ物に注意が必要。資料の紛失や連絡漏れなど、珍しいミスもしやすいので気を引き締めましょう。
31（木）	○	知っているだけでは意味がないので、自ら行動して体験や経験を増やすことが重要です。多少の失敗やうまくいかないことを気にするより、挑戦する勇気が大切だと思って動いてみましょう。

☆開運の日　◎幸運の日　◇解放の日　○チャレンジの日　□健康管理の日　△準備の日
▽ブレーキの日　■リフレッシュの日　▲整理の日　×裏運気の日　▼乱気の日　＝運気の影響がない日

11月

☆ 開運の月

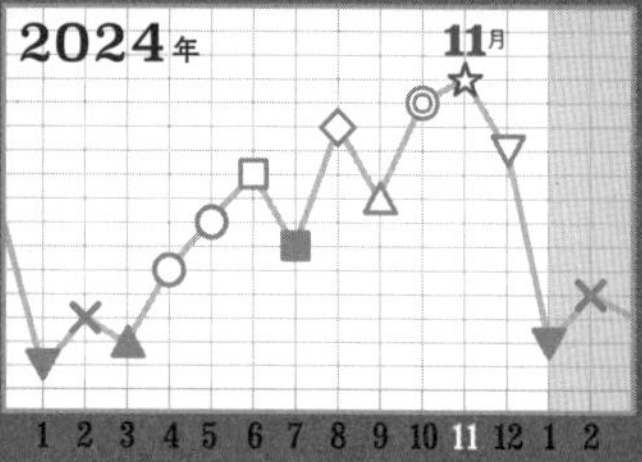

今月の開運3か条

- 変化を楽しむ
- 後輩にご馳走する
- 買い替えをする

総合運

思い切った決断をするのに最高のタイミング

今年になってから、前進している感覚があったり、環境や人脈が変わったと感じている人も多いはず。自ら変化を起こすことを躊躇しているなら、今月は思い切った決断をするのに最高のタイミングです。転職、引っ越し、イメチェン、習い事通いなど、新たな挑戦が人生を変えることになるでしょう。今後を左右するような出会いもあるので、人との交流はできるだけ広げ、情報を集めるようにしましょう。

開運のつぶやき　もっと自分にできることはないのか。そう思うと人生はドンドン変わってくる

恋愛&結婚運

周囲にやさしくし ハマっていることを語ってみよう

小さなきっかけが素敵な出会いにつながる月。後輩にご馳走したことで仲よくなり、いい人を紹介してもらえるようなこともあるかも。周囲の人にはやさしく親切に接し、頑張りを認めるといいでしょう。最近ハマっていることを語ってみると、共通の話題をもつ人が現れそうです。仲のいい相手をホームパーティーに招いて手料理を振る舞うと、一気に進展することも。結婚運は、家庭をもったときの話を楽しくできると前進しやすいでしょう。

仕事運

やる気をアピールすると道が開ける。転職にもいい月

忙しくなりつつも、今後に大きく影響する大切な経験ができる時期。自ら責任を背負い、多少難しそうなことにも思い切って挑戦することで、道が開かれていくでしょう。やる気をアピールすると上司や周囲からの扱いが変わるので、与えられた仕事にこれまで以上に真剣に取り組みましょう。職場の人との付き合いも大切に。もし、いまの業務が不向きだと感じているなら、転職を決断するにもいいときです。

金運&買い物運

引っ越すなら今月

買い替えを考えているものがあるなら、思い切って購入するといい時期。家電も最新型にしたほうが、節電や時短ができ、結果的にお得になるでしょう。服や靴などの身につけるものは、年齢に見合ったアイテムを選ぶように。環境を変えるにもいい運気なので、長年住んでいていいことがないと感じる場合、引っ越すのもオススメ。今月も投資をはじめるにはいいタイミング。まだの人は検討してみましょう。

美容&健康運

高級エステに行ってみて

自分磨きに時間とお金をかけてみるといいでしょう。少し高価なコスメを使い、化粧水や乳液、パックなども評判のいいものを選んでみましょう。やや高級なエステを体験してみると、美意識もアップしそうです。スポーツジムに通いはじめるにもいい運気。パーソナルトレーナーをつけると効率よく痩せられたり、しっかり基礎代謝を上げられるのでオススメ。今月はいいトレーナーとの出会いもあるので、思い切って挑戦してみましょう。

11月

☆開運の月

1（金）	○	何事もとらえ方ひとつで見え方は変わるもの。自分ひとりの考え方や発想、価値観にとらわれず、ほかの人と話してみると、違った視点や自分では思いつかない言葉に触れられるでしょう。人に会い、対話して成長するということを忘れないで。
2（土）	□	じっくり考えて判断するのもいいですが、小さなことなら「3秒以内に決める」練習をしてみましょう。食べ物のメニューを見たらパッと決めるルールを守ると、いい訓練になりそうです。判断ミスをしても後悔しないことが大切。
3（日）	■	無理して頑張ってきた人は、疲れが一気に出てしまいそう。今日はしっかり休むようにして、のんびり過ごしましょう。元気いっぱいなら、軽い運動をして少し汗を流しておくといいでしょう。
4（月）	◇	憧れの人や尊敬する人に会えそうな日。思い浮かぶ相手に連絡してみると、遊んだり話したりする機会をつくれるでしょう。舞台やライブを見に行くと、いいパワーをもらえそうです。
5（火）	△	柔軟な対応ができそうな日。どんな言葉も前向きに受け取って、上手に返してみるといいでしょう。場が和んだり、あなたの魅力をうまく発揮できるはず。
6（水）	◎	これまでの経験をうまく活かせたり、実力を発揮できる日。積極的に仕事に取り組むといいでしょう。会話では、相手の気持ちをよく考えて伝えるようにすると、自分の意見が通りやすくなりそうです。
7（木）	☆	いい結果が出たり、頑張りが認められる日。粘りやもう一押しを大切にして、多少強引にでも推し進めてみると、結果につながってくるでしょう。新しい出会い運もいいので、人脈づくりも頑張ってみて。
8（金）	▽	日中は、目的に向かって頑張れそうです。周囲ともうまく協力できるでしょう。夕方あたりからは、無計画な行動に走ってしまったり、予定を乱されることがあるかも。
9（土）	▼	人のマイナス面を見つけても、お互いに気分が悪くなるだけ。いいところを見つける癖をつけましょう。ほめるところを探す訓練だと思って、マイナス面は見ようとせず、ほかのプラス面を探すようにしてみましょう。
10（日）	×	思い通りに進まないことやうまく流れに乗れないことがある日。過度な期待をせず、流れに身を任せて過ごしてみるといいでしょう。自分とは意見が合わない人の発想を、もっとおもしろがってみて。
11（月）	▲	無駄な時間を使っていると思うことから離れるといい日。動画をなんとなく見続けてしまうなら、アプリを消去するなど、簡単に見られなくする工夫をしてみましょう。身の回りにある気が散るものも片付けておくように。
12（火）	○	どんな成功者でも、失敗や挫折を経験しないまま成功している人はいないもの。失敗や挫折を恐れず、新しいことを試したり、挑戦することをもっと前向きにとらえるといいでしょう。
13（水）	○	区切りのいいところで仕事を終えるよりも、あえて中途半端なところでやめて、明日に回すといいでしょう。次の日、残りを簡単に片付けられ、いいリズムで仕事を進められるようになりそうです。
14（木）	□	いいリズムで仕事ができる日。目の前のことにドンドン取り組んでみると、集中力が続きそうです。夜は、ゆっくりお風呂に入って、少し早めに就寝するように。
15（金）	■	体の調子が悪くないか、チェックしてから出かけましょう。アキレス腱を伸ばす体操やストレッチをして、鏡で顔をよく見ておくように。異変を感じたり発見したときは、応急処置をして無理を避けましょう。

開運のつぶやき｜他人の成功に、「よかった」と素直に言える人に幸運が訪れる

16（土）	◇	好きな人や片思いの相手といい関係になれそうな日。思い切って連絡してみるといいでしょう。ただの友人だと思っていた人から好意を伝えられたり、告白されることもあるかも。
17（日）	△	遊び心は大切ですが、今日は予算を決めて過ごしましょう。予想外の買い物をしたり、おいしそうなものをたくさん買いすぎてしまうことがありそうです。
18（月）	◎	付き合いの長い人からのアドバイスはしっかり聞いておきましょう。厳しい突っ込みを受けることもありますが、素直に受け入れ、感謝を忘れないように。
19（火）	☆	何事からも学べるということをいつも意識するように。今日はいい出会いや経験に恵まれる運気ですが、それ以上にいい発見があるでしょう。学んで成長するきっかけをつかめそうです。
20（水）	▽	午前中は、几帳面に仕事をすると、いい結果や評価につながりそう。細部までこだわって取り組みましょう。夕方あたりからは余計な妄想をして、いらぬ心配をしてしまいそう。
21（木）	▼	勢い任せで行動せず、慎重になりましょう。余計な一言が面倒事を引き起こしてしまう場合もあるので、今日は発言を慎み聞き役に回っておきましょう。
22（金）	×	考えすぎに注意が必要な日。まず行動し、体験や経験をしながら考えることが重要です。うまくいかないこともありますが、いまの実力を自覚し、至らない点は素直に認めて今後の課題にしましょう。
23（土）	▲	買い替えを考えているものがあるなら、思い切って先に処分するといいでしょう。インナーや下着、靴下、タオル、靴などをチェックしてみると、「そろそろ変えどきかな」と気づくものがありそうです。
24（日）	○	意味のないものは簡単に買わないように。まず「いま必要なもの」が何かを考えてから購入しましょう。今日は、はじめて行くお店でいい発見や素敵な出会い、おもしろい体験に恵まれそうです。
25（月）	○	人間関係は大切ですが、不要な気遣いはやめましょう。しつこい人やグチグチ言う人とは距離をおいて、自分のやるべきことに集中するように。
26（火）	□	どんな相手でも、実際にお願いしたり頼んでみないと、どうなるかわからないもの。同様に自分の能力や才能も試してみないとわからないので、勝手に諦めず、まずはやってみてから先を考えるようにしましょう。
27（水）	■	好きな音楽を聴いたり、ホッとできる飲み物を飲んだりして、休憩をしっかりとりましょう。瞑想する時間をつくってみると、仕事が終わるまで集中力が続きそうです。
28（木）	◇	頑張ったぶんだけいい結果や評価につながる日。流した汗は無駄にはなりませんが、楽しく笑顔で働くことがポイントです。つらそうに嫌々仕事をしていると、運も味方してくれないでしょう。
29（金）	△	何事も楽しんでみることが大切な日。自分も周囲も楽しめて、よろこんでくれる人がいると思うなら、前例がないことでも避けずに挑戦してみましょう。うまくいかないこともありますが、いい経験に変えていきましょう。
30（土）	◎	懐かしいお店や、しばらく行っていない場所を訪れるといい日。偶然の出会いや、懐かしい人との再会がありそうです。片思いの恋をしているなら、あなたから連絡し、行きつけのお店で食事をしてみましょう。

12月

▽ブレーキの月

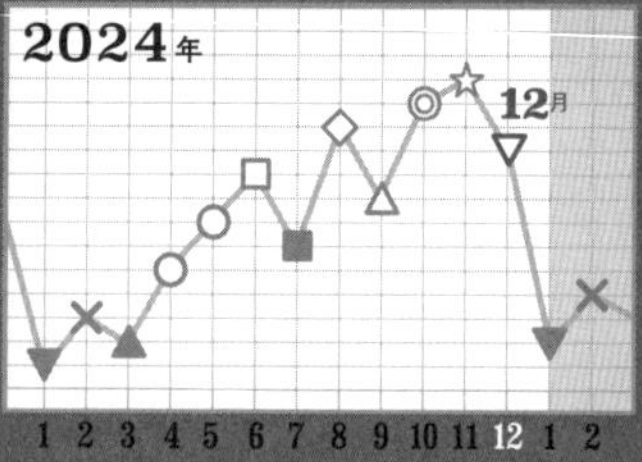

今月の開運3か条

- 忙しいことを楽しむ
- 短時間でも会いたい人に会う
- 今年お世話になった人に挨拶をする

総合運

中旬までに力を出し切って未来への道を切り開こう

中旬までは、忙しくてもやりがいを感じられて、満足できそうです。よい結果が出たり周囲からも評価され、未来が楽しみになってくるでしょう。いまある力を出し切ることで、道が切り開かれます。いい出会いも期待できるので、知り合いからの紹介は大切にし、困ったことがあれば素直に相談してみましょう。下旬になると、余計なことを考えすぎてしまうことが。忙しくて約束を守れなくなったり、疲れを感じることもありそうです。

開運のつぶやき　感謝を山ほどしても、なんの損にも重荷にもならない

恋愛&結婚運

忙しくてもマメに連絡し会えるよう工夫を

中旬まで仕事が慌ただしく、恋愛に時間を割くことが難しくなりそうです。恋人や好きな人に会えるチャンスが限られてしまうことも。時間がないときほどマメに連絡したり、深夜に短時間のデートをするなど工夫してみましょう。新しい出会いは、信頼できる人からの紹介なら素敵な相手に出会えるでしょう。結婚運は、あなたの忙しさを理解してくれる相手となら、今月中に結婚を考えてもよさそう。下旬になると、すれ違いが増えてしまうかも。

仕事運

時間がなくても集まりには顔を出しておこう

忙しくなりますが、そのぶん集中でき満足感を得られる時期。とくに中旬までは、手を抜かず一生懸命に取り組むことで、いい結果が出て仲間にも恵まれるでしょう。忘年会などの集まりには短い時間でも顔を出しておくと、のちの仕事に役立つこともありそうです。下旬になるとタイミングが悪くなったり、無駄な心配事が増えてしまうことが。今年お世話になった人たちには、忘れずに挨拶しておきましょう。

金運&買い物運

交際費はケチらない

先月買おうか悩んだものがあるなら、自分へのご褒美として無理のない範囲で購入するといいでしょう。とくに、仕事に関わるものは手に入れておいたほうがよさそうです。忘年会などで付き合いが増えるぶん、出費も増えてしまいますが、ケチケチしないように。下旬は、急な出費があったり、誘惑に負けて不要なものにお金を使ってしまいやすくなるので、冷静な判断を心がけましょう。

美容&健康運

夜更かしは厳禁

予定が多く忙しいほうが集中できるので、中旬までは体調も問題なさそうです。ただし、夜更かしは最大の敵。寝る前にスマホを見るのはやめて、読書をするようにしましょう。朝は、ストレッチやヨガをする時間を少しでもつくると、調子よく1日を過ごせるはず。下旬になるとのどや首の痛み、目の疲れや肩こりが出そうです。美容運は、友人からいい美容室やエステを紹介されたら、すぐに行ってみるといいでしょう。

開運のつぶやき　基本的な作法や礼儀や挨拶がしっかりできないと、運もよくならない

12月

▽ブレーキの月

1（日）	☆	誘われるのを待っていないで、自ら声をかけてみましょう。過去に誘ってくれた先輩や後輩に連絡すると、楽しい1日を過ごせそう。髪を切ったり、買い物をするにもいい運気です。
2（月）	▽	日中は、頼られることが増えそうです。求められたことに全力で応えると、感謝してもらえるでしょう。夕方以降はタイミングの悪いことが重なってしまうかも。何事も早めに取りかかっておきましょう。
3（火）	▼	余計な妄想が膨らみ、集中力が欠けてしまいがちに。マイナスな妄想をしそうになったら、気持ちを切り替え、お世話になった人のために頑張るといいでしょう。
4（水）	×	欲張るとうまくいかなくなってしまう日。何事も一つひとつていねいに進めましょう。同時進行で複数の作業を行うときは、優先順位を間違えないよう気をつけて。
5（木）	▲	「できない、無理」と勝手に決めつけていたなら、「できる、簡単」と勝手に決めてみればいいだけ。自分の限界を勝手に決めて自分を苦しめないで、失敗も楽しむくらい前向きになってみましょう。
6（金）	○	苦手なことや不慣れなことから手をつけてみることが大切な日。面倒を避けていると、いつまでも面倒なままです。少しずつでもゆっくりでもいいので、克服するための努力を怠らないように。
7（土）	○	気になっていたお店に行くといい日。想像以上に素敵なお店だったり料理がおいしかったりして、行きつけになりそう。興味をもったライブやイベントなどにも、足を運んでみましょう。
8（日）	□	知人や友人を誘って忘年会を開いてみましょう。大事な話を聞けたりいい情報収集ができて、思ったよりも楽しい時間を過ごせそうです。お互いに気が合いそうな知り合いを集めてみるといいかも。
9（月）	■	週末の疲れが残っていたり寝不足を感じそう。今日は、仕事のペースを少し落として、無理をしないようにしましょう。集中力が続かないときは、お茶を飲んでボーッとするといいでしょう。
10（火）	◇	みんなで協力でき、いい結果を残せそうな日。ひとりで頑張るよりも、みんなで目標に向かって頑張る楽しさやおもしろさを知っておくことが大切です。恋愛でも、いい連絡やうれしい進展があるかも。
11（水）	△	慌ただしくなりミスが増えてしまいそう。忙しいからと言い訳せず、しっかりチェックしましょう。忘れ物や確認漏れにはとくに気をつけること。
12（木）	◎	この1年で実力がアップしていることを実感できる日。これまで学んだことを、うまく活かせるようになっていることにも気づけそうです。自分で自分の成長をほめてあげましょう。
13（金）	☆	満足のいく仕事ができる日。実力以上の結果を出せたり、目標も達成できそうです。細部にまでこだわって仕事をすることで、周囲から憧れてもらえることもあるでしょう。
14（土）	▽	午前中に買い物に出かけると、お得なものが見つかるなどいい買い物ができそう。ランチデートにも最適な運気です。夜は、不機嫌になってしまう出来事が起きそうなので、家でのんびり過ごすのがオススメ。
15（日）	▼	期待が外れてもイライラしないようにしましょう。些細なことでムッとしてしまうのは、疲れているだけ。昼寝をしたりゆっくりお茶をする時間をつくって、おきましょう。

開運のつぶやき　楽しい思い出は「面倒」の先にあるもの

16（月）	×	過信には十分注意すること。「自分はまだまだ未熟者」と思って取り組んだほうが、失敗が少なく成長もできるでしょう。
17（火）	▲	いらないものや使わないものは処分しておきましょう。なんとなく置きっぱなしになっていたり、年齢に見合わなくなったと感じるものも、ドンドン片付けるように。
18（水）	○	他人のよい部分を見つける努力をして、素敵だと思うところは本人に伝えてみましょう。素直に相手を認め、ほめることが大切です。
19（木）	○	小さなことでもいいので、新しいことに挑戦しましょう。オススメされたアプリを試してみるのもよさそうです。些細な変化が人生を楽しくしてくれるでしょう。
20（金）	□	聞き上手を目指すといい日。リアクションをよくしたりうまい質問を意識するなど、相手が楽しく話せる工夫をしてみましょう。
21（土）	■	日ごろの疲れが出てしまいそうな日。今日は無理せずゆっくり過ごしたり、軽く家の片付けをして、身の回りをスッキリさせておくとよさそうです。すでに予定が入っている場合は、こまめに休憩をとるように。
22（日）	◇	恋愛運がいい日。好きな人がいるなら思い切ってデートに誘ってみると、一気にいい関係になれそうです。とくに長い間片思いしている相手とは進展の可能性が高いでしょう。友人から好意を伝えられることもあるかも。
23（月）	△	珍しく寝坊や遅刻、忘れ物をしやすい日。出かける前は持ち物を確認し、少し早めの行動を心がけましょう。小さな見落としも増えるので、なんでもしっかりチェックしておくこと。
24（火）	◎	恋人がいない人は、友人や知人、会社の人と楽しい時間を過ごせそう。仕事が忙しい人でも、満足する出来事があるでしょう。良くも悪くも思い出に残るクリスマスイブになるでしょう。
25（水）	☆	先輩や上司など、年上の人の話をもっとおもしろがって聞いてみましょう。いい関係になれたり、のちに役立つことがありそうです。仕事運がいい日なので、真剣に仕事に取り組むといいでしょう。
26（木）	▽	午前中は頭の回転がよく、いい判断ができるので、重要な仕事ほど先に手をつけておくといいでしょう。夕方あたりからは、後輩や部下に振り回されたり、時間に追われてしまいそうです。
27（金）	▼	予想外のトラブルに巻き込まれそうな日。急にやることが増えたり、面倒なことを押しつけられてしまう場合も。今日は、素直に流れに乗っておきましょう。
28（土）	×	今日と明日は、家の掃除や片付けをしておくといいでしょう。大事なものを間違って捨てたり、手を滑らせて壊してしまうことがあるので、ていねいな行動を心がけて。
29（日）	▲	言動が雑になりやすい日。恋人に余計なことを言ってしまったり、態度の悪さを指摘されてケンカになることがあるかも。感謝の気持ちを忘れないようにしましょう。
30（月）	○	興味のあることが増えそうな日。気になったら即行動に移してみると、楽しい1日を過ごせるでしょう。イメチェンしたり、新しい服を買いに行くにもいいタイミングです。
31（火）	○	いつもと違う大晦日を過ごしてみるといいでしょう。気になっていたイベントやお店に行ってみると、おもしろい発見がありそうです。人混みで疲れてしまいそうなときは、短時間で引き揚げて。

☆開運の日 ◎幸運の日 ◇解放の日 ○チャレンジの日 □健康管理の日 △準備の日
▽ブレーキの日 ■リフレッシュの日 ▲整理の日 ×裏運気の日 ▼乱気の日 ＝運気の影響がない日

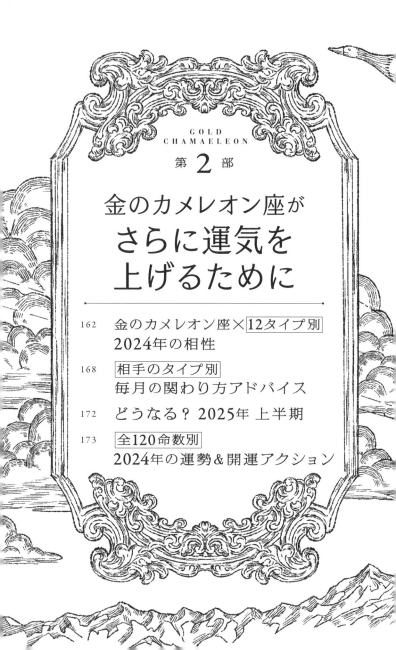

GOLD
CHAMAELEON

第2部

金のカメレオン座が さらに運気を 上げるために

占いを使いこなすには
自分を占うだけではまだ半分。
人を占い、人を思いやって行動してこそ
人間関係はよりよいものになっていきます。
この先のページを読んで
人付き合いに活かしていきましょう。

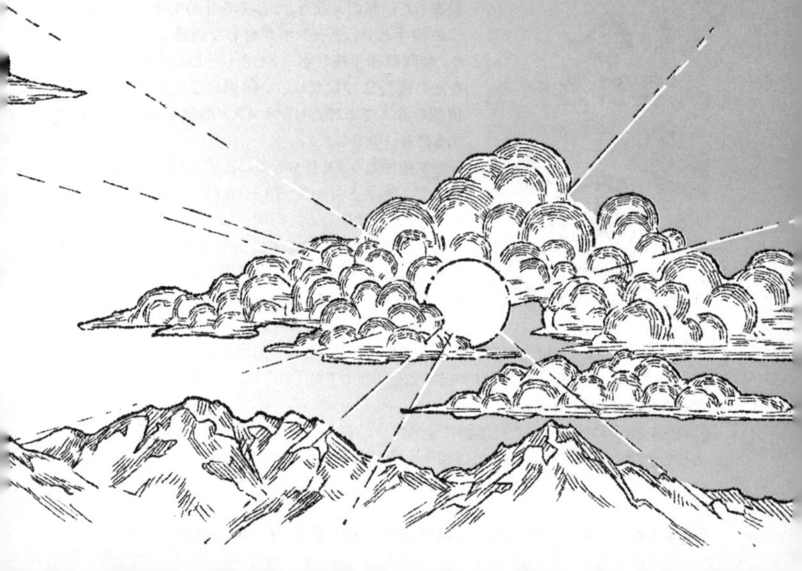

金のカメレオン座×12タイプ別

相手が 金の羅針盤座 ［解放の年］

大人っぽい考え方や常識を備え、あなたと近い価値観をもつ相手なので仲よくなれそうです。挨拶やお礼、上品さを忘れずに接すると、いい関係が長く続くでしょう。今年運気がいい相手なので、真似できそうなところはないか、しっかり観察してみるとよさそうです。

恋愛 相手は今年最高の運気なので、少しでも相手から好意を感じたらチャンスを逃さないように。ダメ元で告白するなら4～5月か8月がいいでしょう。素直に気持ちを伝えてみると、いい関係に進めそうです。相手のことをできるだけ理解するよう努めましょう。

仕事 レベルの高い仕事を求められるため、あなたの成長に必要な存在です。手を抜かずに最善をつくし、ともに成長しましょう。相手が上司なら、緊張感をもって仕事に取り組むように。部下なら、あなたのアドバイスを上手に活かしていい結果を出してくれそうです。

初対面 あなたの地位を上げてくれたり、成長させてくれる相手。仲よくなったら簡単に手放さないようにしましょう。物事に真面目に取り組み、前向きな話をして自分の進歩を見せられるよう努めてみて。挨拶やお礼などはこれまで以上にキッチリ行うように。

相手が 銀の羅針盤座 ［リフレッシュの年］

前進したい年のあなたと、歩みを止めてゆっくりしたい年の相手とでは、テンポが合わない感じになるでしょう。今年は相手をサポートしたり手助けすることで、あなたの成長につながりいい勉強になりそうです。健康情報を教えてあげたり、オススメの温泉やスパの話をするのもいいでしょう。

恋愛 相手をうまく甘やかすことができれば進展しやすいので、相手を引っ張っていく覚悟で、面倒を見ることを楽しむといいでしょう。5月、8～9月に押し切ってみるといい関係に進めそうです。相手の誘いは待たず、つねに自分から連絡すると決めて動いてみましょう。

仕事 相手はあなたが思っている以上に忙しくなり疲れているので、決断の遅さを突っ込んだり不満に思ったりしないように。相手の負担を少しでも軽くできるよう先回りして動くといいでしょう。相手が上司なら、時間がかかることを想定して動くように。部下なら、無理をさせないよう観察しておきましょう。

初対面 相手は疲れていたり体調が優れない時期なので、信頼できないと感じることがありそうです。年末や2025年には相手も調子を取り戻すので、徐々に仲よくなれればいいと思っておきましょう。頼りになると思ってもらえると、いい関係が長く続きそう。

恋愛 恋愛相手との今年の相性　仕事 仕事相手との今年の相性　初対面 今年はじめて出会った人との相性

2024年の相性

今年の相性を知って、付き合い方の参考にしましょう。

相手が
金の
インディアン座
[幸運の年]

あなたとは価値観や考え方が異なりますが、今年は相手の運気がいいのであなたがうまく合わせることが大切です。自分では思いつかないような発想に触れられて、いい刺激になることもあるでしょう。相手の行動力を見習ってみると、世界が広がり多くのことを知ることもできそうです。

恋愛 2020年にはじめて出会った相手なら縁がありますが、ここ数年で出会っている場合は、縁がないと思っておくといいでしょう。4月か10月に相手と急接近することになるので、ここでのチャンスを逃さないように。マメに会えるよう努めてみましょう。

仕事 一緒に仕事をすると元気とパワーをもらえたり、相手の背中から教わることがありそうです。仕事に対する考え方はあなたと違いますが、学べることは多いでしょう。相手が上司なら、細部までこだわって仕事をするように。部下なら、相手を信頼して任せてみるといい結果を出してくれそうです。

初対面 相手は、新しく出会った人とのつながりが弱い年なので、今年は遊び友達や知り合いくらいのつもりでいるとよさそうです。深い関係になったり仲よくなったりする可能性は低いので、知り合いくらいの距離感を保っているほうが、関係が長く続くでしょう。

相手が
銀の
インディアン座
[準備の年]

一緒にいると、楽しめたり前向きになれる人。相手の遊びに付き合って楽しむのはいいですが、自分のやるべきことを見失わないようにしましょう。あなたにないものをもっているタイプなので、互いに助け合うことができるといい関係になれそうです。

恋愛 相手は自由が好きでマイペースなため、簡単に心をつかめないどころか相手の明るい雰囲気に振り回されてしまいそう。5~6月、11月に進展しやすいので、遊びに誘ってみたりマメに会うといいでしょう。真面目に考えすぎず、恋を楽しむことも忘れないように。

仕事 楽しく仕事ができるか、まったく噛み合わない感じになるか、極端な結果になりそう。前に進む年のあなたが楽しく仕事をしたいのなら問題なく過ごせますが、真面目に考えすぎるとこの相手と接するのは大変になってしまうでしょう。相手が上司でも部下でも、仕事の場よりはプライベートでいい関係をつくるとよさそうです。

初対面 楽しい時間を過ごす相手としてはいいですが、2、3年くらいで終わる遊び友達だと割り切っておいたほうがよさそう。あなたが執着するほど、相手は束縛されない距離を保つようになるでしょう。あなたに飽きると離れてしまう人なので、飽きられない工夫をするのも大切です。

金のカメレオン座×12タイプ別

相手が

金の鳳凰座

[ブレーキの年]

前進する年のあなたと完成する年の相手なので、今年は相性がいいでしょう。相手の近くにいることが、あなたにとって追い風になることもありそうです。ときには相手から厳しい指摘を受ける場合もありますが、アドバイスはしっかり受け入れ、話を上手に聞くことも忘れないようにしましょう。

恋愛 恋愛運よりも結婚運が強くなっている相手なので、結婚を考えられるのであれば接する機会を増やすといいでしょう。「興味がある」くらいの軽い気持ちだと、つながりが弱くなりそうです。そもそも相手は最初の印象であなたとの関係や距離感を決めているため、相手次第なところがあるでしょう。

仕事 今年のあなたにとって心強い人なので、仲よくしておきましょう。ただ、あなたとは価値観や考え方、時間の使い方が大きく異なることを忘れないように。相手が上司なら、しっかり相手に合わせて取り組むこと。部下なら、希望を叶えられるよう努めてみましょう。

初対面 ゆっくりでもいいので、前進する姿や一歩一歩成長する姿を相手に見せられると、長い付き合いになるでしょう。あなたの味方や強い協力者、よき理解者にもなってくれる人です。

相手が

銀の鳳凰座

[開運の年]

今年大きな結果を残す人。一緒にいるといいですが、あなたが相手をコントロールすることはできないため、上手に合わせてみるとよさそうです。テンポがゆっくりなタイプなので、ペースを合わせやすいでしょう。

恋愛 一気に関係を深めようとするより、気づいたら相手のそばにいるような感じを意識して徐々に仲よくなってみると、いい関係に進めそうです。10～11月は交際のチャンスがありますが、先に相手に恋人ができてしまう可能性が高いでしょう。

仕事 今年絶好調の相手と一緒にいることで大きく前進したり、大切な経験ができるので大切にしましょう。相手が上司なら、あなたを助けてくれますが、あなたが期待に応えられないと厳しい関係になりそう。部下なら、相手の経験が少なくても挑戦させて、経験を増やしてあげるといいでしょう。

初対面 今年仲よくなれると、安定した関係を長く続けられるでしょう。あなたの能力を引き出してくれることもありそうですが、一度嫌われると距離をおかれてしまうので最初が肝心。挨拶やお礼をしっかりして楽しい空気感をつくることが大切です。

恋愛 恋愛相手との今年の相性　仕事 仕事相手との今年の相性　初対面 今年はじめて出会った人との相性

2024年の相性

今年の相性を知って、
付き合い方の参考に
しましょう。

相手が
金の時計座
［裏運気の年］

本来なら相手のよいところを理解できますが、今年相手は「裏運気の年」に入っているため、テンポや人との関わり方、価値観の違いが大きく出てしまいそう。お互い惹かれ合う感じがなくなってしまうので、相手の長所を見るよう意識しておくといいでしょう。

恋愛 相手の現状をできるだけ理解しようと努めるといい関係になれるでしょう。ただし「わかってあげられている」と思い込んでいると、突然縁が切れたり気持ちが冷めてしまいそうです。今年は、相手のことを友達だと思って接するといいでしょう。

仕事 前進する年のあなたと学ぶことが多い年の相手とでは、考え方が大きく異なりそう。あなたの口が悪いところが出てしまうと面倒なことになる場合も。相手が上司なら、あなたが理解できないような指示や決断をされ、無駄な仕事が増えそうです。部下なら、手順をていねいに教えて無駄を減らしておきましょう。

初対面 相手が「裏運気の年」に出会っているため、相手の人との距離感が、あなたには執着に感じたり、価値観の違いを感じてしまいそう。相手に合わせようとすると疲れてしまうので、あなたが一歩引くと自然といい距離をとれるでしょう。

相手が
銀の時計座
［乱気の年］

互いに学ぶことになる運気ですが、あなたは前進し環境が変わる一方、相手は不慣れな状況や苦手な方向に進む時期。同じ体験をしても、あなたはプラスに、相手はマイナスに受け止めてしまうことがあるため、物事のいい側面を伝えるようにすると良好な関係を築けるでしょう。

恋愛 「乱気の年」の相手を無理につかみにいったり好意を寄せたりしても、相手からは「好みではないのに」と迷惑に思われてしまいそうです。相手は支えてほしいと思っている時期なので、徐々に仲よくなって信頼されることを目指しましょう。

仕事 あなたも相手も、昨年までとは状況や環境、考え方に大きく違いが出てくる年。とくに相手は、学ぶべきことが増えたり悩みや不安が多くなっているので、じっくり話を聞く時間を大切にしましょう。相手が上司なら、今年は正しいと思えないような判断や指示をされる場面が出てきそう。部下なら、あなたの正しさを押しつけないように。

初対面 自分とは異なる考え方や、価値観の違いを学べる相手ですが、今年の出会いは期待外れに感じてしまったり、相手から執着されて面倒になったりしそう。相手と関わったことが原因で悪口を言われる場合もあるので、ほどよく距離をおくといいでしょう。

金のカメレオン座×12タイプ別

相手が 金 の カメレオン座 ［チャレンジの年（1年目）］

同じ運気の相手なので、互いに環境が変わり挑戦する気持ちが出てくるでしょう。そのぶん、面倒なことや不慣れなこと、未経験なことに直面して苦労する場面もありそうです。その流れがお互い理解できると楽ですが、相手の努力不足や実力不足なところが見えて、イライラすることもありそうです。

恋愛 理論や理屈でゴチャゴチャ考えていても、進展は望めません。自分がされてうれしいことを素直に行動に移すことで、関係が一歩前進するでしょう。これまでにないデートプランを立てたり、おいしいお店に誘ってみるのがオススメ。8月から年末に交際に進む流れをつくれそうです。

仕事 頑張るタイミングもやる気を失うタイミングも結果が出るタイミングも、すべてあなたと似ている相手。あなたが不満をもっているときは相手も不満がたまっていると思いましょう。相手が上司なら、自分だったらどうされるとうれしいかを考えて行動し、部下なら相手を信じて新しい仕事を任せてみて。

初対面 あなたとリズムが似ていてわかりやすいタイプ。相手のマイナス面が見えたときは、自分もほかの人から同じように見られていると思って、気を引き締めておきましょう。自分を冷静に見るために必要な相手だと思って接するとよさそうです。

相手が 銀 の カメレオン座 ［整理の年］

本来ならあなたの考えや気持ちに理解がある人ですが、今年環境が変わるあなたと、縁が切れる運気の相手では、疎遠になったり自然消滅のようになってしまいそうです。あなたのほうが一歩先に進んでいるため、相手が出遅れているように感じることも。

恋愛 年内に関係を深めようとしたり結論を焦ってしまうと、関係が悪くなることや縁が切れてしまう場合がありそう。12月に交際することを目標に、ゆっくりじっくり仲よくなってみるといいでしょう。8月から積極的になるのがよさそうです。

仕事 あなたはやる気がわき前向きになるきっかけをつかめる年ですが、相手はやる気が出ず仕事を辞めたいと思っている運気。相手を昨年の自分だと思って、やさしく接しましょう。相手が上司の場合は、仕事を押しつけられそうです。部下の場合は、周囲の評判も聞いてから接しましょう。

初対面 縁がつながりにくいタイミングでの出会いですが、相手の甘え上手なところを観察してみるといい勉強になりそうです。相手は人との縁が切れやすい年なので、あなたが少しでも離れたいと思っているなら、距離をおくことがお互いのためになる場合が多いでしょう。

恋愛 恋愛相手との今年の相性　仕事 仕事相手との今年の相性　初対面 今年はじめて出会った人との相性

2024年の相性

今年の相性を知って、付き合い方の参考にしましょう。

相手が 金の イルカ座 [健康管理の年]

新たな環境や生活リズムになるあなたをスピードアップさせてくれたり、決断するきっかけをつくってくれそうな人。ときにはワガママに見える行動を相手がとることもありますが、自信をもって目標に向かう姿を見習うようにすると、あなたも大きく前進できるでしょう。

恋愛 あなたの魅力はまだまだ見えないときですが、相手好みの派手な感じや華やかな感じを意識すると振り向いてもらえそうです。とくに今年はじめて出会った場合は、少し背伸びするくらいの気持ちで相手に合わせてみると、いい関係になれるでしょう。

仕事 互いに忙しい年ですが、同じような結果が出ても相手のほうが評価されてしまいそうです。相手のアピール力は見習う必要があるでしょう。相手が上司なら、理屈や理由を求めず即行動することで、あなたの頑張りを認めてくれそう。部下なら、先回りして進めるところや仕事のスピードをほめるようにしましょう。

初対面 一緒にいることで決断力と実行力が増してくる相手。テンポやスピードは違いますが、パワーや刺激を与えてくれる人だと思っておくとよさそうです。ときどき相手からストレートな言葉をかけられることもありそうですが、傷つくのではなく、ハッキリ言うやさしさもあるととらえてみましょう。

相手が 銀の イルカ座 [チャレンジの年(2年目)]

お互い前に進む運気という意味では、似ているでしょう。あなたの一歩先を行っているため、一緒にいることで互いに成長でき、あなたの世界を広げるいいきっかけをつくってくれそうです。相手のノリや遊び心を軽視しないで、もっと素直に楽しんでみるといいでしょう。

恋愛 あなたが積極的になったうえで、相手につくす必要がありそうです。楽しい時間を過ごせますが、つなぎ止めることが難しいので、セフレ止まりで交際に進まなかったり交際に進んでも浮気されてしまう心配もあるでしょう。10～11月なら関係が深められそうです。

仕事 前進し成長している相手。あまり信頼できなかったりともに苦労することもありそうです。相手が上司なら、判断ミスや決断力のなさが出やすいですが、上司も人間なのだと忘れないように。部下の場合は、教えながら自分も一緒に成長する気持ちが大切です。

初対面 互いに坂道を駆け上がっている年なので、苦労や経験が増える時期。つながりは弱いですが、数年後に「2024年はいろいろ頑張ったね」と今年のことをいい思い出として語れる仲にはなれそうです。ただ、相手を甘やかしすぎるとあなたの負担が増えてしまうでしょう。

相手のタイプ別

毎月の関わり方アドバイス

	相手が 羅針盤座 金	相手が 羅針盤座 銀	相手が インディアン座 金	相手が インディアン座 銀	相手が 鳳凰座 金	相手が 鳳凰座 銀
1月	最新の情報や流行を教えたり、おもしろい人を紹介するといいタイミング。	相手が新しいことに目を向けるきっかけをつくり、似合う髪型や服も提案してみて。	相手は体調を崩しがちな月。気遣いをして、温かい飲み物をあげるとよろこばれそう。	相手が最近ハマっていることを聞き、あなたもオススメの映画やドラマを伝えてみて。	おもしろい情報を教えるといい月。ドジな失敗話を楽しく聞いてみるのもオススメ。	運気のよさを教えてあげると、いい流れに乗れそう。相手の長所はドンドンほめて。
2月	今年の目標や将来の夢のことを語り合ってみて。前向きな話でいい関係になれそう。	ポジティブな話をしたり、信頼できる友人を紹介するといいでしょう。	魅力や才能を素直にほめ、苦労や頑張りを認めると、相手の才能が開花しそう。	体調を崩したり疲れをためている月。不調がないか観察しつつ、やさしく接して。	思い出話で絆が深まりそう。長い付き合いにしたいなら今月はマメに会うように。	話題のスポットやお店を教えてあげて。一緒に遊ぶとあなたの運気もアップしそう。
3月	疲れが顔に出ていたり元気のなさを感じるときは、負担を減らすようにしましょう。	相手は忙しく疲労がたまっている月。手伝えることを探し、話を聞くようにして。	いい勢いですがミスやドジも増える月。フォローしたり、一緒に笑ったりしましょう。	急でも遊びに誘うとよろこばれそう。知り合いを紹介すれば、いい友達になるかも。	一緒にいると流れが大きく変わる出来事がある月。調子に乗せるくらいおだててみて。	久しぶりでも連絡してみましょう。思い出話をするといい関係になれそうです。
4月	才能や個性を素直にほめてみて。ポジティブな話をして、互いに前を向きましょう。	疲れや睡眠不足で不機嫌になっているかも。無理させず、少し休んでもらいましょう。	相手は実力を出せて忙しい月。付き合いが長いならこれまでの頑張りを認め応援を。	遊びに誘うといい月。気を使って自ら誘えないタイプなので、よろこんでもらえそう。	やりたいことを応援し、一緒にいるとよさそう。互いに満足な結果を残せるでしょう。	「最高の運気」だと伝えてみましょう。一緒に過ごすことであなたにも幸運が訪れそう。
5月	相手は少し行動が雑になりがちな月。些細なことでヘコんでいたら、励ましてあげて。	一緒にストレス発散を楽しむといい月。スポーツやおもしろい話を積極的にしてみて。	大事な役割を任せるとよさそう。相手の魅力を周囲に伝えてあげるのもいいでしょう。	近況報告を兼ねて食事に誘いましょう。思い出話だけでなく、前向きな話も大切に。	相手が調子に乗りすぎて大失敗するかも。危険なときは注意するように。	相手に振り回されても一緒にいるのがオススメ。多少のワガママは受け入れましょう。
6月	これまでの苦労や努力を聞いてみるといいでしょう。思わぬ才能を見つけられるかも。	失敗やケガをして元気がないかも。励ましたり、オススメの本を紹介するとよさそう。	明るい妄想話やアイデアをたくさん聞いてみると、相手のよさを上手に引き出せそう。	お得な話がよろこばれる月。ポイ活や安くておいしいお店などの情報を教えてみて。	相手のワガママが出る月。失敗から学べるよう、距離をとって見守っておくこと。	相手は誘惑に流されたり、いろいろと雑になりがちな時期。うまくフォローして。

今月のほかのタイプはどんな運気？　全タイプの
相手について月ごとに接し方のコツをお伝えします。

	相手が 時計座		相手が カメレオン座		相手が イルカ座	
	金	銀	金	銀	金	銀
1月	ポイ活などのお得な情報で盛り上がりそう。節約や高見えするものの話をするのも吉。	相手の幸せな話をいろいろ聞いてみて。語り合うと感謝の気持ちがわいてきそう。	些細なことで悩んでいるかも。話を聞いたり「大丈夫」と言ってあげましょう。	相手は判断ミスをしやすい月。話をしっかり聞き、冷静になって考えるよう伝えて。	お節介がすぎると縁を切られたり、距離があくことも。ほどよい距離を保つように。	相手は、思い通りにならずイライラしている時期。頑張っていることを認めましょう。
2月	雑談したり、話を聞く時間をつくることが大事。冗談を言って相手を笑わせて。	相手は「守り」の時期。楽しく過ごしつつも、調子に乗せたり無理をさせるのはNG。	悩んだり空回りしている時期。いろいろな考え方があることをやさしく教えてみて。	不安や心配事を聞くといいですが、多くは妄想なので「考えすぎ」と伝えましょう。	最近できたお店の話などをするとよさそう。旬の料理を食べに誘うのもオススメ。	今月は距離をおかれても気にしないで。掃除道具の情報を伝えるとよろこばれそう。
3月	悩みや不安を抱えている月。相談に乗ったり、些細なことでも手助けしてあげて。	あなたの見えないところで問題が起きる可能性が。「困る前に相談してね」と伝えて。	別れて楽になることもあると伝えてみて。一流の人たちの苦労話を語るのもよさそう。	相手のマイナス面が見える月ですが、短所も見方を変えれば長所になると忘れないで。	イベントやライブ、飲み会に誘ってみましょう。新商品の情報を教えるのもよさそう。	相手は気持ちが前向きになっている時期。小さなことでも挑戦をうながしましょう。
4月	相手の雑な部分が見える月。集中できない理由を聞いて前向きなアドバイスを。	いつもと雰囲気が違うと感じたら、じっくり話を聞いて少しでも手助けするように。	友人との集まりに誘ってみましょう。最近ハマっているドラマなどを教えるのも吉。	成功でも失敗でも、過去に執着すると前に進めないということを伝えましょう。	相手の才能や個性をほめることが大切。友人を紹介するのもいいでしょう。	おもしろそうな情報はドンドン伝え、イベントやライブにも誘ってみて。
5月	相手は悲しい別れがある月。まったく関係のない、楽しい話をする時間も大切です。	相手はだまされたり間違った方向に決断しやすい月。落ち着いて話す時間をつくって。	互いに行ったことのないお店に誘い、食べたことのないメニューを試すといい経験に。	知り合いの集まりに誘ったり、本やドラマ、映画を紹介するといい関係を築けそう。	不機嫌なのは疲れている証拠。お菓子を渡したり仕事を手伝うなど、やさしく接して。	10年後の明るい未来を語り合うといいでしょう。将来の夢を話してみるのもよさそう。
6月	相手の気持ちが徐々に前向きになる月。新発売のお菓子や話題のお店の話をしてみて。	パーッと遊んで楽しみましょう。たくさん笑って過ごすことの大切さを教えてあげて。	3年後にどうなりたいかなど未来の話をすると、人生を考えるきっかけになりそう。	内面にも外見にも、いつもと違う変化がありそう。気づいてあげるといいでしょう。	将来の夢を応援してあげましょう。役立つ情報や前向きな話を伝え勇気を与えて。	疲れて元気がないかも。やさしく接し、カフェでゆっくり話を聞くといいでしょう。

相手のタイプ別

毎月の関わり方アドバイス

	相手が 羅針盤座		相手が インディアン座		相手が 鳳凰座	
	金	銀	金	銀	金	銀
7月	相手の才能をドンドンほめて、前向きになれるよう背中を押してみましょう。	得意なことを任せるといい月。過去にハマった趣味の話をするのもオススメ。	愚痴が増えそう。前向きな話をしたり、過去の自慢話を聞いてみるといいでしょう。	なんでも抱え込んでしまうとき。雑談がてら相談に乗り本音を聞くといいでしょう。	相手が反省していたら許すことが大切。気持ちの切り替え方を教えるといいでしょう。	予想外の出来事が増える月。話を聞いて、些細なことでも協力してあげましょう。
8月	互いに協力するといい結果が出せそう。相手を調子に乗らせてみるといいでしょう。	結果を求められて忙しくなっている月。無理のない範囲でサポートしましょう。	無謀な行動に走りやすいとき。話を聞いて不安や心配を取り除いてあげましょう。	相手は心配事や不満がたまる時期。おもしろい話で盛り上げるとよさそうです。	相手は新たなことへゆっくりと動き出す月。興味をもちそうな情報を教えてあげよう。	相手は不要なものを処分したい時期。あなたにとって価値があるならもらいましょう。
9月	相手はネガティブな情報に振り回されやすい月。明るい未来について語り合って。	たくさん話を聞くのがオススメ。おいしいお店を教えたり、パーティーに誘うのも吉。	急に人との距離をとったり縁を切りたくなる月。ほどよい距離を保っておくこと。	やる気が出ず小さなミスが増えるとき。相手の話を聞いてみるとうまく助けられそう。	前向きになれる話や成功者のエピソードを話してみると、やる気になってくれそう。	相手は新しいことに挑戦する時期。ドンドン背中を押してきっかけをつくってみて。
10月	情に振り回されやすい月。余計なことを考えないよう楽しい時間を増やしましょう。	相手は疲れやすい時期。すすんで相談に乗り、周囲と協力し合って手助けを。	おもしろそうな情報をドンドン伝えましょう。人との出会いを増やす手伝いも大切。	無謀な行動に走りやすいとき。悩みを聞いたり、相手の長所を伝えてみて。	互いに将来の夢や未来の話をしてみると、頭も気持ちもスッキリ整理できそうです。	いつもと違う友人の集まりに誘うなど、相手の人脈を広げるために協力しましょう。
11月	掃除や整理整頓を手伝って、相手のいらないものを譲り受けるとよろこんでくれそう。	無理は禁物。こまめに休憩をとるようにうながし、会うのも短時間にとどめて。	急でもいいので食事に誘ったり知り合いを紹介すると、おもしろい縁がつながるかも。	しばらく集まっていないなら、あなたから連絡してプチ同窓会を開いてみましょう。	相手は元気そうに見えても疲れがたまりやすい時期。体調を気遣ってあげて。	将来の夢や人生の目標について話してみると、相手の気持ちが定まってきそうです。
12月	最新情報を教えたり、新たな人脈づくりの手伝いを。はじめての場所に誘うのも吉。	悩みを聞いて、別れを決めかねていたら背中を押して。笑える話をするのもオススメ。	1~2年先の目標を話してみましょう。大まかな方向をうまく定められそうです。	人脈を広げることが大切な月。知り合いを紹介したり、食事に誘ってみて。	相手は大きな幸せをつかむ月。うれしいことが起きたら一緒によろこびましょう。	疲れがたまる時期。相手が不機嫌なときは、甘いものや入浴剤を贈るのがオススメ。

あの人はいま、どんな月を過ごしているんだろう。
相手の運気のいいときに誘ってみよう!

	相手が 時計座 金	相手が 時計座 銀	相手が カメレオン座 金	相手が カメレオン座 銀	相手が イルカ座 金	相手が イルカ座 銀
7月	忙しい時期。愚痴や不満を漏らしていたら、前向きな話や未来の話に切り替えて。	新商品をプレゼントしたり話題のお店に誘うなど、未体験のことを一緒に楽しんで。	不機嫌そうにしていたら、「疲れてない?休んだら?」とやさしく気遣ってみましょう。	相手の好きなことを聞いてみるといい月。雑談から共通の趣味を見つけられるかも。	相手のミスをうまくフォローしつつ、しっかり確認を。ノリで遊びに誘うのもオススメ。	相手の話をリアクションよく聞き、うまく調子に乗せて楽しませるといいでしょう。
8月	感情的になりやすいとき。落ち着いてゆったりできる時間を一緒に過ごしてみて。	最近ハマっているおもしろい動画や芸人さんを教えると、相手もハマってくれそう。	才能や個性をほめて、相手が考え込む前に背中を押して動くきっかけづくりを。	疲れをためている月。おもしろい話をして笑わせてみると元気になってくれそう。	あなたから食事に誘ってみましょう。思い出のお店に行くと楽しい時間を過ごせそう。	相手はミスをしやすいとき。ドジな失敗をしたら一緒に笑ってフォローしよう。
9月	疲れをためやすい月。無理させないようにして、いい健康情報を教えてあげましょう。	人知れず問題を抱え込んでいるかも。無理していないか気にかけ、話を聞いてみて。	相手は小さなミスをしやすい時期。気にせず「ご愛嬌」と思ってやさしく接すること。	ポジティブな話を教えてあげるといい月。相手の人生を変えるきっかけになるかも。	相手の頑張りを認めて背中を押してみて。相談に応じると感謝してもらえそう。	「最近調子がいいね」と伝えたり、得意なことを任せると力をうまく引き出せるかも。
10月	前向きな話をたくさんしてみて。若手の芸能人やスポーツ選手の話題もよさそうです。	体の不調が出るとき。疲れていそうなら休ませて。栄養ドリンクを贈るのもオススメ。	子どものころの夢や昔の話を聞いてあげると、うまくやる気を引き出せるでしょう。	相手はドジな失敗をしやすい月。クヨクヨしていたら笑顔で接して、励まして。	中旬まではノリが大切。下旬は空回りしやすいので落ち着いて行動するよう助言を。	日ごろの感謝を伝えると、それをきっかけに相手が想像以上の活躍をしてくれそう。
11月	趣味や遊びの話をしてみて。相手が無謀な行動に走ったらあなたが止めるように。	上品な言葉遣いで話しかけてみて。言い方を変える遊びをしてみるといいかも。	相手をおだてて調子に乗せるとよさそう。いいところを素直に伝えてみましょう。	真面目に物事をとらえがちなとき。楽しく取り組めるようサポート役にまわって。	相手がイライラしていたら疲れている証。話を聞いて、できる範囲でフォローを。	長所をほめて頑張りを認めるように。いい本を見つけたら下旬に教えるといいかも。
12月	思い出の場所に誘うとよさそう。共通の知り合いがいるなら、みんなで集まるのも吉。	困ったときはお互いさま。ドジな失敗は一緒に笑い、笑えないミスは助けてあげて。	帰りの時間を決めてから会うようにしたり、食事やお茶をするなら短時間にすること。	才能や魅力が輝き、いい勢いもあるとき。悩んでいたら即行動するよう助言を。	意地を張って視野が狭くなってしまう時期。少しでも楽しい時間をつくるようにして。	ポジティブな話をして、ひとつの考え方にこだわらないようアドバイスしてみましょう。

どうなる？ 2025年上半期

このページでは特別に、2025年上半期の運気をお伝えします。ちょっと先の運気までのぞいてみませんか。

失敗を恐れず ドンドン挑戦しよう

総合運

しっかり考えてから動くタイプですが、2025年の上半期は計画を立てながらも行動することを優先しましょう。動きながら考えるくらいのスピード感が大切です。失敗を恐れて行動せずにいるのではなく、失敗から学んで成長するつもりでドンドン挑戦を。人脈も広げてみると、いい流れに乗ることができるでしょう。重要な出会いもあるため、面倒でも人と交流してみるように。健康運は、新年早々に風邪をひきやすいので、無理をしないよう気をつけましょう。

恋愛&結婚運

4月から出会いが多くなり、1年を通していろいろな人に会うことができる運気。生活リズムや環境を変えることで、理想に近い人に会えるようになるでしょう。とくに、興味がわいた習い事をはじめてみると、好みの人とめぐり合えそうです。慎重なタイプですが、出会いの機会を避けないように。また、夏前にはイメチェンしておくことをオススメします。結婚運は、上半期はなかなか話がまとまらない感じになりそうです。

仕事&金運

慎重なのはいいですが、動き出しが遅くなりがちなので、2025年の上半期はとくに素早い行動や判断を意識するといいでしょう。自分の向き不向きを知るためにも、多少の失敗は恐れず思い切った言動を心がけてみて。ここで失敗したり叱られたりしても、のちに取り戻せるチャンスがくるので、臆病にならないように。金運は、資格取得や体験にお金を使うとよさそうです。少額の投資をはじめるにもいい時期でしょう。

命数ごとに
さらに詳しく占える

全120命数別
2024年の運勢
&
開運アクション

ここまでは12タイプごとに
運気を説明してきましたが
ここからは120命数ごとにさらに詳しく
開運のコツをお届けします。

命数ごとに

STEP 1 自分のことをもっと知ろう

金のカメレオン座

命数

45 真似が上手な商売人

もっている星

★計画的に物事を進める星
★損得勘定で判断する星
★買い物が大好きな星
★おしゃれな人が好きな星
★過労になりやすい星

基本性格 好奇心が強く、損得勘定ができるしっかり者

知的で都会的なおしゃれを心がける、情報収集と段取りがしっかりできる人。古風な考えをしっかりもち、知的好奇心がありながら根はお調子者で、損得勘定で物事を判断するタイプ。じっくり情報を集めすぎて時間がかかってしまったり、突っ込まれるととても弱くなってしまったりする優柔不断な性格でもあります。真似が上手で、「これは得」と思ったらじっくりと観察して自分のものにする能力が高いでしょう。

開運アクション

- 趣味を増やす
- つねにフットワークを軽くする
- 「忙しい」を楽しむ

2024年はこんな年 多少乗り気でなくても誘いにはドンドン乗って

計画を立てて行動することがもっとも得意なタイプ。今年は情報収集を楽しみながら人脈づくりもできる運気なので、おもしろそうなことがあればドンドン足を運んでみるといいでしょう。「多趣味ですね」と言われるくらい今年から趣味の幅を広げることが、のちの運命をいい方向に導く秘訣です。多少気乗りしなくても、誘われたことには積極的に挑戦してみるといいでしょう。健康運は、忙しくてもメリハリのある生活をするように。

恋愛 結婚 恋の駆け引きが上手なタイプですが、今年から相手をうまく操るための訓練が必要になりそうです。フットワークを軽くすることで出会いのチャンスが自然と増える一方で、中身のない人に引っかかってしまうことも。とくにお酒の席で一緒になった異性の扱いがうまい人には気をつけておきましょう。時間をかけてあなたとの関係を深めようとしてくれる人を選ぶのがオススメです。結婚運は、今年結婚する計画を立てていたなら、話を進めるといいでしょう。

仕事 お金 仕事の幅が広がり、職場や取引先の人との交流も増えて楽しめる年。新たな趣味や情報収集力、場を盛り上げる能力にも目覚めそうです。これまでおとなしくしていた人も、今年から積極的に人と関わることをおもしろがると、仕事もドンドンできるようになってくるでしょう。忙しいほうが能力を発揮できるタイプなので、自ら仕事を詰め込んでみるのもよさそうです。金運は、趣味での出費が大幅に増えてしまうかも。

ラッキーカラー	ラッキーフード	ラッキースポット
ライトブラウン、スカイブルー	チンジャオロース、セロリの浅漬け	ショッピングモール、海水浴

命数別 2024年の運勢&開運アクション 金のカメレオン座

219

命数

詳しい調べ方は巻頭の折込をチェック

キャッチフレーズ もっている星 基本性格

あなたの性格を一言で表すなら?

ラッキーカラー ラッキーフード ラッキースポット

プレゼント、お土産、デート先のヒントに

開運アクション

命数ごとにより詳細な開運のコツ

2024年はこんな年

今年1年間の過ごし方アドバイス

STEP 2 気になる人を調べてみよう

あの人は今年どんな1年になるんだろう

※相手の生年月日から、タイプと命数を割り出してください(▶巻頭折込)

銀のインディアン座

命数

16 やさしい中学生

もっている星

★なんとなく続ける星
★真面目で誠実な星
★謙虚な星
★片思いが長い星
★冷えに弱い星

ラッキーカラー レッド ホワイト
ラッキーフード 雑炊 鶏肉のカシューナッツ炒め
ラッキースポット 映画館 スパ

基本性格 社会に出てから才能が光る超マイペース

真面目で地味なことが好き。基本的に人は人、自分は自分と超マイペースですが、気遣いはできます。ただし遠慮して一歩引いてしまうところがあるでしょう。自分に自信がなく、中学まではパッとしない人生を送りますが、社会に出てからジワジワと能力を発揮するようになります。やさしすぎて便利屋にされることもありますが、友人の縁を思い切って切り、知り合い止まりの人間関係ができると才能を開花させられるでしょう。

2024年はこんな年

ケチケチせずに、しっかり遊んで楽しむことが大切な年。人生でもっとも遊んだと言えるくらい思い切ってみると、のちの運気もよくなるでしょう。旅行に出かけたり、気になるイベントやライブに足を運ぶのもオススメです。ただ、今年出会った人とは一歩引いて付き合うほうがいいでしょう。とくに、調子のいいことを言う人には気をつけておくこと。お得に思える情報にも振り回されないように。健康運は、手のケガをしやすくなるので注意が必要です。

開運アクション

- 明るい感じにイメチェンする
- 自ら遊びに誘ってみる
- 遊ぶときはケチケチしない

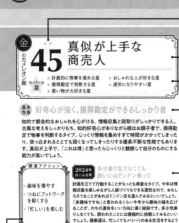

金の羅針盤座

命数 1

ネガティブな頑張り屋

もっている星
- ★負けを認められない星
- ★頑張りすぎる星
- ★友達の延長の恋の星
- ★空気が読めない星
- ★スポーツをするといい星

ラッキーカラー　ピンク　イエロー

ラッキーフード　ささみのチーズカツ　明太子

ラッキースポット　スポーツ施設　遊園地

基本性格　サッパリとしているが、じつは人が苦手

負けず嫌いの頑張り屋。人と仲よくなることが得意ですが、本当は人が苦手。誰とでも対等に付き合いたいと思うところはありますが、真面目で意地っ張りで融通がきかないところがあり、人と波長が合わせられないタイプ。生意気なところが出てしまい、他人とぶつかることも多いでしょう。心が高校1年生から成長しておらず、サッパリとした性格ですが、ネガティブなことをすぐに考えてしまうところがあるでしょう。

2024年はこんな年

目標を達成し、同期やライバルに差をつけることができる運気。最高のパフォーマンスを発揮して、充実した日々を過ごせるでしょう。ハッキリとした目標を掲げたほうがより力を出せるので、年内に達成したい目標と、3〜4年後に達成できそうな目標を立ててみるとよさそうです。また、今年はいい仲間もできるため、きつい言葉や言い方を出さないよう気をつけておきましょう。健康運は、スポーツをはじめて体力をつけるには最高の年です。

開運アクション

- 次の目標を掲げる
- 身近な人とのコミュニケーションを大切にする
- 後輩や部下の面倒を見る

金の羅針盤座

命数 2

チームワークが苦手な野心家

もっている星
- ★合理主義の星
- ★派手な星
- ★話を最後まで聞かない星
- ★追いかける星
- ★内弁慶の星

ラッキーカラー　レッド　ダークブルー

ラッキーフード　かぼちゃコロッケ　ウニ

ラッキースポット　コンサート　リゾート地

基本性格　ひとりで未知の世界に飛び込む行動派

頭の回転が速く、何事も合理的に物事を進めることが好きなタイプ。表面的な人間関係はできますが、団体行動が苦手で、好き嫌いが激しく出てしまう人。突然大胆な行動に走ってしまうことで周囲を驚かせたり、危険なことに飛び込んでしまったりすることもあるでしょう。ひとりでの旅行やライブが好きで、ほかの人が見ないような世界を知ることも多いはず。他人の話を最後まで聞かないところがあるので、しっかり聞くことが大事です。

2024年はこんな年

密かに自信をもって取り組んでいたことに、しっかり結果が出て満足できそうです。「やっぱり自分の思った通り」と感じるような出来事もあるでしょう。頑張りを隠すタイプですが、今年からは少しでもいいので前向きな姿勢を周囲に見せるとよさそうです。また、今年は憧れだったライブや旅行先に行けるようになったり、少しゆとりも出てくるでしょう。健康運は、いいスポーツトレーナーや指導者に出会い、体の調子を整えることができそうです。

開運アクション

- 頑張っている姿を少し見せる
- ライブや旅行に行く
- 人をしっかり観察する

金の羅針盤座 命数 3

上品でもワガママ

もっている星
- ★気分屋の星
- ★サービス精神の星
- ★スキンシップが多い星
- ★エロい星
- ★ダンスをするといい星

ラッキーカラー　パープル　ライトブルー
ラッキーフード　寿司　フレンチトースト
ラッキースポット　レストラン　音楽フェス

基本性格　ネガとポジの矛盾を抱えた明るい人

陽気で明るくサービス精神が旺盛。つねに楽しく生きられ、上品な感じをもっている人。人の集まりが好きですが、本音は人が苦手で、ポジティブなのにネガティブと、矛盾した心をもっているタイプ。真面目に物事を考えるよりも楽観的な面を前面に出したほうが人生がスムーズにいくことが多く、不思議と運を味方につけられる人でしょう。自分も周囲も楽しませるアイデアが豊富ですが、空腹になると何も考えられなくなるでしょう。

2024年はこんな年

人生の楽しさやおもしろさを発見できる、最高の流れがはじまります。「金の羅針盤座」のなかでもっとも運がよく「明るい星」の持ち主のため、日々笑顔で過ごしていると心から笑えることや楽しい出来事が増えていくでしょう。多少空回りしてもいいのでサービス精神をドンドン出してみると、波長の合う友人ができたり、あなたをおもしろがってくれる人に出会えそうです。健康運は、楽しむのはいいですが、食べすぎ飲みすぎには要注意。食べたぶん運動するのも忘れずに。

開運アクション
- 明るさと笑顔を心がける
- 愚痴をやめて前向きな話をする
- コンプレックスを話のネタにする

金の羅針盤座 命数 4

余計な一言が多い真面目な人

もっている星
- ★情にもろい星
- ★センスがいい星
- ★恩着せがましい星
- ★情から恋に発展する星
- ★勘で買う星

ラッキーカラー　ピンク　ターコイズブルー
ラッキーフード　鯛の刺身　サンドイッチ
ラッキースポット　美術館　高級ホテル

基本性格　おしゃべりで勘が鋭く恩着せがましい人情家

何事も素早く判断できる頭の回転が速い人。短気なところもありますが、おしゃべりが好きで勘が非常に鋭いタイプ。人情家で情にとてももろい人ですが、人間関係をつくるのがやや下手なところがあり、恩着せがましいところや、自分が正しいと思った意見を押しつけすぎてしまう癖があるでしょう。感性も豊かで芸術系の才能をもち、新しいアイデアを生み出す力もあります。寝不足や空腹で簡単に不機嫌になってしまうでしょう。

2024年はこんな年

秘めていた才能が開花する年。直感が冴え、感性やセンスも活かせて楽しくなってくるでしょう。周囲が驚くようなアイデアを出せたり、ズバッとキレのいい発言をすることもできそうです。ただし、品のない言い方にならないよう、言葉はきちんと選ぶように。己の勘に従って行動することで、いい出会いや大きなチャンスをつかむことができるので、自分を信じて動いてみましょう。健康運は、ストレス発散のために運動すると、体力もついて一石二鳥になりそう。

開運アクション
- 直感を信じて行動する
- 言葉を選びつつハッキリ言う
- 運動をはじめてスタミナをつける

金の羅針盤座

命数 5

ネガティブな情報屋

もっている星
- ★商売人の星
- ★計画を立てる星
- ★多才な星
- ★都会的な人が好きな星
- ★お酒に注意の星

ラッキーカラー　ピンク　パープル
ラッキーフード　ローストビーフ　すもも
ラッキースポット　旅館　水族館

基本性格　アイデアは豊富だけど、適当でややネガティブ

多趣味・多才でいろいろなことに詳しく視野が広い人。根は真面目で言われたことを忠実に守りますが、お調子者のところがあり、適当なトークをすることがあります。一方で不思議とネガティブな面もある人。おもしろそうなアイデアを出したり、情報を伝えたりすることは上手です。好きなことが見つかると没頭しますが、すぐに飽きてしまうところもあるでしょう。部屋に無駄なものが集まりやすいのでマメに片付けたほうがいいでしょう。

2024年はこんな年

あなたの計算や計画の通りに物事が運びやすい年。情報収集力や、多趣味で多才なところをうまく活かせるでしょう。いろいろなことをやっておいてよかったと思える出来事もありそうです。自分ひとりだけが得する方向に進むより、周囲も得するように動くと、味方も増えて楽しく過ごせるようになるでしょう。あなたに必要な情報も入ってくるので、積極的に調べたり聞いたりしてみて。健康運は、ヨガやスポーツジムに通って体をしぼるといいでしょう。

開運アクション
- 人をほめる
- 互いに得することを考える
- 何事もプラス面を探す

金の羅針盤座

命数 6

謙虚な優等生

もっている星
- ★真面目でまっすぐな星
- ★ネガティブな星
- ★自信がない星
- ★押されたらすぐ落ちる星
- ★小銭が好きな星

ラッキーカラー　ピンク　ラベンダー
ラッキーフード　たちうおの塩焼き　栗
ラッキースポット　温泉旅館　渓谷

基本性格　清潔感と品があり現実的だけど臆病者

真面目でおとなしく出しゃばったことをしない人。やや地味なところはありますが、清潔感や品格をもち、現実的に物事を考えられて、謙虚な心でつねに一歩引いているようなタイプです。他人からのお願いが断れなくて便利屋にされてしまう場合もあるので、ハッキリと断ることも必要。自分に自信がないのですが、ゆっくりじっくり実力をつけることができれば、次第に信頼・信用されるでしょう。臆病が原因で交友関係は狭くなりそうです。

2024年はこんな年

真面目にじっくり取り組んできた人ほど高く評価され、大きなチャンスをもらえる年。遠慮したり臆病になったりせず、思い切って行動しましょう。言いたいことをハッキリ伝えてみると、状況やあなたに対する周囲の扱いも変わってきそうです。完璧よりも場数を増やすことを目指すよう考え方を変えてみると、いい経験と人脈ができるでしょう。手先が器用なところも活かせそうです。健康運は、家でできる筋トレやストレッチをするといいでしょう。

開運アクション
- 開き直って言いたいことを言ってみる
- 恥ずかしいと思ったら行動する
- イメチェンや自分磨きにケチケチしない

金の羅針盤座

命数 7

おだてに弱い正義の味方

もっている星

★正義の味方の星
★行動が雑な星
★恋で空回りする星
★ほめられたらなんでもやる星
★細かな計算をせず買い物する星

ラッキーカラー　レッド　ネイビー

ラッキーフード　うどん　ゴーヤチャンプルー

ラッキースポット　動物園　空港

基本性格　抜群の行動力だけど、ちょっとドジ

自分が正しいと思ったことを貫き通す正義の味方のような人。人にやさしく面倒見がいいのですが、人と距離をあけてしまうところがあります。正しい考えにとらわれすぎて、ネガティブになってしまうこともあるでしょう。行動力と実行力があるのですが、おだてに弱く、ほめられたらなんでもやってしまうところもあります。基本的に、雑でドジなところがあるので、先走ってしまうことも多いでしょう。

2024年はこんな年

もっとも正義感が強く、曲がったことが嫌いなタイプ。今年は大きな壁を乗り越えられて、あなた中心に世の中が動くと言ってもいいくらい、運を味方につけられるでしょう。自分の常識を周囲に押しつけず、いろいろな人の考えを認め、尊重しほめてみると、いい仲間も集まってきそうです。後輩や部下の面倒を見ることも大切なので、多少面倒でもプライベートで一緒に遊んでみるといいでしょう。健康運は、ヨガやストレッチをして体を柔らかくするとよさそう。

開運アクション

- 自信をもって行動する
- 「感謝・認める・ねぎらい」を忘れない
- 明るく笑顔でお願いをする

金の羅針盤座

命数 8

上品で臆病な人

もっている星

★上品な星
★マイナス思考な星
★人が苦手な星
★品のある人が好きな星
★肌と精神が弱い星

ラッキーカラー　ピンク　ブルー

ラッキーフード　スズキのムニエル　麻婆茄子

ラッキースポット　コンサート　アミューズメントパーク

基本性格　繊細でネガティブだけど、礼儀正しくお上品

真面目で上品、挨拶やお礼などの常識をしっかり守る人。ルールやマナーにもうるさく、できない人を見るとガッカリしてしまうことも多いでしょう。繊細な性格でネガティブな考えが強く、勝手にマイナスに考えてしまうところもあります。その点は、あえてポジティブな発言をすることで人生を好転させられるでしょう。臆病で人間関係が苦手、とくに初対面の人と打ち解けるまでに時間がかかってしまうことが多いでしょう。

2024年はこんな年

規則やルール、約束をもっとも守るキッチリしたタイプ。しっかり者ですが、メンタルの弱さが出てしまうことも。今年は、心も体も楽になり、あなたのこれまでの頑張りやしっかりやってきたことも評価されそうです。「真面目に取り組んできて正解だった」と思えますが、そのぶん周囲にいるだらしない人にイライラしやすいので、小さなことを気にして心を乱さないようにしましょう。健康運は、アロマを楽しんでみると、いいストレス発散になりそう。

開運アクション

- 度胸と勇気を出す
- 考える前に行動する
- 好きなアーティストのライブに行く

金の羅針盤座 命数 9 上品な変わり者

もっている星

- ★発想力がある星
- ★海外の星
- ★時代を変える星
- ★恋は素直になれない星
- ★束縛から逃げる星

ラッキーカラー　ピンク　ブルー

ラッキーフード　にんにくのホイル焼き　たけのこ

ラッキースポット　海外旅行　映画館

基本性格　理屈と言い訳が多い、新たな価値の提案者

ほかの人とは違った生き方を自然としてしまいます。周囲から「変わってる」と言われることがありますが、自分では真面目に過ごしています。理論と理屈が好きですが、屁理屈や言い訳が多くなってしまうタイプ。芸術系の才能や新たなことを生み出す才能をもっているため、天才的な能力を発揮することもあるでしょう。頭はいいですが、熱しやすく冷めやすいので、自分の好きなことがわからずにさまよってしまうところがあるでしょう。

2024年はこんな年

あなたの才能やセンスを活かすことができる年。色彩感覚やアイデア、企画力をおもしろがってもらえそうです。これまでは「ちょっと変な人」と思われていた人も「天才」と言われるようになってくるので、自分の好きなことをアピールしてみるといいでしょう。屁理屈をこねるのもいいですが、今年からはおもしろい話に変えて周囲を楽しませてみると、人気や注目を集められそうです。健康運は、肩こりや片頭痛に悩まされそうなのでスポーツジムで筋トレをするのがオススメ。

開運アクション

- アイデアや企画をドンドン出してみる
- 恋には素直になっておく
- 他人の才能をほめる

金の羅針盤座 命数 10 真面目な完璧主義者

もっている星

- ★プライドが邪魔する星
- ★知的好奇心の星
- ★教える星
- ★専門職の星
- ★年上に好かれる星

ラッキーカラー　ピンク　藍色

ラッキーフード　かに　野菜炒め

ラッキースポット　劇場　老舗旅館

基本性格　人に興味がなく我が道を突き進む職人気質

つねに冷静に物事を判断できる落ち着いた大人のような人。歴史や芸術が好きで、若いころから渋いものにハマっているでしょう。他人に興味がなく、距離をあけてしまうところや、上から目線の言葉が自然と出てしまうところもあるでしょう。ひとつのことを極めることができ、職人として最高の能力をもっているので、好きなことを見つけたらとことん突き進んでみるといいでしょう。ネガティブな発想になりすぎてしまうのはほどほどにしておきましょう。

2024年はこんな年

探求心と追求心があり、「完璧主義の星」をもった人。自分が認めた人以外にはめったに心をひらきませんが、今年は尊敬できる人や心を許せる人との出会いがありそうです。気になった場所には積極的に足を運び、人との交流を面倒だと思わないようにしましょう。つながりや縁を大切にすれば、あなたの才能やセンスのすごさに気づく人にも出会え、他人のミスを許せるようにもなりそうです。健康運は、朝からウォーキングをすると体が軽くなるでしょう。

開運アクション

- 人との交流を楽しんでみる
- 相手の才能や個性をほめる
- 生きるため以外のプライドは捨てる

銀の羅針盤座

命数

1

礼儀正しい頑張り屋

もっている星

- ★友人に影響を受ける星
- ★テンションが高校生の星
- ★少年っぽい人が好きな星
- ★胃が弱い星
- ★体力がある星

ラッキーカラー　オレンジ　ブルー

ラッキーフード　親子丼　りんご

ラッキースポット　公園　避暑地

基本性格　狭く深く仲間意識の強い、一生青春な若者

粘り強く真面目な頑張り屋タイプ。一度自分がこれだと見つけたことに最後まで一生懸命に取り組みます。仲間意識が強く友情を大切にしますが、友人に振り回されてしまうこともあるでしょう。心は高校1年生のまま、青春時代のままで生きているような人。友人の数は多くはなく、付き合いは狭くて深い人。反発心があり「でも、だって」が多く、若いころは生意気だと思われてしまうところがあり、他人からの言葉をネガティブにとらえることも多いでしょう。

2024年はこんな年

もともとパワフルなタイプですが、今年は疲れを感じやすく、イメージ通りに体が動かない感じになりそうです。同期やライバルに差をつけられて、イライラしたりストレスがたまることもあるかもしれませんが、いまは勝ちを譲るときだと思って、マイペースに過ごしましょう。スポーツや筋トレなどをして体を動かす習慣をつくると、うまくストレスを発散できるでしょう。健康運は、胃腸の調子を崩しやすいので、刺激の強い食べ物は控えるように。暴飲暴食も避けましょう。

開運アクション

- 意地を張って頑張りすぎない
- 異性の友人をつくる
- 周囲に協力する

銀の羅針盤座

命数

2

地道なことが好きな無駄嫌い

もっている星

- ★無駄が嫌いな星
- ★結論だけ聞く星
- ★上手にサボる星
- ★玉の輿に乗る星
- ★一攫千金の星

ラッキーカラー　ブラック　レッド

ラッキーフード　餃子　干し芋

ラッキースポット　温泉旅館　美術館

基本性格　合理的だけど先走る無謀な男の子

上品で控えめな性格に見えて、根は無駄なことが大嫌いな、合理的に生きる男の子のようなタイプ。団体行動が苦手で人付き合いも苦手ですが、表面的には人間関係を上手に築けるので、外側と中身が大きく違う人。頭の回転は速いのですが、話の前半しか聞かずに先走ることが多いでしょう。自分に都合が悪いことを聞かないわりには、ネガティブな情報に振り回されてしまうことも。一人旅に出るなど、大胆な行動に走る人でしょう。

2024年はこんな年

陰の努力が必要な最後の1年。周囲に知らせず密かに学んだり、地道に努力していることがあるなら、そのまま続けることが大切です。突然投げ出してしまうと、これまでの努力が水の泡になってしまいます。結果が出なくても焦らず、2025年から人生が変わると思って期待しておきましょう。健康運は、自己流の健康法が原因で体調を崩してしまうことがあるかも。極端なやり方はよくないと学べそうです。ヤケ酒などが原因で、ケガをしたり体調を崩しやすくなるので注意しましょう。

開運アクション

- 陰の努力や勉強を続ける
- ヤケを起こさない
- 遊園地に行く

銀の羅針盤座

命数 3

明るいマイナス思考

もっている星

★ワガママな星
★愚痴と不満が多い星
★甘え上手な星
★おもしろい人を好きになる星
★油断すると太る星

ラッキーカラー　レッド　ライトブルー
ラッキーフード　きのこのソテー　オレンジ
ラッキースポット　サウナ　喫茶店

基本性格　おしゃべりで人気者だけど、人が苦手

サービス精神が豊富で明るく品のある人。自然と人が周りに集まってきますが、人が苦手という不思議な星の持ち主。自ら他人に振り回されにいってしまいながらも、自分も周囲を自然と振り回してしまうところがあるでしょう。おしゃべりでワガママな面がありますが、人気を集めるタイプです。超ポジティブですが空腹になるとネガティブな発言が多くなり、不機嫌がすぐ顔に出るでしょう。笑顔が幸運を引き寄せます。

2024年はこんな年

喜怒哀楽がすぐに言葉や態度に出るタイプですが、とくに今年は疲れてイライラした態度をとってしまったり、口の悪さが出やすくなりそうです。ストレスがたまって暴飲暴食し、急激に太ってしまうこともあるので気をつけて。定期的に体を動かして、ダイエットや体重維持に努めておきましょう。健康運は、気管や肺の調子を崩したり、痛風や糖尿病になる場合があるかも。水を多めに飲むよう心がけ、食事の栄養バランスが偏らないよう十分に注意しておきましょう。

開運アクション

- 自分の機嫌は自分でとる
- 欲望に流されない
- 手料理をご馳走する

銀の羅針盤座

命数 4

繊細でおしゃべりな人

もっている星

★専門家になる星
★しゃべりすぎる星
★サプライズに弱い星
★ストレスをためやすい星
★基礎体力づくりが必要な星

ラッキーカラー　ホワイト　イエロー
ラッキーフード　ハンバーグ　グレープフルーツ
ラッキースポット　美術館　森林浴

基本性格　頭の回転が速く感性豊かで一言多い

好きなことをとことん突き詰められる情熱家。頭の回転が速く、なんでも勘で決める人。温和で上品に見えますが、根は短気でやや恩着せがましいところもあるでしょう。芸術的感性も豊かで表現力もありますが、おしゃべりで一言多いでしょう。粘り強いのですが、基礎体力がなく、イライラが表面に出てしまうところも。寝不足や空腹になると機嫌が悪くなり、マイナス思考や不要な発言が多くなってしまうでしょう。

2024年はこんな年

スタミナ不足を感じたり、疲れがなかなか抜けない感じになりそう。元気なときにスクワットなどの筋トレをして、体力をつけておくといいでしょう。水泳やランニングなどで体を鍛えるのもよさそうです。また、睡眠時間を増やしたり、日中仮眠をとるよう心がけておくこと。今年は些細なことでイライラして、周囲との関係が悪くなりやすいため、意識して上品な言葉を使うようにしましょう。健康運は、異変をそのままにしていると、入院や手術をすることになりかねないので要注意。

開運アクション

- 心が安らぐ音楽を聴く
- 愚痴を言うより人をほめる
- スクワットをして体力をつける

銀の羅針盤座

命数

5 品のある器用貧乏

もっている星

- ★ お金も人も出入りが激しい星
- ★ 多趣味・多才な星
- ★ お金持ちが好きな星
- ★ 散財する星
- ★ 好きなことが見つけられない星

ラッキーカラー　スカイブルー　ネイビー

ラッキーフード　オムライス　バナナ

ラッキースポット　水族館　コンサート

基本性格　多趣味すぎて好きなもののなかでさまよう

損得勘定が好きで、段取りと情報収集が得意な、幅広く物事を知っている上品でおしゃれな人。好きなことにはじっくり長くハマりますが、視野が広いだけに自分は何が好きなのかを見つけられずにフラフラすることもあるでしょう。多趣味なのはいいのですが、部屋に無駄なものがたまりすぎてしまうことも。お調子者ですが、ややネガティブな情報に振り回されてしまうのと、人付き合いはうまいのに、本音では人が苦手なところがあります。

2024年はこんな年

何かと予定以上に忙しくなり、疲労がたまってしまいそう。時間に余裕をもって行動し、ヒマな日をつくっておくようにしましょう。遊びの誘いや遅い時間帯の付き合いも増えそうですが、急な予定変更は避け、事前に約束しているものだけに参加するほうがよさそうです。興味がわくことを見つけると一気にパワーが出るタイプですが、今年は視野を広げすぎず、何事もゆったり楽しんでみましょう。健康運は、お酒が原因で体調を崩したり、ケガをしてしまうことがあるので気をつけること。

開運アクション

- 予定を詰め込まない
- 安請け合いをしない
- 趣味を楽しむ時間をつくる

銀の羅針盤座

命数

6 受け身で誠実な人

もっている星

- ★ サポート上手な星
- ★ 尿路結石の星
- ★ 地味な星
- ★ 一途な恋の星
- ★ 根はMの星

ラッキーカラー　ラベンダー　スカイブルー

ラッキーフード　のり巻き　キウイ

ラッキースポット　スパ　滝

基本性格　品があり臆病でゆっくり進む誠意ある人

真面目でやさしく、じっくりゆっくり物事を進めるタイプ。品はありますが、やや地味になってしまうところもあります。言われたことは完璧にこなすことができるでしょう。現実的に物事を考えるのはいいことですが、臆病になりすぎてしまったり、マイナス情報に振り回されてしまったりと、石橋を叩きすぎてしまうこともあるタイプ。初対面の人や人間関係を広げることが苦手で、つねに一歩引いてしまうところがあるでしょう。

2024年はこんな年

断ることが苦手で、損するとわかっていても面倒なことを引き受けてしまうタイプ。今年は想像以上に忙しくなり、精神的な疲れが一気にたまってしまいそうです。好きな音楽を聴いたり、気を使わずにいられる人と遊ぶ時間をつくるようにしましょう。話しやすい人や、たくさん笑わせてくれる人と一緒に過ごすのもいいでしょう。健康運は、冷えが原因で婦人科系の病気や尿路結石、膀胱炎などになりやすいので要注意。肌荒れに悩むこともありそうです。

開運アクション

- 断る勇気をもつ
- 湯船にしっかり浸かってから寝る
- 好きな音楽を聴く時間をつくる

銀の羅針盤座

命数 **7**

ネガティブで正義感が強い人

もっている星
- ★ 無謀な行動に走る星
- ★ 人任せな星
- ★ 仕切りたがる星
- ★ 押しに弱い星
- ★ 下半身が太りやすい星

ラッキーカラー　ブルー　ホワイト
ラッキーフード　わかめそば　ぶどう
ラッキースポット　動物園　タワー

基本性格　面倒見がいいのに人が苦手で不器用な行動派

自分が正しいと思ったら突っ走る力が強く、せっかちで行動力はありますが、やや雑です。好きなことが見つかると粘り強さを発揮します。正義感があり面倒見が非常にいいのですが、不思議と人が苦手で人間関係をつくることに不器用な面があるでしょう。おだてに極端に弱く、ほめられたらなんでもやってしまうところも。年上の人から好かれることが多いのですが、その人次第で人生が大きく変わってしまうところもあるでしょう。

2024年はこんな年　持ち前の行動力とパワーが弱まりそうな年。これまで頑張ってきたぶん、一息つくタイミングです。無理をせず、しっかり休んで充電しましょう。慌てるとケガをしたり体調を崩してしまいそうです。おだてに弱いため、もち上げてくる人に便利屋のごとく使われないよう気をつけること。健康運は、腰痛や足のケガ、骨折などをしやすくなるので、雑な行動は避けるように。つねに品よく、ていねいな振る舞いを意識しましょう。

開運アクション
- 時間にゆとりをもって動く
- ふざけた行動は控える
- 助けてくれた人に感謝を伝える

銀の羅針盤座

命数 **8**

常識を守る高貴な人

もっている星
- ★ 気品のある星
- ★ 約束やルールを守る星
- ★ 人間関係が苦手な星
- ★ 精神的に頼れる人が好きな星
- ★ スキンケアが大事な星

ラッキーカラー　ブルー　ライトブルー
ラッキーフード　ウニのパスタ　メロン
ラッキースポット　庭園　コンサート

基本性格　お金持ちから好かれるネガティブな貴婦人

礼儀正しく、上品で何事にも几帳面でていねいなタイプ。臆病で人間関係をつくることが苦手ですが、上司や先輩、お金持ちから自然と好かれてしまう人。やさしく真面目ですが、ネガティブに物事をとらえすぎる癖があり、マイナスな発言が多くなってしまう人でしょう。言われたことを完璧にできますが、一方で言われないとなかなかやらないところもあるでしょう。見栄っ張りなところもあり、不要な出費も多くなりそうです。

2024年はこんな年　キッチリした性格がアダになり、精神的な疲れがたまってしまいそう。自分のことだけでなく、ほかの人の雑な部分まで気になってイライラしてしまいそうです。コミュニケーションがうまくとれずにストレスになることも。困ったときは素直に助けを求め、周囲の人に甘えてみると楽になれそうです。健康運は、手荒れ、湿疹など疲れが肌に出てしまうかも。上手にストレスを発散するよう心がけましょう。好きな香りをかぐと、リラックスできそうです。

開運アクション
- 少しくらい雑でもいいと思う
- 楽しく話してくれる人に会う
- 好きな香りをかぐ

銀の羅針盤座

命数

9

斬新な生き方をする臆病な人

もっている星

★革命を起こす星
★超変態な星
★自由に生きる星
★長い恋が苦手な星
★飽きっぽい星

ラッキーカラー　ホワイト　ブルー

ラッキーフード　スープカレー　プリン

ラッキースポット　映画館　美術館

基本性格　人と違った才能をもつ、人が苦手な異端児

上品でていねいですが、自由を求める変わり者。芸術や美術、周囲とは違った才能をもっています。デザインや色彩の才能、企画やアイデアを出すことでひとつの時代をつくれるくらい、不思議な生き方をします。表面的な人付き合いはできますが、本音は人が苦手で束縛や支配から逃げてしまうところも。一族のなかでも変わった生き方をし、突然これまでとはまったく違った世界に飛び込んでしまう場合があり、熱しやすく冷めやすい人でしょう。

2024年はこんな年

いまの環境や仕事に飽きて、急に引っ越しや転職を考えてしまいそうな年。今年の決断はのちの苦労や疲れの原因になるため、2025年まではようすを見るようにしましょう。それまでは自分の得意なことや好きなことを磨いておくといいでしょう。芸術系の習い事をはじめたり、アート作品を観に行ってみると、気持ちも落ち着いてきそうです。また、他人を小馬鹿にするような言葉遣いをしないよう、十分注意すること。健康運は、視力の低下や目の疲れ、首の痛みなどが出てくるかも。

開運アクション

- 現状維持を楽しむ
- 小馬鹿にするようなことを言わない
- 芸術鑑賞に出かける

銀の羅針盤座

命数

10

マイナス思考の研究家

もっている星

★年上から好かれる星
★完璧主義の星
★言い訳が多い星
★理屈と理論の星
★尊敬できないと恋ができない星

ラッキーカラー　パープル　ホワイト

ラッキーフード　鉄火巻き　干し柿

ラッキースポット　書店　神社仏閣

基本性格　物事を突き詰められて、年上に好かれる人間嫌い

つねに冷静に物事を判断して、好きではじめたことは最後まで貫き通し、完璧になるまで突き詰めることができる人。人になかなか心を開きませんが、尊敬すると一気に仲よくなって極端な人間関係をつくる場合も多いタイプ。ただし、基本的には人間関係が苦手です。考えが古いので、年上の人や上司から好かれることも多いでしょう。偏食で好きなものができると飽きるまで食べすぎてしまうところも。疑い深く、ネガティブにもなりやすいでしょう。

2024年はこんな年

疲れがたまって集中しづらくなったり、考えがうまくまとまらなくなりそう。人間関係の面倒事にイライラすることも増えてしまうかも。昼寝などをして睡眠を長くとり、できないときは目を閉じる時間を少しでもつくっておくといいでしょう。また今年は、プライドを手放してみましょう。周囲に頭を下げると、結果的に自分を守ることができるでしょう。健康運は、肩こりや首の痛み、片頭痛や目の疲れなどが原因で集中力が低下しそう。こまめに運動やストレッチをしておきましょう。

開運アクション

- 昼寝をする
- 言葉遣いをやさしくする
- 尊敬できる人に相談する

金のインディアン座

命数

11

好奇心旺盛な心は中学3年生

もっている星
★裏表がない星
★色気がない星
★浪費癖の星
★マメな人に弱い星
★胃腸が弱い星

ラッキーカラー　ピンク　ブルー
ラッキーフード　たこ焼き　クリームシチュー
ラッキースポット　運動場　キャンプ場

基本性格　誰とでも親しくなれる裏表のない少年

負けず嫌いな頑張り屋。サッパリとした性格で、女性の場合は色気がまったく出ない人が多く、男性はいつまでも少年っぽい印象があるでしょう。心が中学3年生くらいからまったく成長していないので、無邪気で好奇心も旺盛。やや反発心をもっているので若いころは生意気なところがありますが、裏表の少ない性格と誰とでもフレンドリーなところから幅広い知り合いができることも多いでしょう。妄想が激しくなりすぎるのはほどほどに。

2024年はこんな年

もっともマイペースですが、今年は自分のペースを守ったおかげで評価されたり、ほかの人が到達できない場所にまでたどり着くことができるでしょう。気力や責任感もあるタイプなので、信頼も集まってきそうです。付き合いの長い人と組むことで、楽しい時間も増えるでしょう。意見が食い違ったときは、言い方が悪かったと思ってよりよい言葉や表現を学ぶと、あなたの能力をもっと活かせるようになりそうです。健康運は、長く続けられそうな運動をはじめるといいでしょう。

開運アクション

- 表現を学ぶ
- 親友を大切にする
- 自分も周囲も笑顔にする

金のインディアン座

命数

12

冒険が好きな楽観主義者

もっている星
★単独行動の星
★努力を見せない星
★逃げると追いかけたくなる星
★一発逆転をねらう星
★独自の健康法にハマる星

ラッキーカラー　ブラック　ダークブルー
ラッキーフード　ぶりの照り焼き　ラズベリー
ラッキースポット　古都　音楽フェス

基本性格　時代をつくる才能がある、無邪気なお気楽者

刺激と変化を求める無邪気な人。心は高校1、2年生で止まったままの好奇心旺盛なタイプ。やや落ち着きがなく無計画な行動に突っ走ってしまうところもありますが、新しいことや時代の流れに素早く乗ることができ、ときには時代をつくれる人。誰も知らない情報をいち早く知っていたり、流行のさらに一歩先を進んでいることもあるでしょう。団体行動が苦手で少人数や単独行動のほうが気楽でいいでしょう。

2024年はこんな年

本領を発揮できる年。これまで陰で努力をし頑張りを表に出さないようにしてきた人も、能力の高さを見抜かれ、いよいよ秘めていた力を発揮する流れになりそうです。今年は、心の内で思っていたことや隠していた実力をできるだけ出してみるようにしましょう。周囲が驚くような結果を出せたり、今年から人生が大逆転するような流れをつくることができるでしょう。健康運は、格闘技や筋トレなど、ハードな運動をするのがオススメです。

開運アクション

- 何事も全力で取り組む
- 付き合いの長い人を大切にする
- 思い出のあるアーティストのライブに行く

金のインディアン座

命数

13 一生陽気な中学生

もっている星

★ 無邪気な星
★ 言ったことを忘れる星
★ 助けられる星
★ 夜の相性が大事な星
★ 扁桃腺が弱い星

ラッキーカラー　ピンク　ライトブルー
ラッキーフード　さんまの蒲焼き　ブルーベリー
ラッキースポット　コンサート　遊園地

基本性格　交友関係が広い無邪気な人気者

明るく陽気でおしゃべり、無邪気で楽観主義、見た目も心も若く中学2、3年生からまったく成長していないような人。楽しいことが好きで情報を集めたり、気になることに首を突っ込んだりすることが多いぶん、飽きっぽく落ち着きがないところもあるでしょう。ワガママな部分はありますが、陽気な性格がいろいろな人を引きつけるので、不思議な知り合いができて交友関係も自然と広くなるでしょう。空腹で機嫌が悪くなる点には気をつけて。

2024年はこんな年

おもしろいことや楽しいことを見つけるのがもっともうまいタイプ。今年は、忙しいながらもラッキーなことが多いでしょう。人との関わりも増えていろいろな縁がつながるので、知り合いの輪を広げてみて。多少ワガママを言っても問題ありませんが、冗談のつもりで発した余計な一言が原因で味方が減ってしまうことも。言葉遣いには気をつけ、礼儀や挨拶も忘れないようにしましょう。健康運は、のどを痛めやすいので、こまめにうがいをすること。

開運アクション

- 知り合いに知り合いを紹介する
- やさしい人を大切にする
- 礼儀や挨拶はしっかりする

金のインディアン座

命数

14 瞬発力だけで生きる中学生

もっている星

★ 語りたがる星
★ 頭の回転が速い星
★ 勘で買い物する星
★ センスのいい人が好きな星
★ 短気な星

ラッキーカラー　レッド　ターコイズブルー
ラッキーフード　冷や奴　チーズ
ラッキースポット　アミューズメントパーク　美術館

基本性格　根っから無邪気なおしゃべり

何事も直感で決め、瞬発力だけで生きている人。独特の感性をもち、周囲が驚くような発想をすることもあるでしょう。空腹になると短気になります。生まれつきのおしゃべりで、何度も同じようなことを深く語りますが、根っから無邪気で心は中学生のまま。気になることにドンドンチャレンジするのはいいですが、粘り強さがなく、諦めが早すぎてしまうこともあるでしょう。人情家ですが、執着されることを自然と避けてしまうでしょう。

2024年はこんな年

直感に従って行動することで幸運をつかめる年。遠慮せずに自分のアイデアや思いをドンドン発してみるといいでしょう。ただし、何事も言い方ひとつで変わるものなので、下品な言い方をしないよう気をつけて。品のいい言葉や、相手が受け入れてくれそうな表現を選びましょう。そのためにも、素敵な言葉を学んだり、語彙を増やす努力をすることが大事です。健康運は、筋トレやストレッチをしながら、明るい妄想をするといいでしょう。

開運アクション

- 品のいい言葉を選ぶ
- 直感を信じて粘ってみる
- ていねいに説明する

金のインディアン座

命数

15 情報収集が得意な中学生

もっている星
★視野が広い星
★親友は少ない星
★脂肪肝の星
★おしゃれな人を好きな星
★流行の先を行く星

ラッキーカラー　レッド　ネイビー
ラッキーフード　鮭のバターソテー　フルーツヨーグルト
ラッキースポット　水族館　百貨店

基本性格　計算が得意で広い人脈をもつ情報屋

あらゆる情報を入手することに長けた多趣味・多才な情報屋のような人。段取りと計算が得意で、フットワークも軽くいろいろな体験や経験をする人でしょう。お調子者でその場に合わせたトークもうまいので人脈は広がりますが、知り合い止まりくらいの人間関係を好むでしょう。家に無駄なものやガラクタ、昔の趣味のもの、服などが多くなってしまうのでマメに片付けるように。損得勘定だけで判断するところもあるのでほどほどに。

2024年はこんな年

もっとも情報集めが好きでフットワークが軽いタイプ。今年は多趣味・多才で経験も豊富なあなたの、これまでうまく活かしきれていなかった才能が評価され、独自の価値として受け止めてもらえそうです。これまで出会った人とのつながりも活かせ、おもしろい縁が広がってくるでしょう。過去に苦労したことが、いい経験だったと思えるような出来事もありそうです。健康運は、お酒の飲みすぎに要注意。忙しくなっても睡眠時間はしっかり確保するようにしましょう。

開運アクション

- 懐かしい人にたくさん会う
- お得な情報を発信する
- 守れない約束はしない

金のインディアン座

命数

16 誠実で陽気な中学生

もっている星
★陽気だが自信はない星
★地道なことが好きな星
★セールが好きな星
★妄想恋愛の星
★お酒に注意の星

ラッキーカラー　レッド　スカイブルー
ラッキーフード　切り干し大根　ししゃも
ラッキースポット　海水浴　デパート

基本性格　新しもの好きで情報通の慎重派

真面目でやさしく地道にコツコツと積み重ねるタイプ。好奇心が旺盛で新しいことが好きですが、気になることを見つけても慎重なため情報ばかり集めて、ようす見ばかりで一歩前に進めないことが多いでしょう。断り下手で不慣れなことでも強くお願いをされると受け入れてしまい、なんとなく続けていたもので大きな結果を残すこともできる人。自信がなく、自分のことをおもしろくないと思い、ときどき無謀な行動に走っては後悔することも。

2024年はこんな年

地道な努力をしてきたり、ときには遠回りして苦労や経験をたくさん積んできた人ほど、うれしいことが多い年。長く苦労してきた人は、今年でそれも終わりそうです。チャンスや評価を得られるので、遠慮したり臆病になったりせず、しっかり受け止めましょう。あなたがよろこぶことで周囲も笑顔になるはずです。大きな幸せを手にする順番が回ってきたと思って、積極的な行動や、自分ができることのアピールをしておきましょう。健康運は、白湯を飲む習慣を身につけるとよさそう。

開運アクション

- 悩む前に行動する
- 言いたいことはハッキリ伝える
- 目立つことを恐れない

金のインディアン座 命数 17 妄想好きなリーダー

もっている星

- ★行動力がある星
- ★独立心のある星
- ★顔の濃い人が好きな星
- ★腰痛の星
- ★貸したお金は戻ってこない星

ラッキーカラー　レッド　ネイビー

ラッキーフード　カルボナーラ　えびフライ

ラッキースポット　動物園　ホテル

基本性格　おだてに弱く面倒見はいいが大雑把

実行力と行動力があり、気になることがあるとすぐに飛びつく人。視野が広くいろいろなことに興味を示しますが、ややせっかちなため飽きが早く、深く追求しないところがあり、雑な部分が増えてしまうでしょう。心が中学2、3年生のままでおだてに極端に弱く、ほめられたらなんでもやってしまうところがありますが、正義感があり面倒見がいいので先輩・後輩から慕われることも多く、まとめ役としても活躍するタイプでしょう。

2024年はこんな年

自分でも驚くほど行動力が増し、結果もついてくる年。遠慮はいらないので、己の勘を信じてドンドン動いてみましょう。ただ、新たな挑戦は年末にするのがオススメです。それまでは、これまでの経験や人脈を最大限に活かして動くといいでしょう。後輩や部下の面倒を見ることで、いい仲間もできそうです。発言が雑になりやすいタイプなので、ていねいな言葉を選び、自分にしかわからないような言い方は避けるように。健康運は、腰痛に注意したほうがよさそうです。

開運アクション

- 目立つポジションを選ぶ
- 若い人と遊ぶ
- ハッキリ言うときほど言葉を選ぶ

金のインディアン座 命数 18 上品な中学生

もっている星

- ★他人と争わない星
- ★うっかりミスが多い星
- ★白いものを買う星
- ★外見で恋をする星
- ★日焼けに弱い星

ラッキーカラー　ピンク　ライトブルー

ラッキーフード　からあげ　空心菜

ラッキースポット　コンサート　花火大会

基本性格　お金持ちから好かれやすい気遣い上手

無邪気ですが上品で礼儀正しい人。好奇心旺盛でいろいろなことに興味を示しますが、慎重に情報を集めてていねいに行動するタイプ。楽観的に見えても気遣いをすることが多く、精神的に疲れやすいところもあるでしょう。目上の人やお金持ちの人から好かれやすく、不思議な人脈もできやすいですが、根は図々しいところがあります。心は中学2、3年生から変わっていないのでどこか子どもっぽいところがあり、見た目も若い雰囲気でしょう。

2024年はこんな年

マイペースですが真面目で上品なところがあるタイプ。今年は、何事もていねいに進めてきたあなたが認められそうです。これまでの人脈がつながっていい縁ができたり、チャンスがめぐってくるので、臆病にならず、周囲の期待に応えるつもりで全力をつくすといいでしょう。尊敬や憧れの対象だった人とお近づきになれたり、運よく仲よくなれることもありそうです。健康運は、ヨガやダンスなどで汗を流すと、肌の調子も整うでしょう。

開運アクション

- チャンスに臆病にならない
- 考える前に行動する
- 恋も仕事も両方頑張る

金のインディアン座

命数

19 好奇心旺盛な変わり者

もっている星
- ★好奇心旺盛な星
- ★不思議な話が好きな星
- ★妙なものにお金を使う星
- ★特殊な才能に惚れる星
- ★束縛が大嫌いな星

ラッキーカラー　レッド　ブルー
ラッキーフード　ひつまぶし　甘納豆
ラッキースポット　映画館　美術館

基本性格　理屈っぽいが無邪気な子どもで自由人

好奇心豊かで、気になることをなんでも調べる探求心と追求心があるタイプ。熱しやすくて冷めやすく、つねに新しいことや人とは違う何かを追い求めてしまう人。理屈好きで屁理屈も多いので周囲から変わった人だと思われてしまうことも多いでしょう。心は小学6年生くらいで止まったままの子どものように無邪気な自由人。芸術や美術など創作する能力がありますが、飽きっぽいため好きなことが見つかるまでいろいろなことをするでしょう。

2024年はこんな年

あなたの個性的な発想力や才能が認められる年。ほかの人とは違う情報や知識をもっていたり、屁理屈が多いので、いままでは「変わり者」と思われていたかもしれませんが、今年は、それが「才能」だと気づいてもらえるでしょう。熱しやすく冷めやすい面もありますが、今年は簡単に諦めないように。これまでに得た知識や経験でほかの人の役に立てるよう工夫してみると、一気に注目を集められるでしょう。健康運は、目の病気になりやすいので、こまめに手を洗うこと。

開運アクション
- ほめられたら素直によろこぶ
- ほかの人の個性や才能を認める
- 飽きても途中で諦めず、粘ってみる

金のインディアン座

命数

20 理屈が好きな中学生

もっている星
- ★他人に頼らない星
- ★尊敬できる人を崇拝する星
- ★めったに心を開かない星
- ★知識のある人を好きになる星
- ★目の病気の星

ラッキーカラー　レッド　ピンク
ラッキーフード　鮭のおにぎり　オクラサラダ
ラッキースポット　神社仏閣　劇場

基本性格　探求心旺盛で上から目線になりやすい理屈屋

中学生のような純粋さと知的好奇心をもち、情報を集めることが好きな人。周囲から「いろいろ知ってますね」と言われることも多い人。探求心もあるので、一度好奇心に火がつくと深くじっくり続けることができます。見た目が若くても心が60歳なので、冷静で落ち着きがありますが、理屈が多くなったり評論したりと上から目線の言葉も多くなってしまいそう。友人は少なくてもよく、表面的な付き合いはうまいですが、めったに心を開かない人でしょう。

2024年はこんな年

「金のインディアン座」のなかではもっとも冷静で落ち着いているタイプ。無邪気なときと大人っぽいときとで差がありますが、物事を突き詰める才能をもち、知的好奇心が旺盛で伝統や文化にも理解があります。今年は、これまでに得た知識や技術をうまく活かすことができたり、若手の育成や教育係としての能力に目覚めそう。苦労や困難を乗り越えた経験はすべて、話のネタやあなたの価値に変わっていくでしょう。健康運は、食事のバランスを整えるよう意識しましょう。

開運アクション
- 尊敬している人に会いに行く
- 仕事は細部までこだわってみる
- 経験や学んできたことを若い人に伝える

銀のインディアン座 命数 11

マイペースな子ども大人

もっている星
- ★超マイペースな星
- ★反発心がある星
- ★指のケガの星
- ★身近な人を好きになる星
- ★胃腸が弱い星

ラッキーカラー　イエロー　ブルー
ラッキーフード　たら鍋　柿
ラッキースポット　キャンプ場　スポーツ観戦

基本性格　サバサバしていて反発心がある頑張り屋

超マイペースな頑張り屋。負けず嫌いなところがありますが、他人に関心は薄く、深入りすることやベッタリされることを避けてしまう人。心は中学3年生からまったく成長しないままで、サバサバした性格と反発心があるので、「でも、だって」が多くなってしまうでしょう。妄想が好きでつねにいろいろなことを考えすぎてしまいますが、土台が楽観的なので「まあいいや」とコロッと別のことに興味が移って、そこでまた一生懸命になるでしょう。

2024年はこんな年

「銀のインディアン座」のなかでもっとも勝ち負けにこだわる頑張り屋ですが、今年は負けたり差をつけられても気にせず、勝ちを素直に譲るようにしましょう。スポーツや趣味の時間を楽しむなどして、心と体をしっかり充電させておくと、2025年からの運気の流れにうまく乗れそうです。今年は「本気で遊ぶ」を目標にするといいでしょう。ただし、お金の使いすぎには要注意。健康運は、食べすぎで胃腸が疲れてしまうことがあるかも。

開運アクション

- 無駄な反発はしない
- スポーツや趣味を楽しむ
- 勝ちを譲る

銀のインディアン座 命数 12

やんちゃな中学生

もっている星
- ★斬新なアイデアを出す星
- ★都合の悪い話は聞かない星
- ★旅行が好きな星
- ★刺激的な恋をする星
- ★ゴールを見ないで走る星

ラッキーカラー　ブラック　オレンジ
ラッキーフード　穴子寿司　さくらんぼ
ラッキースポット　リゾート地　イベント会場

基本性格　内と外の顔が異なる単独行動派

淡々とマイペースに生きていますが、刺激と変化が大好きで、一定の場所でおとなしくしていられるタイプではないでしょう。表面的な部分と内面的な部分とが大きく違う人なので、家族の前と外では別人のようなところもある人。他人の話を最後まで聞かずに先走ってしまうほど無謀な行動が多いですが、無駄な行動は嫌いです。団体行動が嫌いで、たくさんの人が集まると面倒に感じてしまい、単独行動に走ってしまうタイプでしょう。

2024年はこんな年

旅行やライブに出かける機会が増え、楽しい刺激をたくさん受けられる年。仕事を最小限の力でうまく回せるようにもなるでしょう。ただし、周囲からサボっていると思われないよう、頑張っている姿を見せることが大切です。連休の予定を早めに立てて、予約なども先に済ませておくと、やる気がわいてくるでしょう。ダラダラ過ごすくらいなら思い切って遠方のイベントに行ってみるなど、持ち前の行動力を発揮してみて。健康運は、睡眠時間を削らないよう心がけること。

開運アクション

- 相手をよく観察する
- 頑張っている姿を見せる
- 旅行やライブに行く予定を組む

銀のインディアン座

命数

13 愛嬌がある アホな人

もっている星
★超楽観的な星
★よく笑う星
★空腹で不機嫌になる星
★楽しく遊べる人を好きになる星
★体型が丸くなる星

ラッキーカラー　パープル　ライトブルー
ラッキーフード　かれいの煮付け　いちご
ラッキースポット　コンサート　遊園地

基本性格　運に救われるサービス精神旺盛な楽天家

明るく陽気な超楽観主義者。何事も前向きにとらえることができますが、自分で言ったことをすぐに忘れてしまったり、気分で言うことがコロコロ変わったりするシーンも多いでしょう。空腹が耐えられずに、すぐに機嫌が悪くなってしまい、ワガママを言うことも多いでしょう。心は中学2、3年生からまったく成長していませんが、サービス精神が豊富で周囲を楽しませることに長けています。運に救われる場面も多い人でしょう。

2024年はこんな年

遊び心とサービス精神の塊のような人で、いつも明るく元気なタイプですが、今年はさらにパワーアップできる運気です。楽しいことやおもしろいことが増え、最高の年になるでしょう。一方で、忘れ物やうっかりミスをしたり、ワガママな発言が増えてしまうことも。食べすぎで急に体重が増えてしまうこともあるので、快楽に流されないよう気をつけておきましょう。健康運は、遊びすぎに要注意。疲れをためると、のどの不調につながりそうです。

開運アクション

- いつも明るく元気よく、サービス精神を忘れない
- 品よくていねいな言葉遣いを意識する
- 勢いで買い物をしない

銀のインディアン座

命数

14 語りすぎる 人情家

もっている星
★頭の回転が速い星
★一言多い星
★直感で行動する星
★スリムな人を好きになる星
★体力がない星

ラッキーカラー　ホワイト　イエロー
ラッキーフード　ヒラメの刺身　ピーナッツ
ラッキースポット　劇場　旅館

基本性格　人のために行動するが、極端にマイペース

頭の回転が速いですが、おしゃべりでつねに一言多く、語ることが好きです。何度も同じ話を繰り返してしまうことも多いでしょう。極端にマイペースで心は中学3年生からまったく成長していない人です。短気で恩着せがましいところもあります。また、人情家で他人のために考えて行動することが好きなところがある一方で、深入りされるのを面倒に感じるタイプ。空腹と睡眠不足になると不機嫌な態度になってしまう癖もあるでしょう。

2024年はこんな年

何事も直感で決めるタイプですが、今年は気分で判断すると大きなミスにつながる場合があるので注意しましょう。とくに、寝不足や疲れた状態が続くと、勘が外れやすくなってしまいます。また、発言がキツくなることもあるため、言いすぎたり短気を起こさないよう気をつけること。相手のことを考えて言葉を選び、品のある伝え方を学んでみるといいでしょう。健康運は、楽しみながらスタミナをつけられる運動や趣味をはじめるとよさそうです。

開運アクション

- たくさん遊んでストレスを発散する
- 大事なことはメモをとる
- 口が滑ったらすぐに謝る

銀のインディアン座 命数 15 多趣味・多才で不器用な中学生

もっている星
- ★予定を詰め込む星
- ★視野が広い星
- ★知り合いが多い星
- ★趣味のものが多い星
- ★ペラい人にハマる星

ラッキーカラー スカイブルー ホワイト
ラッキーフード あんこう鍋 ピスタチオ
ラッキースポット 水族館 アミューズメントパーク

基本性格 先見の明があり、妄想話を繰り返す情報通

多趣味・多才で情報収集能力が高く、いろいろなことを知っているタイプ。段取りと計算が得意ですが、根がいい加減なので詰めが甘いところがあるでしょう。基本的に超マイペースですが、先見の明があり、流行のさらに一歩先を行っているところもあります。家に無駄なものやガラクタが集まりやすいので、いらないものはマメに処分しましょう。妄想話が好きなうえに、何度も同じような話をすることが多く、心は中学3年生のままでしょう。

2024年はこんな年

もともと情報収集が好きですが、今年は間違った情報に振り回されてしまいそうです。遊ぶ時間や衝動買いが増え、出費もかさんでしまうかも。楽しむのはいいですが、詰めの甘さが出たり、欲張ると逆に損をすることもあるので注意しておきましょう。多趣味な一面もありますが、今年は趣味にお金をかけすぎないよう工夫し、自分だけでなく周囲も楽しめるアイデアを考えてみましょう。健康運は、お酒の飲みすぎや予定の詰め込みすぎで、疲労をためないように。

開運アクション

- 情報をよく確認する
- 自分の得だけを考えない
- 新しい趣味をつくる

銀のインディアン座 命数 16 やさしい中学生

もっている星
- ★なんとなく続ける星
- ★真面目で誠実な星
- ★謙虚な星
- ★片思いが長い星
- ★冷えに弱い星

ラッキーカラー レッド ホワイト
ラッキーフード 雑炊 鶏肉のカシューナッツ炒め
ラッキースポット 映画館 スパ

基本性格 社会に出てから才能が光る超マイペース

真面目で地味なことが好き。基本的に人は人、自分は自分と超マイペースですが、気遣いはできます。ただし遠慮して一歩引いてしまうところがあるでしょう。自分に自信がなく、中学まではパッとしない人生を送りますが、社会に出てからジワジワと能力を発揮するようになります。やさしすぎて便利屋にされることもありますが、友人の縁を思い切って切り、知り合い止まりの人間関係ができると才能を開花させられるでしょう。

2024年はこんな年

ケチケチせずに、しっかり遊んで楽しむことが大切な年。人生でもっとも遊んだと言えるくらい思い切ってみると、のちの運気もよくなるでしょう。旅行に出かけたり、気になるイベントやライブに足を運ぶのもオススメです。ただ、今年出会った人とは一歩引いて付き合うほうがいいでしょう。とくに、調子のいいことを言う人には気をつけておくこと。お得に思える情報にも振り回されないように。健康運は、手のケガをしやすくなるので注意が必要です。

開運アクション

- 明るい感じにイメチェンする
- 自ら遊びに誘ってみる
- 遊ぶときはケチケチしない

銀のインディアン座

命数 **17**

パワフルな中学生

もっている星
- ★面倒見がいい星
- ★根は図々しい星
- ★無計画なお金遣いの星
- ★ギックリ腰の星
- ★ほめてくれる人を好きになる星

ラッキーカラー　ホワイト　ネイビー

ラッキーフード　そうめん　さばの塩焼き

ラッキースポット　遊園地　食フェス

基本性格　不思議な友人がいるマイペースなリーダー

実行力と行動力とパワーがあるタイプ。おだてに極端に弱く、ほめられたらなんでもやってしまう人です。面倒見のいいリーダー的な人ですが、かなりのマイペースなので、突然他人任せの甘えん坊になってしまうことも多いでしょう。行動が雑なので、うっかりミスや打撲などにも注意。何事も勢いで済ませてしまう傾向がありますが、その図々しい性格が不思議な知り合いの輪をつくり、驚くような人と仲よくなることもあるでしょう。

2024年はこんな年

雑な行動が目立ってしまいそうな年。勢いがあるのはいいですが、調子に乗りすぎると恥ずかしい失敗をしたり、失言やドジな出来事が増えやすいので気をつけましょう。ほめられると弱いタイプだけに、悪意のある人にもち上げられる場合も。相手が信頼できる人なのか、しっかり見極めるようにしましょう。後輩や部下と遊んでみると、いい関係をつくれそうです。健康運は、段差でジャンプして捻挫したり、腰痛になるかも。とくに足のケガには注意すること。

開運アクション
- おだてられても調子に乗らない
- 職場の人間関係を楽しむ
- 雑な言動をしないよう気をつける

銀のインディアン座

命数 **18**

マイペースな常識人

もっている星
- ★性善説の星
- ★相手の出方を待つ星
- ★本当はドジな星
- ★肌が弱い星
- ★清潔感あるものを買う星

ラッキーカラー　レッド　ライトブルー

ラッキーフード　うなぎの白焼き　甘酒

ラッキースポット　音楽フェス　お祭り

基本性格　上品でキッチリしつつ楽観的で忘れっぽい

礼儀とマナーをしっかりと守り上品で気遣いができる人。マイペースで警戒心が強く、他人との距離を上手にとるタイプです。キッチリしているようで楽観的なので、時間にルーズなところや自分の言ったことをすぐに忘れてしまうところがあるでしょう。心が中学2、3年生から変わっていないので、見た目は若く感じるところがあります。妄想や空想の話が多く、心配性に思われることもあるでしょう。

2024年はこんな年

小さなミスが増えてしまいそうです。もともと几帳面なタイプですが、めったにしない寝坊や遅刻、忘れ物をして、周囲を驚かせてしまうことがあるかも。一方で今年は、遊ぶといい運気でもあります。とくにこれまで経験したことのない遊びに挑戦してみると、いい思い出になるでしょう。イベントやライブ、フェスでいい経験ができたり、遊び方やノリを教えてくれる人にも出会えるでしょう。健康運は、日焼け対策を念入りにしておかないと、後悔することになりそうです。

開運アクション
- イベントやライブなどに行く
- モテを意識した服を着る
- 遊ぶときは本気で楽しむ

銀のインディアン座

命数

19 小学生芸術家

もっている星
- ★時代を変えるアイデアを出す星
- ★言い訳の星
- ★屁理屈の星
- ★あまのじゃくな恋の星
- ★お金が貯まらない星

ラッキーカラー	ラッキーフード	ラッキースポット
ホワイト ブルー	煮込みうどん シナモンロール	劇場 イベント会場

基本性格 好きなことと妄想に才能を見せるあまのじゃく

超マイペースな変わり者。不思議な才能と個性をもち、子どものような純粋な心を備えていますが、あまのじゃくなひねくれ者。臆病で警戒心はありますが、変わったことや変化が大好きで、理屈と屁理屈、言い訳が多くなります。好きなことになると驚くようなパワーと才能、集中力を出すでしょう。飽きっぽく継続力がなさそうですが、なんとなく続けていることでいい結果を残せるでしょう。妄想が才能となる人でもあります。

2024年はこんな年

視野が広がり、おもしろい出来事が増える年。何もかも手放して自由になりたくなることがあるかもしれませんが、現状の幸せは簡単に手放さないように。海外旅行などをして、これまで行ったことのない場所を訪れたり未経験のことに挑戦すると、いい刺激になり人生がおもしろくなってくるでしょう。いままで出会ったことのないタイプの人と仲よくなって、楽しい時間を過ごすこともできそうです。健康運は、結膜炎になる可能性があるので注意しておくこと。

開運アクション
- 見知らぬ土地を旅行する
- おもしろそうな人を探す
- 美術館や劇場に行く

銀のインディアン座

命数

20 マイペースな芸術家

もっている星
- ★深い話が好きな星
- ★理屈っぽい星
- ★冷たい言い方をする星
- ★芸術にお金を使う星
- ★互いに成長できる恋が好きな星

ラッキーカラー	ラッキーフード	ラッキースポット
ホワイト 藍色	ふぐ 梅干し	美術館 老舗旅館

基本性格 不思議なことにハマる空想家

理論と理屈が好きで、探求心と追求心のある人。つねにいろいろなことを考えるのが大好きで、妄想と空想ばかりをする癖があります。表面的には人間関係がつくれますが、本音は他人に興味がなく、芸術や美術、不思議な物事にハマることが多いでしょう。非常に冷静で大人な対応ができますが、テンションは中学3年生くらいからまったく変わっていないでしょう。尊敬できる人を見つけると心を開いてなんでも言うことを聞くタイプです。

2024年はこんな年

完璧主義な性格ですが、今年は80点の出来でも「よくできた」と自分をほめるように。物事に集中しづらくもなりそうですが、遊びや趣味を楽しんでみると、やる気を復活させられるでしょう。ふだんならしっかり準備することも、今年は「このくらいでいいかな」と雑な感じになりそうです。ただ、それでもうまくいくことがわかって、少し余裕ができるかも。失言もしやすくなるので、エラそうな言い方はしないこと。健康運は、趣味にハマりすぎて睡眠時間を削らないよう注意して。

開運アクション
- やさしい言葉を使う
- 失敗をおもしろく話す
- 趣味の勉強をする

金の鳳凰座

命数

21 頑固な高校1年生

もっている星
★忍耐力のある星
★昔の仲間に執着する星
★計算が苦手な星
★好きなタイプが変わらない星
★夜が強い星

ラッキーカラー イエロー ブルー
ラッキーフード こんにゃくの煮物 スイートポテト
ラッキースポット スポーツ観戦 キャンプ場

基本性格 仲間意識を強くもつが、ひとりでいるのが好きな人

サッパリと気さくな性格ですが、頑固で意地っ張りな人。負けず嫌いな努力家で、物事をじっくり考えすぎてしまうことが多いでしょう。仲間意識を強くもちますが、ひとりでいることが好きで、単独行動が自然と多くなったり、ひとりで没頭できる趣味に走ったりすることも多いでしょう。しゃべりが苦手で反発心を言葉に出してしまいますが、一言足りないことでケンカになってしまうなど、損をすることが多い人でしょう。

2024年はこんな年

負けず嫌いを押し通して問題ない年。12月まで絶対に諦めない気持ちで頑張り続けるといいでしょう。すでに結果が出ている場合は、謙虚な姿勢を忘れないことが大切。上半期は、よきライバルやともに頑張る仲間ができるため、協力し合うことを素直に楽しんでみて。一緒にスポーツをすると、ストレス発散にもなってよさそうです。健康運は、下半期に胃腸の調子を崩しやすいので、バランスのとれた食事を意識しましょう。

開運アクション
- 協力を楽しんでみる
- 異性の友人を大切にする
- 年末まで諦めない

金の鳳凰座

命数

22 単独行動が好きな忍耐強い人

もっている星
★陰で努力する星
★孤独が好きな星
★豪快にお金を使う星
★刺激的な恋にハマる星
★夜無駄に起きている星

ラッキーカラー ブラック ダークブルー
ラッキーフード 麻婆豆腐 みかん
ラッキースポット ライブハウス スポーツジム

基本性格 内なるパワーが強く、やり抜く力の持ち主

向上心や野心があり、内に秘めるパワーが強く、頑固で自分の決めたことを貫き通す人。刺激が好きで、ライブや旅行に行くと気持ちが楽になりますが、団体行動が苦手でひとりで行動することが好きなタイプ。決めつけがかなり激しく、他人の話の最初しか聞いていないことも多いでしょう。心は高校3年生のようなところがあり、自我はかなり強いですが、頑張る姿や必死になっているところを他人には見せないようにする人です。

2024年はこんな年

長年の夢や希望が叶う年。がむしゃらに頑張る姿を見せないぶん、周囲からなかなか評価されないタイプですが、今年はあなたの実力や陰の努力を認めてくれる人にやっと出会えるでしょう。秘めていた力を発揮する機会も訪れそう。趣味や遊びで続けていたことが、無駄ではなかったと思えるような出来事が起きる場合もあるため、遠慮せず自分をアピールしてみるといいでしょう。健康運は、年末に独自の健康法がアダになってしまうことがあるので、気をつけるように。

開運アクション
- 秘めていた能力を出してみる
- フットワークを軽くする
- 仲間をつくって大切にする

金の鳳凰座 命数 23 陽気なひとり好き

もっている星

- ★おおらかな星
- ★楽しくないと愚痴る星
- ★とりあえず付き合う星
- ★間食の星
- ★趣味にお金をたくさん使う星

ラッキーカラー	ラッキーフード	ラッキースポット
レッド ライトブルー	ハヤシライス グレープフルーツ	レストラン コンサート

基本性格 運に救われる明るい一匹オオカミ

ひとつのことをじっくり考えることが好きですが、楽観主義の人。頑固で決めたことを貫き通しますが、「まあなんとかなるかな」と考えるため、周囲からもどっちのタイプかわからないと思われがち。サービス精神はありますが、本音はひとりが好きなため、明るい一匹オオカミのような性格。空腹が苦手で、お腹が空くと何も考えられなくなり、気分が顔に出やすくなるでしょう。不思議と運に救われますが、余計な一言に注意は必要。

2024年はこんな年

運のよさを実感でき楽しく過ごせる年。自分だけでなく周囲も楽しませるつもりで、持ち前のサービス精神をドンドン発揮してみましょう。いい人脈ができ、おもしろい仲間も集まってきそうです。ただし、調子に乗りすぎて余計な発言や愚痴、不満を口にしていると、信用を失ってしまいます。冗談のつもりでも、笑えなければただの悪口で、自ら評判を落とすだけだと思っておきましょう。健康運は、下半期からはとくに運動するよう心がけ、食事は腹八分目を意識しましょう。

開運アクション

- おいしいお店を見つけて周囲に教える
- 調子に乗っても「口は災いのもと」を忘れない
- カラオケやダンスをする

金の鳳凰座 命数 24 冷静で勘のいい人

もっている星

- ★決めつけが強い星
- ★過去にこだわる星
- ★思い出にすがる星
- ★第一印象で決める星
- ★寝不足でイライラする星

ラッキーカラー	ラッキーフード	ラッキースポット
オレンジ ターコイズブルー	じゃがバター きなこ餅	神社仏閣 ショッピングモール

基本性格 機嫌が言葉に出やすい感性豊かな頑固者

じっくり物事を考えながらも最終的には「勘で決める人」。根はかなりの頑固者で自分の決めたルールを守り通したり、簡単に曲げたりしないタイプ。土台は短気で、機嫌が顔に出て、言葉にも強く出がちですが、余計な一言は出るのに、肝心な言葉が足りないことが多いでしょう。想像力が豊かで感性もあるため、アイデアや芸術系の才能を活かせれば力を発揮する人でもあるでしょう。過去に執着する癖はほどほどに。

2024年はこんな年

上半期は直感を信じて動き、下半期は嫌な予感がしたら立ち止まって冷静に判断するといいでしょう。頭の回転が速くなり、いい判断ができたりアイデアも冴えて、自分でも驚くような才能を開花させられる年になりそうです。とくに長く続けてきたことで大きな結果が出るので、評価をしっかりよろこんでおきましょう。ただし、順調に進むとワガママな発言が増えてくるため、言葉はきちんと選ぶように。健康運は、年末に向けてスタミナをつける運動をしておきましょう。

開運アクション

- 「過去は過去」「いまはいま」と切り替える
- いい言葉を口にする
- 資格取得のための勉強をはじめる

金の鳳凰座

命数

25 ひとりの趣味に走る情報屋

もっている星
★計画が好きな星
★ひとりの趣味に走る星
★趣味で出費する星
★おしゃれな人を好きになる星
★深酒をする星

ラッキーカラー	オレンジ ネイビー
ラッキーフード	ラタトゥイユ グレープフルーツ
ラッキースポット	温泉旅館 百貨店

基本性格 偏った情報や無駄なものまで集まってくる

段取りと情報収集が好きで、つねにじっくりゆっくりいろいろなことを考える人。幅広く情報を集めているようで、土台が頑固なため、情報が偏っていることも。計算通りに物事を進めますが、計算自体が違っていたり勘違いで突き進むことも多いでしょう。部屋に無駄なものや昔の趣味のもの、着ない服などが集まりやすいのでマメに片付けましょう。気持ちを伝えることが下手で、つねに一言足りないでしょう。

2024年はこんな年

計画していた以上の結果に、自分でも驚くことがありそうです。仕事もプライベートも忙しくなり、あっという間に1年が過ぎてしまうでしょう。ひとりの趣味を楽しむのもいいですが、今年は交友関係が広がるような趣味をはじめるのもオススメの運気です。また、美意識をもっと高めてみてもいいでしょう。健康運は、お酒の席が増えたり夜更かしが続くと、下半期に疲れが出るので気をつけましょう。予定を詰め込みすぎず、ゆっくり休む日をあらかじめつくっておくとよさそうです。

開運アクション

- フットワークを軽くする
- 趣味を増やす
- 価値観の違う人と話す

金の鳳凰座

命数

26 我慢強い真面目な人

もっている星
★我慢強い星
★引き癖の星
★貯金の星
★温泉の星
★つくしすぎてしまう星

ラッキーカラー	オレンジ イエロー
ラッキーフード	おからの煮物 豚のしょうが焼き
ラッキースポット	温泉 音楽ライブ

基本性格 ひとりで慎重に考えてゆっくり進む

頑固で真面目で地味な人。言葉を操るのが苦手です。受け身で待つことが多く、反論することや自分の意見を言葉に出すことが苦手で、一言二言足りないことがあるでしょう。寂しがり屋ですが、ひとりが一番好きで音楽を聴いたり本を読んだりしてのんびりする時間がもっとも落ち着くでしょう。何事も慎重に考えるため、すべてに時間がかかり、石橋を叩きすぎてしまうところがあります。過去に執着しすぎてしまうことも多いでしょう。

2024年はこんな年

結果が出るまでに、もっとも時間のかかるタイプ。注目されるのを避けすぎると、せっかくのいい流れに乗れなくなってしまうこともあるので、今年は目立つポジションも遠慮せずに受け入れてみましょう。何事もできると信じ、不慣れなことでも時間をかけて取り組むように。周囲の信頼に応えられるよう頑張ってみましょう。健康運は、下半期は冷えが原因で体調を崩しやすくなりそうです。基礎代謝を上げるためにも定期的な運動をしておきましょう。

開運アクション

- 勇気を出して行動する
- 自分をもっと好きになってみる
- 言いたいことはハッキリ言う

金の鳳凰座 命数 27

猪突猛進なひとり好き

もっている星

- ★ パワフルな星
- ★ 行動が雑な星
- ★ どんぶり勘定の星
- ★ 押しに弱い星
- ★ 足をケガする星

ラッキーカラー　オレンジ　ネイビー

ラッキーフード　トマトソースパスタ　メロン

ラッキースポット　映画館　空港

基本性格　ほめられると面倒見がよくなる行動派

自分が正しいと思ったことを頑固に貫き通す正義の味方。曲がったことが嫌いで、自分の決めたことを簡単には変えられない人ですが、面倒見がよく、パワフルで行動的です。ただし、言葉遣いが雑で、一言足りないケースが多いでしょう。おだてに極端に弱く、ほめられるとなんでもやってしまいがちで、後輩や部下がいるとパワーを発揮しますが、本音はひとりが一番好きなタイプ。自分だけの趣味に走ることも多いでしょう。

2024年はこんな年

実力でポジションを勝ちとれる年。一度決めたことを貫き通す力がもっともあるタイプなので、これまでうまくいかなかったことでも流れを変えられたり、強力な味方をつけることができそうです。おだてに乗れるときはドンドン乗り、自分だけでなく周囲の人にもよろこんでもらえるよう努めると、さらにいい縁がつながっていくでしょう。健康運は、パワフルに行動するのはいいですが、下半期は足のケガや腰痛に気をつけましょう。

開運アクション

- ほめられたら素直によろこぶ
- まとめ役やリーダーになる
- せっかちにならないよう気をつける

金の鳳凰座 命数 28

冷静で常識を守る人

もっている星

- ★ 安心できるものを購入する星
- ★ 親しき仲にも礼儀ありの星
- ★ 勘違いの星
- ★ しゃべりが下手な星
- ★ 寂しがり屋のひとり好きな星

ラッキーカラー　ブルー　ホワイト

ラッキーフード　ゆば　あじフライ

ラッキースポット　ホテル　美術館

基本性格　気にしすぎてしまう繊細な口ベタ

礼儀正しく上品で、常識をしっかり守れる人ですが、根が頑固で融通がきかなくなってしまうタイプ。繊細な心の持ち主ですが、些細なことを気にしすぎてしまったり、考えすぎてしまったりすることも。しゃべりは自分が思っているほど上手ではなく、手紙やメールのほうが思いが伝わることが多いでしょう。過去の出来事をいつまでも考えすぎてしまうところがあり、新しいことになかなか挑戦できない人です。

2024年はこんな年

順序や手順をしっかり守るのはいいですが、臆病なままではチャンスをつかめません。今年はワガママを通してみるくらいの気持ちで自分に素直になってみましょう。失敗を恐れて動けなくなってしまうところがありますが、今年は何事も思った以上にうまくいく運気なので、積極的に行動を。周りの人を信じれば、いい味方になってくれるでしょう。健康運は、ストレスが肌に出やすいので、スキンケアを念入りに。運動で汗を流すのもよさそうです。

開運アクション

- ビビらずに行動する
- 笑顔と愛嬌を意識する
- 他人の雑なところを許す

金の鳳凰座

命数

29 頑固な変わり者

もっている星

★ 自由に生きる星
★ おもしろい発想ができる星
★ 束縛されると逃げる星
★ お金に縁がない星
★ 寝不足の星

ラッキーカラー オレンジ ブルー

ラッキーフード カリフォルニアロール えだまめ

ラッキースポット 美術館 劇場

基本性格 理屈っぽくて言い訳の多いあまのじゃく

自由とひとりが大好きな変わり者。根は頑固で自分の決めたルールや生き方を貫き通しますが、素直ではない部分があり、わざと他人とは違う生き方や考え方をすることが多いでしょう。芸術や美術など不思議な才能をもち、じっくりと考えて理屈っぽくなってしまうことも。しゃべりは下手で一言足りないことも多く、団体行動が苦手で、つねに他人とは違う行動を取りたがります。言い訳ばかりになりやすいので気をつけましょう。

2024年はこんな年

上半期は、あなたの自由な発想や才能、個性が評価される運気。遠慮せずドンドン自分の魅力をアピールするといいでしょう。独立したりフリーで活動したくなりますが、お金の管理ができないならやめておいたほうがいいでしょう。現状を維持しながら趣味を広げるのがよさそうです。時間を見つけて海外など見知らぬ土地へ行ってみると、大きな発見があるでしょう。健康運は、下半期に目の病気や視力の低下が見つかりやすいので注意して。

開運アクション

- アイデアをドンドン出す
- 異性の前では素直になる
- 現状に飽きたときほど学ぶことを探す

金の鳳凰座

命数

30 理屈が好きな職人

もっている星

★ 年配の人と仲よくなれる星
★ 考えすぎる星
★ 同じものを買う星
★ 心を簡単に開かない星
★ 睡眠欲が強い星

ラッキーカラー 朱色 パープル

ラッキーフード 大豆の煮物 バナナ

ラッキースポット 神社仏閣 劇場

基本性格 好きな世界にどっぷりハマる頑固な完璧主義者

理論と理屈が好きで、探求心と追求心があり、自分の決めたことを貫き通す完璧主義者で超頑固な人。交友関係が狭くひとりが一番好きなので、自分の趣味にどっぷりハマってしまうことも多いでしょう。芸術や美術、神社仏閣などの古いものに関心があり、好きなことを深く調べるので知識は豊富ですが、視野が狭くなってしまう場合も。他人を小馬鹿にしたり評論する癖はありますが、人をほめることで認められる人になるでしょう。

2024年はこんな年

長い時間をかけて取り組んでいたことや研究していたことが役に立ったり、評価される運気。かなり年上の人とも仲よくなれ、味方になってもらえるでしょう。尊敬できる人にも出会えそうです。長らく評価されなかった人や誤解されていた人も、この1年で状況が大きく変わることがあるので、最後まで諦めず、粘り続けてみましょう。健康運は、年末にかけて肩こりや目の疲れが出やすいため、こまめに運動しておくこと。

開運アクション

- 尊敬している人と仲よくなる
- 言い訳をしない
- 頑張っている人をほめる

銀の鳳凰座

命数

21

覚悟のある意地っ張りな人

もっている星

★根性のある星
★しゃべりが下手な星
★ギャンブルに注意な星
★過去の恋を引きずる星
★冬に強い星

ラッキーカラー　オレンジ　ブルー

ラッキーフード　山芋ステーキ　くるみ

ラッキースポット　スポーツジム　スタジアム

基本性格　一度思うと考えを変えない自我のかたまり

超負けず嫌いな頑固者。何事もじっくりゆっくり突き進む根性がある人。体力と忍耐力はありますが、そのぶん色気がなくなってしまい、融通がきかない生き方をすることが多いでしょう。何事も最初に決めつけてしまうため、交友関係に問題があってもなかなか縁が切れなくなったり、我慢強い性格が裏目に出てしまうことも。時代に合わないことをし続けがちなので、最新の情報を集めたり、視野を広げる努力が大事でしょう。

2024年はこんな年

目標をしっかり定めることで、パワーや才能を発揮できるタイプ。今年はライバルに勝つことができたり、目標や目的を達成できる運気です。何があっても諦めず、出せる力をすべて出し切るくらいの気持ちで取り組むといいでしょう。ただ、頑固な性格で、人に相談せずなんでもひとりで頑張りすぎてしまうところがあるので、周囲の話に耳を傾け、アドバイスをもらうことも大切に。いい情報を聞けたり、自分の魅力をもっとうまく出せるようになるはずです。

開運アクション

- 全力を出し切ってみる
- 目標をしっかり定める
- 協力することを楽しむ

銀の鳳凰座

命数

22

決めつけが激しい高校3年生

もっている星

★秘めたパワーがある星
★過信している星
★ものの価値がわかる星
★寒さに強い星
★やんちゃな恋にハマる星

ラッキーカラー　オレンジ　ダークブルー

ラッキーフード　ねぎま　ヨーグルト

ラッキースポット　ライブハウス　リゾート地

基本性格　人の話を聞かない野心家

かなりじっくりゆっくり考えて進む、超頑固な人ですが、刺激や変化を好み、合理的に生きようとします。団体行動が苦手でひとりの時間が好き。旅行やライブに行く機会も自然に増えるタイプでしょう。向上心や野心はかなりありますが、ふだんはそんなそぶりを見せないように生きています。他人の話の前半しか聞かずに飛び込んでしまったり、周囲からのアドバイスはほぼ聞き入れないで、自分の信じた道を突き進むでしょう。

2024年はこんな年

密かに頑張ってきたことで力を発揮できる年。今年は、一生懸命になることをダサいと思わず、本気で取り組んでいる姿や周囲とうまく協力する姿勢を見せるようにしましょう。周りに無謀だと思われるくらい思い切って行動すると、大成功や大逆転につながる可能性も。これまでの努力や自分の実力を信じてみるといいでしょう。多少の困難があったほうが、逆に燃えそうです。健康運は、ひとりで没頭できる運動をするといいでしょう。

開運アクション

- 得意なことをアピールする
- 手に入れたものへの感謝を忘れない
- 自分の理論を信じて行動する

銀の鳳凰座

命数

23 頑固な気分屋

もっている星

★楽天家の星
★空腹になると不機嫌になる星
★欲望に流される星
★ノリで恋する星
★油断すると太る星

ラッキーカラー　オレンジ　レッド

ラッキーフード　揚げ出し豆腐　みかん

ラッキースポット　コンサート　レストラン

基本性格　陽気で仲間思いだけど、いい加減な頑固者

明るく陽気ですが、ひとりの時間が大好きな人。サービス精神が豊富で楽しいことやおもしろいことが大好き。昔からの友人を大切にするタイプ。いい加減で適当なところがありますが、根は超頑固で、周囲からのアドバイスには簡単に耳を傾けず、自分の生き方を貫き通すことが多いでしょう。空腹になると機嫌が悪くなり態度に出やすいのと、余計な一言が多いのに肝心なことを伝えきれないところがあるでしょう。

2024年はこんな年

「銀の鳳凰座」のなかでもっとも喜怒哀楽が出やすいタイプですが、とくに今年は、うれしいときにしっかりよろこんでおくと、さらによろこべることが舞い込んできそう。遠慮せず、楽しさやうれしさを表現しましょう。関わるすべての人を笑わせるつもりで、みんなを笑顔にできるよう努めると、運を味方にできそうです。あなたに協力してくれる人が集まって、今後の人生が大きく変わるきっかけになることも。健康運は、ダンスやヨガをはじめると、健康的な体づくりができるでしょう。

開運アクション

- お礼と感謝をしっかり伝える
- 明るい色の服を着る
- 笑顔を意識する

銀の鳳凰座

命数

24 忍耐力と表現力がある人

もっている星

★直感力が優れている星
★過去を引きずる星
★情にもろい星
★一目惚れする星
★手術する星

ラッキーカラー　オレンジ　シルバー

ラッキーフード　オニオンリング　レモン

ラッキースポット　劇場　百貨店

基本性格　意志を貫く感性豊かなアイデアマン

じっくり物事を考えているわりには直感を信じて決断するタイプ。超頑固で一度決めたことを貫き通す力が強く、周囲からのアドバイスを簡単には受け入れないでしょう。短気で毒舌なところもあり、おっとりとした感じに見えてもじつは攻撃的な人。過去の出来事に執着しやすく、恩着せがましい部分もあるでしょう。感性は豊かで、新たなアイデアを生み出したり、芸術的な才能を発揮したりすることもあるでしょう。

2024年はこんな年

しっかり考えたうえで最後は直感で動くタイプ。今年は勘が鋭くなって的確な判断ができ、いいアイデアも浮かぶでしょう。運気の流れはいいですが、調子に乗りすぎると短気を起こし、余計な発言をしてしまう場合があるので十分注意すること。本や舞台などで使われている表現を参考にしてみると、伝え上手になり、さらにいい人脈ができそうです。トーク力のある人に注目するのもオススメ。健康運は、こまめにストレスを発散すれば、体調を崩すことはなさそうです。

開運アクション

- 直感を信じて行動する
- やさしい言葉や表現を学ぶ
- ひとつのことを極める努力をする

銀の鳳凰座 命数 25

忍耐力がある商売人

もっている星

- ★ 情報収集が得意な星
- ★ 夜はお調子者の星
- ★ お得な恋が好きな星
- ★ 疲れをためやすい星
- ★ お金の出入りが激しい星

ラッキーカラー　オレンジ　ネイビー
ラッキーフード　きんぴらごぼう　マスカット
ラッキースポット　旅館　ショッピングモール

基本性格　お調子者に見えて根は頑固

フットワークが軽く、情報収集も得意で段取りも上手にできる人ですが、頑固で何事もゆっくり時間をかけて進めるタイプ。表面的には軽い感じに見えても、芯がしっかりしています。頑固なため、視野が狭く情報が偏っている場合も多いでしょう。お調子者ですが、本音はひとりの時間が好き。多趣味で買い物好きになりやすいので、部屋には使わないものや昔の趣味の道具が集まってしまうことがあるでしょう。

2024年はこんな年

物事が予定通りに進み、忙しくも充実する年。計算通りに目標を達成して満足できるでしょう。ただしそこで油断せず、次の計画もしっかり立てておくことが大切です。自分の得ばかりではなく、周囲の人や全体が得する方法を考えてみると、いい仲間ができるでしょう。小さな約束でも必ず守ることで、いい人間関係も築けそうです。できない約束は、最初からしないように。健康運は、睡眠不足で疲れをためないよう、就寝時間を決めて生活リズムを整えましょう。

開運アクション

- 自分も周囲も得することを考えて行動に移す
- どんな約束も守る
- 新たな趣味を見つける

銀の鳳凰座 命数 26

忍耐力がある現実的な人

もっている星

- ★ 粘り強い星
- ★ 言いたいことを我慢する星
- ★ ポイントをためる星
- ★ 初恋を引きずる星
- ★ 音楽を聴かないとダメな星

ラッキーカラー　オレンジ　スカイブルー
ラッキーフード　ホルモン炒め　蜂蜜
ラッキースポット　アウトレット　水族館

基本性格　じっと耐える口ベタなカタブツ

超がつくほど真面目で頑固。他人のために生きられるやさしい性格で、周囲からのお願いを断れずに受け身で生きる人ですが、「自分はこう」と決めた生き方を簡単に変えられないところがあり、昔のやり方や考えを変えることがとても苦手でしょう。臆病で寂しがり屋ですが、ひとりが大好きで音楽を聴いて家でのんびりする時間が欲しい人。気持ちを伝えることが非常に下手で、つねに一言足りないので会話も聞き役になることが多いでしょう。

2024年はこんな年

地味で目立たないタイプですが、今年は信頼を得られ、大きなチャンスがめぐってくるでしょう。ここで遠慮したり引いてしまうと、いい運気の流れに乗れないどころか、マイナスな方向に進んでしまいます。これまで頑張ってきたご褒美だと思って、流れを受け入れるようにしましょう。「人生でもっとも欲張った年」と言えるくらい幸せをつかみにいき、ときにはワガママになってみてもいいでしょう。健康運は、不調を我慢していた人は体調を崩しやすい時期。温泉に行くのがオススメです。

開運アクション

- 貪欲に生きる
- 言いたいことはハッキリ伝える
- 勇気と度胸を忘れない

銀の鳳凰座

命数

27 落ち着きがある正義の味方

もっている星

- ★行動すると止まらない星
- ★甘えん坊な星
- ★押しに弱い星
- ★打撲が多い星
- ★ほめられたら買ってしまう星

ラッキーカラー　オレンジ　ネイビー

ラッキーフード　担々麺　キウイ

ラッキースポット　動物園　デパート

基本性格　ほめられると弱い正義感のかたまり

頑固でまっすぐな心の持ち主で、こうと決めたら猪突猛進するタイプ。正義感があり、正しいと思い込んだら簡単に曲げられませんが、強い偏見をもってしまうこともあり、世界が狭くなることが多いでしょう。つねに視野を広げるようにして、いろいろな考え方を学んでおくといいでしょう。また、おだてに極端に弱く、ほめられたらなんでもやってしまうところがあり、しゃべりも行動も雑なところがあるでしょう。

2024年はこんな年

駆け引きや臨機応変な対応が苦手で、人生すべてが直球勝負のまっすぐな人。今年は持ち前の正義感や意志の強さを活かせて、目標や夢を達成できるでしょう。不器用ながらも、自分の考えを通し切ってよかったと思えることもありそうです。人とのつながりが大切な年なので、好き嫌いをハッキリさせすぎないように。相手のいい部分に注目したり、多少の失敗は大目に見るといいでしょう。健康運は、パワフルに動きすぎて疲れをためないよう、こまめに休むことが大切です。

開運アクション

- 自分の意志を通す
- 人をたくさんほめて認める
- 後輩や部下の面倒を見る

銀の鳳凰座

命数

28 ゆっくりじっくりで品のある人

もっている星

- ★ゆっくりじっくりの星
- ★人前が苦手な星
- ★割り勘が好きな星
- ★恋に不器用な星
- ★口臭を気にする星

ラッキーカラー　オレンジ　シルバー

ラッキーフード　卵焼き　桃

ラッキースポット　音楽フェス　ホテル

基本性格　気持ちが曲げられない小心者

上品で常識やルールをしっかり守る人ですが、根が超頑固で曲がったことができない人です。ひとりが好きで単独行動が多くなりますが、寂しがり屋で人のなかに入りたがるところがあるでしょう。自分の決めたことを曲げない気持ちが強いのに、臆病で考えすぎてしまったり、後悔したりすることも多いタイプ。思ったことを伝えるのが苦手で、一言足りないことが多いでしょう。ただし、誠実さがあるので時間をかけて信頼を得るでしょう。

2024年はこんな年

品と順序を守り、時間をかけて信頼を得るタイプ。今年はあなたに注目が集まる運気です。ただし、恥ずかしがったり失敗を恐れて挑戦できずにいると、チャンスを逃してしまいます。今年は失敗してもすべていい経験になるので、何事も勇気を出してチャレンジしてみるといいでしょう。周囲から頼られたり期待を寄せられたら、最善をつくしてみると、実力以上の結果を残せて、いい人脈もできそうです。健康運は、汗をかく程度の運動を定期的にしておきましょう。

開運アクション

- 心配や不安を手放す
- 年上の人に会う
- チャンスに臆病にならない

銀の鳳凰座 命数 29

覚悟のある自由人

もっている星
- ★人と違う生き方をする星
- ★独特なファッションの星
- ★お金に執着しない星
- ★不思議な人を好きになる星
- ★睡眠欲が強いが夜更かしする星

ラッキーカラー オレンジ レッド
ラッキーフード カレーライス みょうが
ラッキースポット 劇場 海外旅行

基本性格 発想力豊かで不思議な才能をもつ変人

独特な世界観をもち他人とは違った生き方をする頑固者。自由とひとりが好きで他人を寄せつけない生き方をし、独自路線に突っ走る人。不思議な才能や特殊な知識をもち、言葉数は少ないですが、理論と理屈を語るでしょう。周囲から「変わってる」と言われることも多く、発想力が豊かで、理解されると非常におもしろい人だと思われますが、基本的に他人に興味がなく、尊敬できないと本音で話さないのでそのチャンスも少ないでしょう。

2024年はこんな年

変わり者ですが独特の感性をもっているタイプ。今年はあなたの発想力や個性、才能や魅力が認められる年です。とくにアイデアや芸術系の才能が注目されるため、自分の意見を素直に伝えてみるといいでしょう。プライドの高さとあまのじゃくなところが邪魔をして、わざとチャンスを逃してしまう場合がありますが、今年はしっかり自分を出すことが大切です。厳しい意見も、自分のためになると思って受け止めましょう。健康運は、睡眠時間を削らないように。

開運アクション
- 屁理屈と言い訳を言わない
- 恋も仕事も素直に楽しむ
- 学んだことを教える

銀の鳳凰座 命数 30

頑固な先生

もっている星
- ★心が60歳の星
- ★冷静で落ち着いている星
- ★他人を受け入れない星
- ★賢い人が好きな星
- ★目の病気の星

ラッキーカラー オレンジ 藍色
ラッキーフード すき焼き アスパラ串
ラッキースポット 書店 劇場

基本性格 自分の好きな世界に閉じ込もる完璧主義者

理論と理屈が好きな完璧主義者。おとなしそうですが、秘めたパワーがあり、自分の好きなことだけに没頭するタイプ。何事にもゆっくりで冷静ですが、心が60歳なため、神社仏閣など古いものや趣深い芸術にハマることが多いでしょう。尊敬する人以外のアドバイスは簡単に聞き入れることがなく、交友関係も狭く、めったに心を開きません。「自分のことを誰も理解してくれない」と思うこともあるほどひとりの時間を大事にするでしょう。

2024年はこんな年

長年積み重ねてきたことや、続けていた研究・勉強に注目が集まる年。密かに集めていたデータ、独自の分析などが役に立つでしょう。身につけたスキルを教える立場になったり、先生や指導者としての能力に目覚めることも。プライドが高く自信家なのはいいですが、周囲に助けを求められないところや、協力してもらいたくてもなかなか頭を下げられない一面があります。今年は素直に助けてもらうようにしましょう。健康運は、栄養バランスの整った食事を意識しておくこと。

開運アクション
- 他人のいいところを見つけてほめる
- 資格取得に向けて勉強する
- やさしい表現や言葉を学ぶ

金の時計座

命数 31

誰にでも平等な高校1年生

もっている星
- ★誰とでも対等の星
- ★メンタルが弱い星
- ★友情から恋に発展する星
- ★肌荒れの星
- ★お金より人を追いかける星

ラッキーカラー ピンク イエロー
ラッキーフード かに ミックスナッツ
ラッキースポット 庭園 喫茶店

基本性格 仲間を大切にする少年のような人

心は庶民で、誰とでも対等に付き合う気さくな人です。情熱的で「自分も頑張るからみんなも一緒に頑張ろう!」と部活のテンションのような生き方をするタイプで、仲間意識や交友関係を大事にします。一見気が強そうですが、じつはメンタルが弱く、周囲の意見などに振り回されてしまうことも多いでしょう。サッパリとした性格ですが、少年のような感じになりすぎて、色気がまったくなくなることもあるでしょう。

2024年はこんな年

ライバルに先を越されたり、頑張りが裏目に出てしまいがちな年。意地を張るより、素直に負けを認めて相手に道を譲るくらいのほうがいいでしょう。あなたの誰とでも対等でいようとする姿勢が、生意気だと思われてしまうこともあるため、上下関係はしっかり意識するように。出会った人には年齢に関係なく敬語を使うつもりでいるとよさそうです。健康運は、胃腸の調子を崩したり、不眠を感じることがあるかも。ひとりで没頭できる運動をすると、スッキリするでしょう。

開運アクション

- 得意・不得意を見極める
- 旅行やライブを楽しむ
- 無駄な反発はしない

金の時計座

命数 32

刺激が好きな庶民

もっている星
- ★話の先が読める星
- ★裏表がある星
- ★夢追い人にお金を使う星
- ★好きな人の前で態度が変わる星
- ★胃炎の星

ラッキーカラー ピンク ダークブルー
ラッキーフード 焼き鳥 梨
ラッキースポット 避暑地 美術館

基本性格 寂しがり屋だけど、人の話を聞かない

おとなしそうで真面目な印象ですが、根は派手なことや刺激的なことが好きで、大雑把なタイプ。心が庶民なわりには一発逆転を目指して大損したり、大失敗したりすることがある人でしょう。人が好きですが団体行動は苦手で、ひとりか少人数での行動のほうが好きです。頭の回転は速いですが、そのぶん他人の話を最後まで聞かないところがあるでしょう。ヘコんだ姿を見せることは少なく、我慢強い面をもっていますが、じつは寂しがり屋な人です。

2024年はこんな年

物事を合理的に進められなくなったり、空回りが続いてイライラしそうな年。周囲とリズムが合わないからといって、イライラしないようにしましょう。また、今年だけの仲間もできますが、付き合いが浅い人からの誘いで刺激や欲望に流されないよう注意しておくように。今年はスポーツで汗を流してストレス発散することで、健康的でいい1年を過ごすことができそうです。ただし、色気をなくしたり、日焼けしすぎてシミをつくらないよう気をつけましょう。

開運アクション

- 周囲に協力する
- スポーツで定期的に汗を流す
- 本音を語れる友人をつくる

金の時計座 命数 33

サービス精神豊富な明るい人

もっている星
- ★友人が多い星
- ★適当な星
- ★食べすぎる星
- ★おもしろい人が好きな星
- ★デブの星

ラッキーカラー：パープル　ライトブルー

ラッキーフード：餃子　玉子豆腐

ラッキースポット：喫茶店　動物園

基本性格　おしゃべりで世話好きな楽観主義者

明るく陽気で、誰とでも話せて仲よくなれる人です。サービス精神が豊富で、ときにはお節介なほど自分と周囲を楽しませることが好きなタイプ。おしゃべりが好きで余計なことや愚痴や不満を言うこともありますが、多くはよかれと思って発していることが多いでしょう。ただし、空腹になると機嫌が悪くなり、それが顔に出てしまいます。楽観的ですが、周囲の意見に振り回されて心が疲れてしまうこともあるでしょう。

2024年はこんな年

感性が鋭くなる年。頭の回転が速くなったりいいアイデアが浮かぶなど、秘めていた才能が開花しそうです。一方で、人の考えや思いを感じすぎてイライラすることや、口が悪くなってしまうこともあるでしょう。イライラはスタミナ不足によるところが大きいので、しっかり運動をして体力をつけるように。愚痴や不満を言うだけの飲み会が増えてしまうことも体調を崩す原因になるため、前向きな話や楽しい話ができる人の輪に入るようにしましょう。

開運アクション

- 自分も相手もうれしくなる言葉を使う
- 軽い運動をする
- たくさん笑う

金の時計座 命数 34

最後はなんでも勘で決めるおしゃべりな人

もっている星
- ★直感で生きる星
- ★情で失敗する星
- ★デブが嫌いな星
- ★しゃべりすぎる星
- ★センスのいいものを買う星

ラッキーカラー：ホワイト　ターコイズブルー

ラッキーフード：お雑煮　とろろ

ラッキースポット：神社仏閣　レストラン

基本性格　情に厚く人脈も広いが、ハッキリ言いすぎる

頭の回転が速くおしゃべりですが、一言多いタイプ。交友関係が広く不思議な人脈をつなげることも上手な人です。何事も勘で決めようとするところがありますが、周囲の意見や情報に振り回されてしまうことも多く、それがストレスの原因にもなります。空腹や睡眠不足で短気を起こしたり、機嫌の悪さが表面に出たりしやすいでしょう。人情家で人の面倒を見すぎたり、よかれと思ってハッキリと言いすぎてケンカになったりすることも多いでしょう。

2024年はこんな年

気分のアップダウンが激しくなる年。誘惑や快楽に流されてしまわないよう注意が必要です。自分も周囲も楽しめるように動くと、いい方向に進みはじめたり、大きなチャンスをつかめるでしょう。サービス精神を出し切ることが大切です。健康運は、疲れが一気に出たり、体重が急に増えてしまうことがあるので、定期的に運動やダンスをするといいでしょう。うまくいかないことがあっても、ヤケ食いはしないように。

開運アクション

- 前向きな言葉を口にする
- 気分ではなく気持ちで仕事をする
- 暴飲暴食をしない

金の時計座

命数

35 社交的で多趣味な人

もっている星

- ★おしゃれな星
- ★トークが薄い星
- ★ガラクタが増える星
- ★テクニックのある人に弱い星
- ★お酒で失敗する星

ラッキーカラー ピンク ホワイト
ラッキーフード 蒸し牡蠣 すいか
ラッキースポット 温泉 映画館

基本性格 興味の範囲が広いぶん、ものがたまり心も揺れる

段取りと情報収集が得意で器用な人。フットワークが軽く人間関係を上手につくることができるタイプです。心が庶民なので差別や区別をしませんが、本音では損得で判断するところがあります。使わないものをいつまでも置いておくので、ものが集まりすぎてしまうところも。マメに断捨離をしたほうがいいでしょう。視野が広いのは長所ですが、そのぶん気になることが多くなりすぎて、心がブレてしまうことが多いでしょう。

2024年はこんな年

地道な努力と遠回りが必要になる年。非効率で無駄だと思っても、今年頑張れば精神的に成長する経験ができるでしょう。ただ、強引な人に利用されたり、うっかりだまされてしまうこともあるので警戒心はなくさないように。自分が得することばかりを考えず、損な役回りを引き受けることで、危険な場面を上手に避けられそうです。健康運は、お酒がトラブルや体調不良の原因になりやすいので、ほどほどにしておきましょう。

開運アクション

- 損な役割を買って出る
- 好きな音楽を聴く時間をつくる
- 節約生活を楽しむ

金の時計座

命数

36 誠実で真面目な人

もっている星

- ★お人よしの星
- ★好きな人の前で緊張する星
- ★安い買い物が好きな星
- ★手をつなぐのが好きな星
- ★寂しがり屋の星

ラッキーカラー ピンク ホワイト
ラッキーフード グラタン 目玉焼き
ラッキースポット スパ 図書館

基本性格 やさしくて真面目だけど、強い意見に流されやすい

とても真面目でやさしく誠実な人です。現実的に物事を考えて着実に人生を進めるタイプですが、何事も時間がかかってしまうところと、自分に自信がもてなくてビクビク生きてしまうところがあるでしょう。他人の強い意見に弱く、自分が決めても流されてしまうことも多いでしょう。さまざまなタイプの人を受け入れることができますが、そのぶんだまされやすかったり、利用されやすかったりもするので気をつけましょう。

2024年はこんな年

華やかにイメチェンしたり、キャラが大きく変わって人生が変化する年。言いたいことはハッキリ伝え、ときには「嫌われてもいい」くらいの気持ちで言葉にしてみましょう。あなたを利用してくる人や悪意のある人とは、バッサリ縁を切ることも大切です。ズルズルした交友関係を終わらせることができ、スッキリするでしょう。健康運は、体が冷えやすくなったり、肌が弱くなりそう。こまめな水分補給を心がけ、膀胱炎や尿路結石にも気をつけておきましょう。

開運アクション

- 言いたいことはハッキリ言う
- 別れは自分から切り出す
- 甘い言葉や誘惑に注意する

金の時計座

命数 **37**

面倒見がいい甘えん坊

もっている星
- ★責任感の強い星
- ★お節介な星
- ★ご馳走が好きな星
- ★恋に空回りする星
- ★麺類の星

ラッキーカラー　ホワイト　ネイビー
ラッキーフード　野菜タンメン　かつおのたたき
ラッキースポット　展望台　映画館

基本性格　正義感あふれるリーダーだが、根は甘えん坊

行動力とパワーがあり、差別や区別が嫌いで面倒見のいいタイプ。自然と人の役に立つポジションにいることが多く、人情家で正義感もあり、リーダー的存在になっている人もいるでしょう。自分が正しいと思ったことにまっすぐ突き進みますが、周囲の意見に振り回されやすく、心がブレてしまうことも。根の甘えん坊が見え隠れするケースもあるでしょう。おだてに極端に弱く、おっちょこちょいなところもあり、行動が雑で先走ってしまいがちです。

2024年はこんな年

積極的な行動が空回りし、落ち込みやすい年。面倒見のよさが裏目に出たり、リーダーシップをとって頑張っているつもりが、うまく伝わらないこともありそうです。ヤケを起こして無謀な行動に走るのではなく、スポーツでしっかり汗を流したり、座禅を組んで心を落ち着かせるといいでしょう。今年は、心と体を鍛える時期だと思っておくのがよさそうです。厳しい指摘をしてきた人を見返すくらいのパワーを出してみましょう。

開運アクション
- 行動する前に計画を立てる
- 瞑想する時間をつくる
- 年下の友人をつくる

金の時計座

命数 **38**

臆病な庶民

もっている星
- ★温和で平和主義の星
- ★精神が不安定な星
- ★清潔にこだわる星
- ★純愛の星
- ★肌に悩む星

ラッキーカラー　オレンジ　ライトブルー
ラッキーフード　チーズオムレツ　パイナップル
ラッキースポット　庭園　花火大会

基本性格　上品な見栄っ張りだが、人に振り回されやすい

常識やルールをしっかり守り、礼儀正しく上品ですが、庶民感覚をしっかりもっている人。純粋に世の中を見ていて、差別や区別が嫌いで幅広く人と仲よくできますが、不衛生な人と権力者とエラそうな人だけは避けるようにしています。気が弱く、周囲の意見に振り回されてしまうことや、目的を定めてもグラついてしまうことが多いでしょう。見栄っ張りなところや、恥ずかしがって自分を上手に出せないところもあるでしょう。

2024年はこんな年

精神的に落ち込みやすい年。気分が晴れないときは、話を聞いてくれる人に連絡し本音を語ってみるとよさそうです。愚痴や不満よりも、前向きな話やおもしろい話で笑う時間をつくってみましょう。人との縁が切れてもヘコみすぎず、これまでに感謝するように。健康運は、肌の調子を崩しやすいので、白湯や常温の水をふだんより多めに飲むといいでしょう。運動して汗を流すのもオススメです。

開運アクション
- たくさん笑う
- 落ち着く音楽を聴く
- 白湯を飲む習慣を身につける

金の時計座

命数

39 常識にとらわれない自由人

もっている星
★芸術家の星
★変態の星
★独自の価値観の星
★才能に惚れる星
★食事のバランスが悪い星

ラッキーカラー ピンク ホワイト
ラッキーフード あじの開き オリーブ
ラッキースポット 美術館 劇場

基本性格 束縛嫌いで理屈好きな変わり者

自分ではふつうに生きていると思っていても、周囲から「変わっているね」と言われることが多い人です。心は庶民ですが常識にとらわれない発想や言動が多く、理屈や屁理屈が好きなタイプ。自由を好み、他人に興味はあるけれど束縛や支配はされないように生きる人でもあります。心は中学1年生のような純粋なところがありますが、素直になれなくて損をしたり、熱しやすく飽きっぽかったりして、心がブレてしまうことも多いでしょう。

2024年はこんな年

興味をもつものが変わり、これまで学んでいなかったことを勉強するようになる年。少し難しいと思う本を読んでみたり、お金に関わる勉強をしてみるといいでしょう。マナー教室に行くのもオススメです。また、歴史のある場所や美術館、博物館などに足を運んでみると気持ちが落ち着くでしょう。今年は人との関わりも変化し、これまで縁がなかった年齢の離れた人や、専門的な話ができる人と仲よくなれそうです。健康運は、目の病気に注意しておきましょう。

開運アクション

- 学んでみたいことに素直になる
- 年上の友人をつくってみる
- 歴史のある場所に行く

金の時計座

命数

40 下町の先生

もっている星
★教育者の星
★言葉が冷たい星
★先生に惚れる星
★視力低下の星
★勉強にお金を使う星

ラッキーカラー パープル 藍色
ラッキーフード さばの味噌煮 チーズケーキ
ラッキースポット 書店 美術館

基本性格 好き嫌いがハッキリした上から目線タイプ

自分の学んだことを人に教えたり伝えたりすることが上手な先生のような人。理論や理屈が好きで知的好奇心があり、文学や歴史、芸術、美術に興味や才能をもっています。基本的には人間関係をつくることが上手ですが、知的好奇心のない人や学ぼうとしない人には興味がなく、好き嫌いが激しいところがあります。ただし、それを表には見せないでしょう。「エラそうな人は嫌い」というわりには、自分がやや上から目線の言葉を発してしまうところも。

2024年はこんな年

発想力が増し、興味をもつことも大きく変わる年。新しいことに目が向き、仲よくなる人も様変わりするでしょう。若い人や才能のある人、頑張っている人といい縁がつながりそうです。あなたもこれまで学んできたことを少しでも教えるようにすると、感謝されたり相手のよさをうまく引き出すことができるでしょう。今年は、ひとり旅やこれまでとは違った趣味をはじめても楽しめそうです。健康運は、頭痛に悩まされがちなので、ふだんから軽い運動をしておくのがオススメ。

開運アクション

- 若い知り合いや友達をつくる
- 「新しい」ことに注目してみる
- 失敗から学ぶ

銀の時計座

命数

31 心がブレる高校1年生

もっている星
★平等心の星
★負けを認められない星
★同級生が好きな星
★胃に注意が必要な星
★友人と同じものを欲しがる星

ラッキーカラー イエロー ブルー
ラッキーフード 豆腐ステーキ しらす干し
ラッキースポット 公園 図書館

基本性格 仲間に囲まれていたいが、振り回されやすい

負けず嫌いの頑張り屋で、気さくでサッパリとした性格です。色気があまりなく、交友関係は広いでしょう。反発心や意地っ張りなところはありますが、本当は寂しがり屋でつねに人のなかにいて友人や仲間が欲しい人。頑張るパワーはありますが、周囲の人に振り回されてしまったり、自ら振り回されにいったりするような行動に走ってしまうことも。心は高校1年生くらいからほぼ変わらない感じで、学生時代の縁がいつまでも続くでしょう。

2024年はこんな年

期待していたほど結果が出ないことや評価されないことに、不満がたまってしまうかも。同期やライバルなど、自分と同じくらい努力してきた人に負けたり、差をつけられてしまう場合もありそうです。意地っ張りな一方でメンタルが弱く、一度落ち込むとなかなか立ち直れないタイプですが、気分転換にスポーツをして汗を流したり、じっくり読書する時間をつくると、気持ちが回復してくるでしょう。偉人の伝記を読んでみると、苦労しても「落ち込んでいる場合ではない」と思えそうです。

開運アクション

- 自分らしさにこだわらない
- 読書する時間をつくる
- 素直に謝る

銀の時計座

命数

32 雑用が嫌いなじつは野心家

もっている星
★野心家の星
★頑張りを見せない星
★ライブ好きの星
★ヤケ酒の星
★好きになると止まらない星

ラッキーカラー ピンク ダークブルー
ラッキーフード ごぼうの甘辛炒め よもぎ饅頭
ラッキースポット スポーツジム 博物館

基本性格 一発逆転の情熱をもって破天荒に生きる

庶民的で人間関係をつくることが上手な人ですが、野心や向上心を強くもっています。どこかで一発逆転したい、このままでは終わらないという情熱をもっていて、刺激や変化を好むところがあるでしょう。人は好きですが団体行動が苦手で、結果を出している人に執着する面があり、ともに成長できないと感じた人とは距離をあけてしまうことも。意外な人生や破天荒な人生を自ら歩むようになったり、心が大きくブレたりすることもある人です。

2024年はこんな年

合理的で頭の回転が速いタイプですが、今年は詰めの甘さを突っ込まれたり、締めくくりの悪さが表に出てしまいそうです。「終わりよければすべてよし」を心に留めて、何事も最後まで気を抜かず、キッチリ終わらせるようにしましょう。最初の挨拶以上に、別れの挨拶を大切にすること。お礼をするときは「4回するのがふつう」と思って、その場だけでなく何度でも感謝を伝えるといいでしょう。健康運は、太りやすくなるので、軽い運動をしておきましょう。

開運アクション

- 締めくくりをしっかりする
- ヤケを起こさない
- 運動して汗を流す

銀の時計座

命数

33 明るい気分屋

もっている星

★愛嬌のある星
★愚痴の星
★遊びすぎる星
★スケベな星
★気管が弱い星

ラッキーカラー　レッド　ライトブルー
ラッキーフード　イクラ　ちりめん山椒
ラッキースポット　レストラン　コンサート

基本性格　天真爛漫に人をよろこばせると幸せになれる

誰よりも人を楽しませることが好きなサービス精神豊富な人。空腹が苦手で気分が顔に出やすいところはありますが、楽しいことおもしろいことが大好きです。不思議な人脈をつくることができ、つねに天真爛漫ですが、心がブレやすいので目的を見失ってしまい、流されてしまうことも多いでしょう。人気者になり注目を浴びたい、人にかまってほしいと思うことが多いぶん、他人をよろこばせることに力を入れると幸せになれるでしょう。

2024年はこんな年

これまで甘えてきたことのシワ寄せがきて、厳しい1年になりそうです。どんな状況でも楽しんで、物事のプラス面を探すようにすると、進むべき道が見えてくるでしょう。口の悪さが原因で、せっかくの仲間が離れてしまうおそれもあるため、余計なことは言わず、よろこんでもらえる言動を意識するといいでしょう。短気を起こして、先のことを考えずに行動しないよう気をつけること。健康運は、スタミナがつく運動をすると、ダイエットにもなってよさそうです。

開運アクション

- 「自分さえよければいい」と思って行動しない
- 周りをよろこばせる
- スタミナのつく運動をする

銀の時計座

命数

34 一言多い人情家

もっている星

★表現力豊かな星
★短気な星
★ストレス発散が下手な星
★デブが嫌いな星
★疲れやすい星

ラッキーカラー　イエロー　ターコイズブルー
ラッキーフード　桜えび　豆腐の味噌汁
ラッキースポット　神社仏閣　劇場

基本性格　隠しもった向上心で驚くアイデアを出す

何事も直感で判断して突き進む人です。人情家で面倒見がいいのですが、情が原因で苦労や困難を招いてしまうことが多く、余計な一言や、しゃべりすぎてしまうところ、恩着せがましいところが表面に出やすい人でしょう。ストレス発散が苦手で些細なことでイライラしたり、機嫌が簡単に表情に出てしまったりすることも多いでしょう。向上心を隠しもち、周囲が驚くようなアイデアを生み出すことができる人です。

2024年はこんな年

直感力があるタイプですが、今年は勘が外れやすくなりそうです。疲れからイライラして、冷静な判断ができなくなることも。運動して基礎体力をしっかりつけ、上手にストレスを発散するようにしましょう。短気を起こして無責任な発言をすると、自分を苦しめる原因になってしまいそうです。余計な言葉を慎み、できるだけ相手の話を聞くようにしましょう。健康運は、体調に異変を感じたらそのままにせず、早めに病院で診てもらうように。

開運アクション

- 情に流されない
- 何事も長い目で見る
- 自分で自分の頑張りをほめる

銀の時計座

命数

35 人のために生きられる商売人

もっている星

- ★フットワークが軽い星
- ★ウソが上手な星
- ★買い物好きな星
- ★貧乏くさい人が嫌いな星
- ★膀胱炎の星

ラッキーカラー　ピンク　スカイブルー

ラッキーフード　ライ麦パン　豚しゃぶ

ラッキースポット　スパ　科学館

基本性格　多趣味で視野が広く、計算して振る舞える

フットワークが軽く情報収集が得意な人で、ひとつ好きなことを見つけると驚くような集中力を見せます。視野が広いため、ほかに気になることを見つけると突っ走ってしまうことが多いでしょう。何事も損得勘定でしっかり判断でき、計算をすることが上手で、自分の立場をわきまえた臨機応変な対応もできます。多趣味・多才なため人脈も自然に広がり、知り合いや友人も多いでしょう。予定の詰め込みすぎには注意が必要です。

2024年はこんな年

これまでならおもしろがってもらえていたような軽い発言が、今年は「信頼できない人」と思われる原因になってしまいそうです。適当なことを言わないよう注意しましょう。また、あなたのフットワークの軽さや多才なところが裏目に出たり、ソリが合わない人と一緒に過ごす時間が増えてしまうことも。地味で不得意な役割を任される場面もありそうですが、いまは地道に努力して学ぶ時期だと思っておきましょう。健康運は、お酒の飲みすぎに気をつけること。

開運アクション

- 自分の発言に責任をもつ
- 計算や計画の間違いに気をつける
- 損な役割を楽しんでみる

銀の時計座

命数

36 世話が好きな真面目な人

もっている星

- ★思いやりの星
- ★自信のない星
- ★ケチな星
- ★つくしすぎる星
- ★水分バランスが悪い星

ラッキーカラー　ホワイト　ラベンダー

ラッキーフード　里芋の煮物　わかめのサラダ

ラッキースポット　温泉　プラネタリウム

基本性格　理想と現実の間で心が揺れやすい

何事も真面目に地道にコツコツと努力ができ、自分のことよりも他人のために生きられるやさしい人です。ただし、自己主張が苦手で一歩引いてしまうところがあるので、チャンスを逃しやすく、人と仲よくなるのにも時間がかかるでしょう。現実的に物事を考える面と理想との間で心が揺れてしまい、つねに周囲の意見に揺さぶられてしまうタイプ。真面目がコンプレックスになり、無謀な行動に走ってしまうときもあるでしょう。

2024年はこんな年

真面目に取り組むのがバカらしく感じてしまうことがありそうですが、今年は真面目にじっくり努力することを、もっと楽しんでみるといいでしょう。あえて遠回りをするのもよさそうです。自分磨きも楽しむことを忘れなければ、思った以上に輝くことができるでしょう。ときには開き直って言いたいことを伝えてみると、周囲が動いてくれることもありそうです。健康運は、ストレスが肌の不調につながりやすいため、こまめに気分転換をしましょう。

開運アクション

- 気分転換をしっかりする
- 地味で真面目なところをコンプレックスに思わない
- 後輩や部下の面倒を見る

銀の時計座

命数

37 世話好きな正義の味方

もっている星

★社長の星
★人に巻きつきたがる星
★勢いで買い物する星
★ほめられたら好きになる星
★膝のケガの星

ラッキーカラー	ピンク ホワイト
ラッキーフード	クリームパスタ バンバンジー
ラッキースポット	動物園 タワー

基本性格 ほめられるとパワーが出る行動力のある人

自分が正しいと思ったら止まることを知らずに突き進む力が強い人です。とくに正義感があり、面倒見がよく、自然と周囲に人を集めることができるでしょう。ただし、せっかちで勇み足になることが多く、行動に雑なところがあるので、動く前に計画を立ててみることや慎重になることも重要です。おだてに極端に弱く、ほめられたらなんでもやってしまうことも多いでしょう。向上心があり、つねに次に挑戦したくなる、行動力のある人でしょう。

2024年はこんな年

パワフルで行動力のあるタイプですが、今年は行動することで苦労や困難を引き寄せてしまいそうです。もともと面倒見がいいので自然と人が集まってくるものの、トラブルにもつながりやすいため用心しておきましょう。じつは甘えん坊で人任せな面や、行動が雑なところを突っ込まれてしまうこともありそうです。素直に非を認めたほうが、味方を集められるでしょう。健康運は、骨折や足のケガ、ギックリ腰などに十分注意しておきましょう。

開運アクション

- 仕切るなら最後まで仕切る
- 情で好きにならない
- 「憧れの存在」を目指す

銀の時計座

命数

38 見栄っ張りな常識人

もっている星

★誠実な星
★失敗ができない星
★百貨店の星
★恋に執着する星
★美肌にこだわる星

ラッキーカラー	ピンク ライトブルー
ラッキーフード	アサリの酒蒸し ごま団子
ラッキースポット	庭園 コンサート

基本性格 庶民的で親しみやすいが、心の支えが必要

礼儀正しくていねいで、規則やルールなどをしっかり守り、上品に生きていますが、どこか庶民的な部分をもっている親しみやすい人。面倒見がよく、差別や区別なく交友関係を広げることができますが、下品な人や、権力者やエラそうな人だけは避けるでしょう。常識派でありながら非常識な人脈をもつ生き方をします。メンタルが弱く寂しがり屋で、些細なことでへコみすぎてしまうこともあり、心の支えになるような友人や知人を必要とするでしょう。

2024年はこんな年

キッチリした性格が、かえって自分を苦しめてしまう年。几帳面で真面目なタイプですが、今年は失敗やケアレスミスが増えてしまいそうです。どんな人にもミスはあるものなので、気にしないようにしましょう。また、急に行動的になることもありそうです。ふだんしないようなことにチャレンジするのはいいですが、危険な目に遭う可能性もあるため、ほどほどにしておきましょう。健康運は、肌の調子が乱れやすいので、スキンケアをしっかりするように。

開運アクション

- 失敗を笑い話にする
- 話を聞いてくれる人を大切にする
- 偉くなっている人を観察する

銀の時計座

命数

39 目的が定まらない芸術家

もっている星
- ★アイデアが豊富な星
- ★飽きっぽい星
- ★幼稚な星
- ★才能に惚れる星
- ★匂いフェチの星

ラッキーカラー　パープル　レッド

ラッキーフード　からしレンコン　もつ鍋

ラッキースポット　劇場　喫茶店

基本性格　理屈っぽくて飽きっぽいスペシャリスト

自由な生き方と発想力がある生き方をする不思議な人。探求心と追求心があり集中力もあるのでひとつのことを深く突き詰めますが、飽きっぽく諦めが早いところがあり、突然まったく違うことをはじめたり、違う趣味を広げる人でしょう。変わった人脈をつくりますが、本音は他人に興味がなく、理屈と屁理屈が多く、何事も理由がないとやらないときが多いでしょう。その一方で、スペシャリストになったり、マニアックな生き方をしたりすることがあるでしょう。

2024年はこんな年

いまの環境に飽きを感じると同時に、変化や刺激を楽しめる年。人間関係も変わってきて、これまでに出会ったことのないような人や年の離れた人と仲よくなれるでしょう。意外性を前向きにとらえることができる一方で、思った方向とは違う流れになったり、プライドを傷つけられることもありそうです。健康運は、体調を崩しやすくなるので、栄養バランスの整った食事を心がけましょう。とくに、目の病気には気をつけること。

開運アクション

- 現状に飽きたら探求できるものを見つける
- 年の離れた人と話してみる
- 学びにお金を使う

銀の時計座

命数

40 心がブレやすい博士

もっている星
- ★探究心の星
- ★プライドが高い星
- ★知識にお金を使う星
- ★目の疲れの星
- ★知性のある人が好きな星

ラッキーカラー　ピンク　ホワイト

ラッキーフード　たこ焼き　アボカドサラダ

ラッキースポット　神社仏閣　城

基本性格　他人のために知恵を役立てると人生が好転する人

好きなことを深く突き詰めることができる理論と理屈が好きな人。冷静に物事を考えられ、伝統や文化が好きで、大人なタイプです。自分が学んできたことや知識を他人のために役立てることができると人生が好転するでしょう。人間関係をつくることが上手ですが、本当はめったに心を開かない人。心は庶民ですが、プライドが高く、自分の世界観やこだわりが強くなってしまい、他人の評論や評価ばかりをすることが多いでしょう。

2024年はこんな年

プライドが傷つくようなことがあったり、積み重ねてきたことを投げ出したくなりそうな年。興味のあることを追求し研究する才能がありますが、今年は頑張ってきたことを否定されたりバカにされて感情的になり、自ら人との縁を切ってしまうことがあるかも。世の中、すべての人に認められるのは不可能です。「いろいろな人がいる」と思って、聞き流すようにしましょう。健康運は、目の疲れと片頭痛が出やすくなりそう。食事のバランスを整え、軽い運動をするようにしましょう。

開運アクション

- いらないプライドは捨てる
- 冷たい言い方をしない
- 学べることを探す

金のカメレオン座

命数

41 古風な頑張り屋

もっている星

★友情を大切にする星
★突っ込まれると弱い星
★みんなと同じものを購入する星
★同級生を好きになる星
★タフな星

基本性格 真似することで能力が開花する

大人っぽく冷静な感じに見えますが、サッパリとした性格で根性があります。ただし、突っ込まれると弱く、心配性なところを隠しもっています。女性は美人なのに色気がない人が多いでしょう。知的で、他人を真似することでその能力を開花させられるタイプですが、意地を張りすぎて真似を避けてしまうと、才能を発揮できない場合があります。友情や仲間をとても大事にするため、長い付き合いの友人がいるでしょう。

開運アクション

- プロスポーツを観に行く
- 習い事をはじめる
- 興味のあることに挑戦する

2024年はこんな年 頑張っている同世代からパワーをもらえそう

新たな仲間ができ、よきライバルや見習うべき人も見つけられる年。周囲や同期と差がついてしまっていることに驚く場面もありますが、興味のあることにはドンドン挑戦しましょう。趣味でスポーツや新たな習い事をはじめてみると、長い付き合いになる友人もできそうです。同世代で頑張っている人を見ることがあなたのパワーにもなるため、プロスポーツ観戦や観劇、ライブ観賞などに足を運んでみるのもいいでしょう。健康運は、定期的な運動がオススメです。

恋愛&結婚

友人から恋愛関係になることが多いタイプ。今年は出会いが増えますが、すぐに交際に発展させようとするより、まずは友達になっておきましょう。のちに素敵な人を紹介してもらえる流れになりそうです。対等な関係で、すでに長年の友人のようになっている相手とは、今年から交際をスタートさせてもいいでしょう。ただし、あなたは甘え下手なところがあるので、少し素直になるように。結婚運は、互いに成長できると思う相手なら、婚姻届を出すとよさそうです。

仕事&お金

ゆっくりとですが、あなたの実力を発揮できる運気がはじまります。新しい仕事を任されたものの想像通りに進まず、挫折することもあるかもしれませんが、予想外のことを楽しむ気持ちで取り組めば、実力をアップさせられる年になるでしょう。「やる気」になれない仕事の場合は、興味のある仕事に思い切って転職してみるのもよさそうです。金運は、習い事にお金を使ってみると、いい縁もできて一石二鳥になるでしょう。

ラッキーカラー	ラッキーフード	ラッキースポット
イエロー、ブルー	ピーマンの肉詰め、アーモンド	スポーツジム、キャンプ場

金のカメレオン座

gold chamaeleon No.42

命数

42 要領がいい高校3年生

もっている星

★学習能力が高い星
★優柔不断な星
★向上心ある人を好きになる星
★高級なものを持つといい星
★健康マニアな星

基本性格 頭の回転が速いが、じつは心配性

古風な考えをしっかりと理解でき、無駄が嫌いな合理的タイプ。派手に見えて古風か、知的に見えて根はやんちゃか、この2パターンに分かれるでしょう。どちらにせよ表面的に見せている部分と内面は大きく違います。自我が強く、自分に都合の悪い話はほぼ聞きません。他人の話の要点だけ聞くのがうまく、頭の回転はかなり速いのですが、じつは心配性。真似と要領のよさを活かすことで人生を渡り歩けますが、先走りすぎる癖には要注意。

開運アクション

- ホームパーティーに行く
- 不慣れなことや苦手なことに挑戦する
- 相手のおもしろいところを探す

2024年はこんな年 避けていた世界に飛び込み自分の才能を発見しよう

「金のカメレオン座」のなかで、もっとも一歩一歩進むことが苦手なタイプ。頭のよさを活かした合理的な生き方を好み、無駄を避けがちですが、今年はあえて雑用や面倒事に取り組んでみましょう。いい人脈ができたり、苦労を経験することでパワーを得られそうです。自分の才能を発見するためにも、不慣れなことや苦手なこと、避けていた世界に飛び込んでみて。音楽ライブやフェス、知人のパーティーなどに足を運ぶのもオススメです。健康運は、定期的な旅行が吉。

恋愛&結婚

すでに刺激的な恋を経験しているなら、今年からはワクワクやドキドキよりも、安心や安定を求めるといいでしょう。刺激は趣味や仕事、エンタメなどから得るよう気持ちを切り替えて。新しい出会いは多いですが、相手に求める基準が高いと「出会いがない」で終わってしまいます。相手の個性をもっとおもしろがってみれば、いい人を見つけられるでしょう。結婚運は、周囲で結婚していない人が自分だけになってはじめて動き出しそう。

仕事&お金

表ではやる気のない感じを出していたり、うまく周囲に合わせていても、じつは野心や向上心をもっているタイプ。今年は、周囲には見せていない情熱的な一面に火がつきそうです。気になる仕事を見つけたら、突然でも転職するといいでしょう。いまの仕事を続ける場合でも、あなたの才能や個性を活かせる状況になってくるため、少しでもやる気をアピールしてみるとよさそうです。金運は、勉強をしてから投資をはじめるといい運気。

ラッキーカラー	ラッキーフード	ラッキースポット
オレンジ、レッド	いわしのマリネ、ぶどう	避暑地、リゾート地

金のカメレオン座

命数

43 明るい大人

もっている星

★楽しませることがうまい星
★地道な努力が苦手な星
★愛嬌のある人を好きになる星
★グルメな星
★ダンスをすると痩せる星

基本性格 知的でしっかり者なのに、バカなフリをする

明るく元気で陽気な性格でありながら、知的で古風な考えをしっかりもっているタイプ。愛嬌があり美意識も高いので、自然と人気を集め、交友関係も広くなります。ふだんはかなり冷静ですが、空腹になると機嫌が悪くなり、思考停止することがあるはず。サービス精神が豊富なところは長所ですが、そのぶん口が悪くなったり、余計な話をしてしまったりすることも。人間関係においてはバカなフリをしていることが多いでしょう。

開運アクション

- 仕事に役立つ勉強をする
- 異性の友人をつくる
- 自分と周囲を笑顔にする

2024年はこんな年 みんなを笑顔にすると運を味方につけられる

「金のカメレオン座」のなかでもっとも明るく、何事もポジティブに考えられるタイプ。変化が多いこの1年も楽しく過ごせ、人との交流も上手に広げられるでしょう。自分と周囲を笑顔にするために何をするといいのか、よく考えて行動すれば運を味方につけられそうです。積み重ねが必要な年でもあるため、地道な努力や、のちに役立ちそうな勉強は少しでもはじめておくように。好きな趣味を極める覚悟をすると、道が見えてくるでしょう。健康運は、食事のバランスが大切です。

恋愛&結婚

気持ちが明るくなり、恋のチャンスも増える年。ノリや勢いで交際するのはいいですが、それで痛い目に遭った経験があるならもう少しようすを見るように。周囲に気になる相手の評判を聞いてみたり、「まずは友達から」と言ったら逃げるようなタイプでないかどうかも確認しておきましょう。大人っぽさを意識しつつ、目立つアイテムや露出が少し多い服を選んでみると、簡単に注目を集められそうです。結婚運は、遊び相手と結婚相手は分けて考えるといいでしょう。

仕事&お金

ここ数年楽しく仕事ができていなかった人も、今年からは新しい人たちと楽しく働けるようになる運気。ノリの合う人や職場以外でも付き合うことになる人が増え、仕事もプライベートも忙しくなってきそうです。関わる人が多いほうが、あなたの魅力や才能に気づいてくれる人も増えるので、積極的に交流しましょう。楽しみながら働くためにも、仕事に関する勉強は忘れないように。金運は、ご馳走してもらえる機会が増えそうです。

ラッキーカラー	ラッキーフード	ラッキースポット
ピンク、ライトブルー	いか焼き、いちご	レストラン、コンサート

金のカメレオン座

命数

44 勘がいい頭脳派

もっている星

- ★表現が豊かな星
- ★毒舌家な星
- ★勘で買い物をする星
- ★サプライズに弱い星
- ★スタミナ不足になる星

基本性格 おしゃべりで勘が鋭いけど、突っ込まれると弱い

頭の回転が速くおしゃべりで、つねに一言多いタイプ。真似がうまく、コツをつかむことが上手で、何事にも冷静に対応できますが、空腹や睡眠不足になると短気になる癖があるので注意が必要です。物事をいろいろな角度で考えますが、最後は勘でなんでも決めてしまうでしょう。おしゃべりなので攻めが強い感じに見られますが、突っ込まれると弱いところがあり、守りが手薄なところがあるでしょう。

開運アクション

- 語彙を増やす
- 習い事をはじめる
- 基礎体力づくりをする

2024年はこんな年 自分の勘を信じていい年。素敵な言葉を学んでみよう

「金のカメレオン座」のなかで、もっとも直感で動くタイプ。今年は変化が多くなりますが、己の勘を信じて進むといいでしょう。自分が言葉を使うことに人一倍長けていると気づいていると思いますが、今年はもっと語彙を増やしたり、人がよろこぶ言葉や前向きになれる話を学ぶことが大切です。どんなときでも素敵な言葉を発せる人になれるよう成長していきましょう。話を上手に聞く訓練もしておくように。健康運は、スタミナをつけるための運動をはじめるとよさそう。

恋愛&結婚

一目惚れは少ない「金のカメレオン座」には珍しく、一目惚れが多いあなた。スリムな人を好む場合も多いでしょう。今年は出会いが増えるため気になる人を見つけやすいですが、時間をかけて仲よくなるように。どんな人かある程度わかってから関係を深めましょう。アート系の習い事や体力づくりのためのスポーツをはじめると、素敵な出会いにつながりそうです。結婚運は、スピード婚は不向きですが、付き合いが長い相手となら結婚するといいでしょう。

仕事&お金

専門知識や専門技術を身につけることがもっとも大切なタイプ。まだ何も特別なスキルが身についていないと思うなら、仕事をしながらでも資格や免許をとってみるといいでしょう。言葉を使うことに長けているので、司会や営業、人前に立つ仕事などを選んでみると、手に職がなくても、能力をうまく活かせそうです。金運は、今年から浪費癖を直すよう努力することが大切。直感での買い物は避けましょう。

ラッキーカラー	ラッキーフード	ラッキースポット
ホワイト、イエロー	牡蠣フライ、バナナ	劇場、美術館

金のカメレオン座

命数

45 真似が上手な商売人

もっている星

★計画的に物事を進める星
★損得勘定で判断する星
★買い物が大好きな星
★おしゃれな人が好きな星
★過労になりやすい星

基本性格　好奇心が強く、損得勘定ができるしっかり者

知的で都会的なおしゃれを心がける、情報収集と段取りがしっかりできる人。古風な考えをしっかりもち、知的好奇心がありながら根はお調子者で、損得勘定で物事を判断するタイプ。じっくり情報を集めすぎて時間がかかってしまったり、突っ込まれるととても弱くなってしまったりする優柔不断な性格でもあります。真似が上手で、「これは得」と思ったらじっくりと観察して自分のものにする能力が高いでしょう。

開運アクション

- 趣味を増やす
- つねにフットワークを軽くする
- 「忙しい」を楽しむ

2024年はこんな年　多少乗り気でなくても誘いにはドンドン乗って

計画を立てて行動することがもっとも得意なタイプ。今年は情報収集を楽しみながら人脈づくりもできる運気なので、おもしろそうなことがあればドンドン足を運んでみるといいでしょう。「多趣味ですね」と言われるくらい今年から趣味の幅を広げることが、のちの運命をいい方向に導く秘訣です。多少気乗りしなくても、誘われたことには積極的に挑戦してみるといいでしょう。健康運は、忙しくてもメリハリのある生活をするように。

恋愛&結婚

恋の駆け引きが上手なタイプですが、今年から相手をうまく操るための訓練が必要になりそうです。フットワークを軽くすることで出会いのチャンスが自然と増える一方で、中身のない人に引っかかってしまうことも。とくにお酒の席で一緒になった異性の扱いがうまい人には気をつけておきましょう。時間をかけてあなたとの関係を深めようとしてくれる人を選ぶのがオススメです。結婚運は、今年結婚する計画を立てていたなら、話を進めるといいでしょう。

仕事&お金

仕事の幅が広がり、職場や取引先の人との交流も増えて楽しめる年。新たな趣味や情報収集力、場を盛り上げる能力にも目覚めそうです。これまでおとなしくしていた人も、今年から積極的に人と関わることをおもしろがると、仕事もドンドンできるようになってくるでしょう。忙しいほうが能力を発揮できるタイプなので、自ら仕事を詰め込んでみるのもよさそうです。金運は、趣味での出費が大幅に増えてしまうかも。

ラッキーカラー	ラッキーフード	ラッキースポット
ライトブラウン、スカイブルー	チンジャオロース、セロリの浅漬け	ショッピングモール、海水浴

金のカメレオン座 命数 46 真面目で現実的な人

もっている星

- ★几帳面な星
- ★心配性の星
- ★価値にこだわる星
- ★結婚をすぐに考える星
- ★瞬発力のない星

基本性格 慎重派だけど、ときどき無謀な行動に走る

落ち着いてじっくりと物事を進める静かで真面目な人。几帳面で地道にコツコツ積み重ね、石橋を叩いて渡るような性格です。親切でやさしく、他人に上手に合わせることができ、守りの要となる人でもありますが、自信や勇気がなく、なかなか行動できずに待ちすぎてしまうことも。計画を立てて行動することが好きですが、冒険やチャレンジ精神は低めです。真面目がコンプレックスになり、ときどき無謀な行動に走ることもあるでしょう。

開運アクション

- 発言や失敗を恥ずかしがらない
- 聴く音楽のジャンルを増やす
- 役立ちそうな資格の取得を目指す

2024年はこんな年 人との交流が大切な年。周囲の人を誘ってみて

着実に努力や挑戦の積み重ねができる年。地道な努力が続くリズムをうまくつくれ、心地よく過ごせそうです。人との交流も大事な時期なので、内気になったり遠慮したりせず、自ら食事や飲みに誘ってみましょう。「あえて少し恥ずかしい思いをする」くらいの度胸を身につけておくと、のちのち役立つでしょう。言いたいことをのみ込みすぎず、ときにはストレートに発言してみて。健康運は、代謝を上げる運動がオススメです。

恋愛&結婚

出会いのチャンスを自ら見送りがちなタイプ。ようすをうかがい、時間をかけて仲よくなろうとして、片思いのまま自然消滅してしまうことも多いでしょう。今年は告白まではしなくとも、好意を伝えたり勇気を出して食事に誘うようにすると、その経験がのちの恋愛に活かされそうです。つくすだけが恋愛ではないので、ときには恋人にもワガママを言ってみるといいでしょう。結婚運は、結婚願望が強いタイプですが、すぐに判断せず周囲も認めるやさしい人を選ぶように。

仕事&お金

地道な努力で信頼を勝ちとるタイプ。今年はまだあなたに光が差す時期ではないので、縁の下の力持ちのような仕事やサポート的な役割がドンドン増えてしまいそうです。いいように使われてしまうこともありますが、そのぶん実力をつけられるでしょう。就業時間以外にも、仕事に役立つ資格の勉強をしたり、スキルアップを目指すことが大切です。今年の努力は必ず報われるので、簡単に諦めないように。金運は、ポイ活やポイント運用、NISAをはじめておきましょう。

ラッキーカラー	ラッキーフード	ラッキースポット
ホワイト、スカイブルー	いわしの蒲焼き、納豆	水族館、劇場

金のカメレオン座

命数 **47**

正義感のあるリーダー

もっている星

- ★上下関係を大切にする星
- ★人と衝突しやすい星
- ★ほめられると好きになる星
- ★乗せられて買ってしまう星
- ★腰痛の星

基本性格 おだてに弱く、上下関係を大事にするリーダー

正義感があり、パワフルなリーダータイプ。自分が正しいと思ったことにはまっすぐ突き進みますが、ややおっちょこちょいなところがあるため、先走ってしまうことが多いでしょう。知性があり、情報をしっかり集められる冷静さがありますが、おだてにとても弱い人です。古風な考え方をもち、上下関係をとても大事にするため、ほかの人にも自分と同じような振る舞いを求めるところがあります。また、後輩には厳しいことも多いでしょう。

開運アクション

- 年下には「恩送り」をする
- 何事も簡単に諦めない
- 「正しい」を押しつけない

2024年はこんな年 指摘を素直に受け止めれば人としての厚みが出てくる

実行力があり、面倒見がいいタイプ。今年は関わる人が増え、行動範囲も広がるでしょう。後輩や部下ができ、頼れる先輩や上司にも恵まれるいい年になりそうです。一方で、あなたのパワフルな行動のなかで、雑な部分を突っ込まれることも。素直に受け止めて成長することで、人としての厚みが出てくるでしょう。上下関係は大切ですが、年下や後輩に厳しくしすぎず、「恩送り」の対象だと思うように。健康運は、膝や足首を動かして柔らかくしておくとよさそう。

恋愛&結婚

出会いが多くなりますが、恋にせっかちになる癖を直さないといつまでも空回りするだけ。今年から4、5回は遊びやデートに誘い、断られても気にしないようにしましょう。相手の言動を深読みして勝手に諦めるのもやめること。友人になるくらいの気持ちでいるほうが、のちに交際に発展する可能性が高くなるので、「好き・嫌い」「付き合う・付き合わない」などと相手を分類しすぎないように。結婚運は、計画を立ててくれる相手となら、話を進めてもいいでしょう。

仕事&お金

実力を発揮するというより、実力をつけるためにやるべきことが増える年。苦手なことや不慣れなことをそのままにせず、前向きに取り組んでレベルアップさせたり、新たな技を身につけるといいでしょう。いい先輩や上司にめぐり合え、ためになるアドバイスももらえるので、現状を前向きに受け止めることが大切です。ただ、せっかちで強引なところがあるため、雑にならないよう気をつけて。金運は、どんぶり勘定をやめるよう心がけましょう。

ラッキーカラー	ラッキーフード	ラッキースポット
ライトブラウン、グリーン	にしんそば、きのこのマリネ	動物園、博物館

金のカメレオン座

命数 **48**

清潔感のある大人

もっている星

★常識をしっかり守る星
★安心できる人が好きな星
★臆病になりすぎる星
★緊張しやすい星
★割り勘が好きな星

基本性格 学習能力と吸収力はあるが、臆病なのがアダ

上品で知的な雰囲気をもった大人です。繊細で臆病なところはありますが、常識をちゃんと守り、礼儀やマナーもしっかりしている人です。学習能力が高く、不慣れなことや苦手なことはほかから学んで吸収する能力に長けています。ただし、臆病すぎるところがあり、慎重になりすぎてチャンスを逃すことや、順番を待ちすぎてしまうこともあるでしょう。手堅く守りが強そうですが、優柔不断で突っ込まれると途端に弱くなってしまいます。

開運アクション

- 初対面の人を増やす
- 失敗談を笑いのネタにする
- 挨拶とお礼はキッチリする

2024年はこんな年 人との出会いを増やすほど運気の流れに乗れる年

慎重に物事を進められる1年。変化が多くなりますが、礼儀や品を忘れなければ人との関係をしっかりつくることができるでしょう。今年は初対面の人と会う機会が多いほど運気の流れに乗れ、よい方向に進めると信じ、出会いの場に積極的に出向くとよさそうです。多少臆病だったり、失敗を恥ずかしがって行動を避けるところがありますが、小さなことは気にせず、経験を増やすよう心がけましょう。健康運は、定期的に温泉に行くのがオススメです。

恋愛&結婚

出会いが増える年ですが、ようすを見すぎるとチャンスを逃してしまいそうです。残念な恋を避けたいという気持ちが勝ってしまい、一歩踏み込めなかったり、勇気が出ずに素敵な人を見送ってしまうことも。気になる人には自ら笑顔で話しかけることや、リアクションをよくすることを心がければ、いい関係に進めるでしょう。結婚運は、互いの環境やいまの状況に問題がないなら、真剣に話してみるとよさそうです。

仕事&お金

求められることが増えて忙しくなる年。几帳面で真面目に取り組むあなたの姿勢が評価されそうです。ただし、現状を維持するのではなく、実力不足なところの改善や、コミュニケーション能力の向上に努めたほうが、今後の仕事に役立つでしょう。仕事以外の付き合いを遠慮したり避けたりせず、もっと交流を楽しんでみて。挨拶やお礼をしっかりすればするほど、いい評価につながるでしょう。金運は、見栄を張りすぎての出費には気をつけること。

ラッキーカラー	ラッキーフード	ラッキースポット
オレンジ、ライトブルー	鯛めし、ナッツ	花火大会、ホテル

金のカメレオン座

命数 **49**

屁理屈が好きな大人子ども

もっている星

★芸術や美術にお金を使う星
★個性的な人を好きになる星
★変化や新しいことが好きな星
★屁理屈が多い星
★目の病気の星

基本性格 マニアックなことを知るあまのじゃくな自由人

知的で冷静で理屈が好きですが、どこか子どもっぽく、自由人のスタイルを通すタイプ。周囲が知らないことに詳しく、マニアックなことも知っていて、芸術や美術、都市伝説などにも詳しいでしょう。指先が器用で学習能力が高く真似が得意ですが、あまのじゃくな性格が邪魔をして、素直に教えてもらわないことが苦労の原因になりそう。言い訳が多く、何事も理由がないとやらないところと、なんでも評論する癖があるところはほどほどに。

開運アクション

- 新しい出会いを楽しむ
- 自分でも意外に思うような習い事をする
- 頑張っている人を認める

2024年はこんな年 引っ越しや転職をするならしっかり計画を立てて

変化をもっとも楽しめるタイプなので、体験や経験を増やせる年になるでしょう。おもしろい人にもたくさん会えそうです。ただ、飽きるのが早すぎる面があるため、少しマメになって人とのつながりを大切に。海外や見知らぬ土地など、ちょっとでも興味がわいた場所にもドンドン足を運んでみるといいでしょう。思い切った引っ越しや転職など、周囲を驚かせるような行動に走ってもいいですが、計画はしっかり立てておくように。健康運は、こまめに目を休ませるよう意識して。

恋愛&結婚

いろいろな出会いがありますが、あなたは不思議な人や個性的な人に惚れるタイプなので、周囲の評価や評判を聞かずにいると、トラブルになってしまいそうです。参考にするつもりで、信頼できる人に相談してみましょう。あまのじゃくな自分を卒業する努力も忘れないように。シェアハウスに引っ越したり、気になる習い事をはじめてみると、素敵な出会いやいい縁につながりそうです。結婚運は、言い訳をやめれば話が前進するでしょう。

仕事&お金

「金のカメレオン座」には珍しく、専門知識や特殊な技術を活かせる仕事、芸術や表現の世界が向いているタイプです。独特なセンスをもっているために、職場で浮いた存在になってしまうことも。安定を目指しながら変化を求めるような矛盾したところもあるので、今年は転職したり違う仕事に取り組むほうがよさそうです。人付き合いも楽しんでみるといいでしょう。金運は、独自の価値観での出費が多くなりやすいのでほどほどに。

ラッキーカラー	ラッキーフード	ラッキースポット
ホワイト、ブルー	ブロッコリーサラダ、ほうれん草カレー	映画館、書店

金 のカメレオン座 命数 50

生まれたときから心は60歳

もっている星

★古風と伝統が好きな星
★冷たい言い方をする星
★古くて価値のあるものを買う星
★頭のいい人を好きになる星
★目の病気の星

基本性格 学習能力は高いが、上から目線でプライド高め

冷静で落ち着きがあり、年齢以上の貫禄と情報量があるタイプ。何事も論理的に考えられ、知的好奇心が旺盛で勉強熱心。学習能力がとても高く、手先が器用で、教えてもらったことを自分のものにするのが得意。ただし、プライドが邪魔をする場合があるので、つまらないプライドを捨てて、すべての他人を尊重・尊敬すると能力を開花させられるでしょう。上から目線の言葉や冷たい表現が多くなるので、言葉を選ぶようにしてください。

開運アクション

- 大人の魅力を磨く
- 他人を尊敬し尊重する
- 頑張っている人を認める

2024年はこんな年 尊敬できる人に会えそう。交流を楽しもう

大人の魅力を出せるようになる年。興味のあることを見つけられ、探究心にも火がつきそうです。気になったことはドンドン調べ、情報をたくさん集めてみるといいでしょう。尊敬できる人やこれまでにないタイプの人にも出会えるので、フットワークを軽くして、新たな交流をもっと楽しんでみましょう。知ったかぶりをしたり、エラそうな口調にならないよう、言葉遣いには十分注意しておくこと。健康運は、肩を動かす運動をこまめにするといいでしょう。

恋愛&結婚

尊敬できる人を見つけられても、行動力が足りずそのまま終わってしまいそうです。いろいろと理由や言い訳を考え、相手を誘えなくなるようなプライドは、捨ててしまいましょう。人生を楽しむためにも素直に恋をしてみて。年上の人との出会いやつながりを大切にすると、いい縁に恵まれそうです。結婚運は、長い付き合いで、互いに支え合えると思える相手なら、話を進めてみるといいでしょう。

仕事&お金

やるべき仕事が増えますが、知恵をしぼって工夫すれば、やる気もアップしてくるでしょう。上司や部下を上手にコントロールできる頭脳をもっているので、何か言うときは、タイミングや言葉選びなどにもっと気を配ってみましょう。結果がまだ出ていない人をほめたり認めるようにすると、味方になってもらえ、長い縁にもなりそうです。金運は、学べることにお金を使うのがオススメ。自分磨きを忘れずに。

ラッキーカラー	ラッキーフード	ラッキースポット
ライトブラウン、藍色	焼きブロッコリー、ブルーベリー	書店、劇場

銀のカメレオン座

命数

41 一言多い高校生

もっている星
★頑張り屋の星
★本音を話さない星
★お金の貸し借りがダメな星
★友達のような交際が好きな星
★運動がストレス発散になる星

ラッキーカラー　オレンジ　イエロー
ラッキーフード　ポークソテー　大根の味噌汁
ラッキースポット　映画館　書店

基本性格　デキる人の近くにいるとグングン成長する

周囲に合わせることが得意な頑張り屋。「でも、だって」と一言多く意地っ張りなところはありますが、真似が得意で、コツをつかむとなんでもできるようになります。ただし、意地を張りすぎて自分の生き方ややり方にこだわりすぎると、能力を発揮できない場合があるでしょう。周囲に同化しやすいのでレベルの高いところに飛び込むと成長しますが、逆に低いところにいるといつまでも成長できないので、友人関係が人生を大きく分ける人でもあります。

2024年はこんな年

上半期は、素直に負けを認めることが大切。無駄なケンカや揉め事は、大事な縁が切れる原因になってしまいます。意地を張りすぎたり不要な反発心を見せず、生意気な発言もしないよう気をつけておきましょう。下半期は、軽い負荷をかけて自分を鍛える時期です。新しい「筋トレ」だと思って面倒事や地味なことも前向きにとらえ、未来の自分がよろこぶような努力を積み重ねていきましょう。

開運アクション
- 憧れの人を探す
- 出会いが増えそうな習い事をはじめる
- 悔しさを前向きなパワーに変える

銀のカメレオン座

命数

42 向上心と度胸がある人

もっている星
★要点をつかむのがうまい星
★都合の悪いことを聞かない星
★一攫千金をねらう星
★好きな人には積極的になる星
★健康情報が好きな星

ラッキーカラー　ブラック　ダークブルー
ラッキーフード　ジンギスカン　豚汁
ラッキースポット　スポーツジム　リゾート地

基本性格　効率よく結果を出したい合理主義者

合理主義で無駄なことや団体行動が嫌いな人です。几帳面でていねいな感じに見える人と、派手な感じに見える人が混在する極端なタイプですが、地道な努力や下積みなど、基本を身につける苦労を避けて結果だけを求めるところがあります。真似が上手でなんでも簡単にコツをつかみますが、しっかり観察をしないでいるとその能力は活かせないままです。向上心があり、成長する気持ちが強い人と付き合うといいでしょう。

2024年はこんな年

切り替えが早く、沈む船とわかればすぐに違う船に乗り替える判断力と行動力をもっているタイプ。現状を不満に感じたり、会社や生活リズムに何か悪いところがあると思うなら、行動して変えてみるといいでしょう。ただし、後先を考えずに判断をする一面もあるので、動き出す前に一度「ゴールはどこなのか」を考えるようにすること。今後付き合う必要はないと思う人とは距離をおいたり、縁を切る決断をするのも大切です。健康運は、生活習慣を整えましょう。

開運アクション
- 行動する前にゴールを設定する
- スポーツ観戦に行く
- 別れに執着しない

銀のカメレオン座 命数 43

陽気で優柔不断な人

もっている星
- ★明るく華やかな星
- ★不機嫌が顔に出る星
- ★気分でお金を使う星
- ★異性に甘え上手な星
- ★顔が丸くなる星

ラッキーカラー　オレンジ　ライトブルー

ラッキーフード　豚肉とキャベツの甘辛炒め　えだまめ

ラッキースポット　レストラン　食フェス

基本性格　ちゃっかりしているけど、なんとなく憎めない人

愛嬌があり明るく甘え上手ですが、根はしっかり者でちゃっかり者。なんとなく憎めない人です。自然と好かれる能力をもちながら、お礼や挨拶などを几帳面にする部分もしっかりもっています。なにより運に恵まれているので、困った状況になっても必ず誰かに手助けしてもらえますが、ワガママが出すぎて余計なことをしゃべりすぎたり、愚痴や不満が出すぎたりして信用を失うことも。空腹になるととくに態度が悪くなるので気をつけましょう。

2024年はこんな年

「裏運気の年」が終わり、いつもの明るく元気な自分にゆっくりと戻ってくる年。ただ上半期のうちは、イライラしたり短気を起こしたりと、感情的な部分が出てしまう場面も。下半期は、「なんとかなる」と楽観的に物事を考えられるようになり、周囲を許すことや認めることができて、楽しく過ごせるでしょう。健康運は、食欲が増して急に太ってしまうことがあるので、食べすぎに注意すること。ダンスを習ったりカラオケに行くと、ストレス発散にもなっていいでしょう。

開運アクション

- 笑顔を忘れない
- ダンスや音楽系の習い事をはじめる
- 買い物は計画的にする

銀のカメレオン座 命数 44

余計な一言が目立つ勘のいい人

もっている星
- ★勘が鋭い星
- ★恩着せがましい星
- ★老舗ブランドの星
- ★手術する星
- ★運命を感じる恋が好きな星

ラッキーカラー　イエロー　シルバー

ラッキーフード　ヒレステーキ　焼き芋

ラッキースポット　市場　映画館

基本性格　深い付き合いを求めるのに親友が少ない

頭の回転が速く勘がいいため、要領よく生きることが上手なタイプ。頭がよく感性も豊かですが、おしゃべりをしすぎて余計な一言が多くなってしまったり、空腹になると短気を起こしてしまったりするので注意しましょう。情が深く、ときには依存するくらい人と深い付き合いをする場合もありますが、なかなか親友と呼べる人が見つからないことも。人生で困ったときは生き方に長けている人を真似してみると、自然といい流れになるでしょう。

2024年はこんな年

「口は災いのもと」だと心に留めておきましょう。とくに上半期は、感情的になることや、余計な発言が原因で人間関係が崩れてしまうことがあるかも。大事な人との縁が切れる場合もありそうです。下品な言葉は使わないようにして、たとえ本当のことであっても、なんでも口にしていいわけではないと覚えておきましょう。下半期になると直感が冴えて、気になることややりたいことを見つけられそうです。しっかり情報を集めてから、動き出すようにするといいでしょう。

開運アクション

- 余計な発言をしない
- 基礎体力づくりをする
- 美術館に行く

銀のカメレオン座

命数

45 器用な情報屋

もっている星
★多趣味・多才な星
★心配性の星
★ものがたまる星
★損得で相手を見る星
★婦人科系の病気の星

ラッキーカラー：オレンジ　スカイブルー
ラッキーフード：まぐろの刺身　豚ヒレとパプリカの炒め物
ラッキースポット：水族館　アウトレット

基本性格　無駄を省く判断と対応が早く、損得勘定ができる人

情報収集が好きで段取りや計算が得意。努力家ですが、無駄なことは避けて何事も損得勘定で判断するタイプです。いい流れに乗っていても、途中で得がないと判断すると、すぐに流れを変えられるほど臨機応変に行動できる人です。他人の真似が上手なため、他人と同じ失敗をしないので要領よく生きられる人ですが、ずる賢いと思われてしまうことも。お調子者で、お酒の席で余計なことをしゃべって大失敗をしやすいので注意が必要です。

2024年はこんな年

上半期は物事が計画通りに進みにくい時期ですが、あえて損な役割を引き受けてみると、学べることが増え、味方も集まってきそうです。「損して得とれ」を体感できるタイミングだと思ってみましょう。下半期になると流れが変わり、出会いや人と関わる機会が増えてきそうです。この時期に新たに出会った人には、できるだけ注目しておくといいでしょう。流行りのファッションや髪型を試すと、あなたらしく輝けるようにもなりそうです。話題のお店に行ってみるのもオススメ。

開運アクション
- 「損して得とれ」を忘れない
- 人気のお店に行く
- 流行に合わないものは処分する

銀のカメレオン座

命数

46 地道な大器晩成型

もっている星
★親切な星
★相手に合わせる星
★不動産の星
★片思いが長い星
★冷え性の星

ラッキーカラー：ラベンダー　スカイブルー
ラッキーフード：豆乳鍋　大根サラダ
ラッキースポット：渓谷　水族館

基本性格　ゆっくり実力がついていく、自信のない現実派

真面目で根気強く、コツコツと努力できる人。何事にも時間がかかってしまい瞬発力に欠けますが、慎重に進めながらも現実的に考えられます。謙虚ですが、自分に自信がもてなくて一歩引いてしまったり、遠慮しやすく多くのことを受け身で待ってしまったりも。真似がうまく、コツを教えてもらうことで、ゆっくりとですが自分のものにできます。手先が器用なので、若いころに基本的なことを学んでおくと人生の中盤以降に評価されるでしょう。

2024年はこんな年

別れ下手なあなたですが、今年は嫌いな人や悪意がある人、自分を利用してくる人とは縁を切り、新たな人脈を広げる準備をしましょう。自分の気持ちに素直になって生きる勇気を出すことが大事です。あなたのやさしさに気づかない鈍感な人と一緒にいる必要はありません。また、ケチケチしていると、かえって不要なものが増えてしまうので、思い出があるものでも思い切って処分すること。気持ちがスッキリし、前に進めるようになるでしょう。

開運アクション
- ケチケチせず不要なものは捨てる
- 人との別れを覚悟する
- 自分が本当に好きなことを探す

銀のカメレオン座

命数

47 せっかちなリーダー

もっている星

- ★正義感が強い星
- ★甘えん坊で人任せな星
- ★お金遣いが荒い星
- ★押しに極端に弱い星
- ★下半身が太りやすい星

ラッキーカラー　オレンジ　ネイビー
ラッキーフード　おろしそば　鮭と野菜のクリームシチュー
ラッキースポット　水族館　スポーツ施設

基本性格　いい仲間に囲まれる行動力のある甘えん坊

仕切りたがりの超甘えん坊で、人任せにするのが得意な人。正義感があり、上下関係はしっかりしていますが、地道な努力は苦手で、何事もパワーと勢いで突き進みます。「細かいことはあとで」と行動が先になるので、周囲の人が巻き込まれて大変なこともありますが、真面目で几帳面なところがあるので自然とリーダー的な立場になって、仲間のなかでは欠かせない存在でしょう。突っ込まれると弱いのですが、いい仲間をつくれる人です。

2024年はこんな年

上半期は、行動を制限されたり身動きがとれなくなってしまいそうですが、下半期からは徐々に動き出せるようになるでしょう。ただ、正義感を出しすぎると、揉め事の原因になってしまうため、言葉やタイミングを選んで発言するようにしましょう。正しいからといってなんでも言っていいわけではありません。行動力が高まりそうですが、動く前にしっかり情報を集めておくことが大切です。思い違いや勘違いで、無駄な苦労をするハメにならないよう気をつけましょう。

開運アクション

- 仕切るなら最後まで仕切る
- 行動する前に情報を集める
- 勢いで買ったものは処分する

銀のカメレオン座

命数

48 古風で上品

もっている星

- ★ルールを守る星
- ★神経質になる星
- ★見栄で出費する星
- ★チェックが厳しい星
- ★きれい好きな星

ラッキーカラー　オレンジ　ブルー
ラッキーフード　イクラ　レバーパテ
ラッキースポット　コンサート　お祭り

基本性格　あと一歩が踏み出せない、ていねいな努力家

礼儀正しく誠実で努力家なタイプ。自分の弱点や欠点をしっかり分析でき、足りないことは長けている人から学んで自分のものにすることができます。一方で臆病なところがあり、目標まであと少しのところで逃げてしまったり、幸せを受け止められずに避けてしまったりするところも。何事もていねいなことはよいのですが、失敗を恐れすぎて、チャレンジを避けすぎてしまうところがあるので、思い切った行動や勇気が必要でしょう。

2024年はこんな年

現状の不満や不安をそのままにせず、少しでも解決する勇気を出すことが大切な年。間違っていると思うことがあるなら、ハッキリ伝えましょう。たとえそれで問題になったとしても、気持ちの整理がつくでしょう。とくに上半期は、自分本位な人と縁を切ったり、距離をおく判断が必要になります。下半期は、次にやるべきことや興味がわくことを見つけられそうです。勇気を出して、好奇心に素直に従ってみましょう。人に会うことを楽しんでみると、縁がつながってきそうです。

開運アクション

- 下品な人と縁を切る
- 信頼できる年上の友達をつくる
- 不要なブランド品を売る

銀のカメレオン座

命数

49 器用な変わり者

もっている星

- ★独特な美的センスがある星
- ★突然投げ出す星
- ★不要な出費が多い星
- ★不思議な人に惹かれる星
- ★食事が偏る星

ラッキーカラー	ラッキーフード	ラッキースポット
オレンジ ホワイト	ガーリックシュリンプ いちご	映画館 美術館

基本性格 屁理屈が多く飽きるのが早い変人

常識をしっかり守りながらも「人と同じことはしたくない」と変わった生き方をする人。芸術や美術の才能があり、周囲が興味のもてないようなことに詳しいでしょう。屁理屈と言い訳が多く、好きなこと以外は地道な努力をまったくしない面も。人間関係も、深く付き合っていると思ったら突然違う趣味の人と仲よくなったりするため、不思議な人脈をもっています。何事もコツを学んでつかむのがうまいぶん、飽きるのも早いでしょう。

2024年はこんな年

人との縁が切れやすい年ですが、執着心が弱いタイプなので、かえって気持ちが楽になりそうです。ただし、何もかも手放しすぎてしまわないこと。本当に必要な縁や、せっかく手に入れたものまで失わないよう気をつけましょう。上半期は、面倒な人間関係に短気を起こしてしまいそうですが、余計な発言はしないように。下半期は、視野が広がって興味をもてることがドンドン見つかりそうです。見るだけで満足せず実際に体験や経験をしてみると、楽しく過ごせるでしょう。

開運アクション

- 手放しすぎない
- 視野を広げる
- 好奇心を忘れない

銀のカメレオン座

命数

50 理論と理屈が好きな老人

もっている星

- ★理論と理屈の星
- ★閉鎖的な星
- ★伝統に価値を感じる星
- ★年上が好きな星
- ★目に疲れがたまる星

ラッキーカラー	ラッキーフード	ラッキースポット
ピンク 藍色	うなぎの蒲焼き ヨーグルト	書店 古都

基本性格 知的で冷静だけど、やや上から目線

分析能力に長けた、冷静で理屈が好きな人。年齢の割には年上に見えたり、落ち着いた雰囲気をもちながらも、年上に上手に甘えたりすることができます。他人とは表面的には仲よくできますが、知的好奇心がない人や探求心がない人には興味がもてず、めったに心を開きません。神社や仏閣に行くことが好きで、ときどき足を運んでお祈りし、伝統や文化を大事にすることも。上から目線の言葉が強いので、言葉選びは慎重にしましょう。

2024年はこんな年

完璧主義で妥協ができないタイプですが、今年はいらないプライドを捨てるいい機会です。他人を認めることで、進む道や視野が変わってくるでしょう。意地になることや傷つくような出来事があっても、「まあいいや」と流したり手放すようにすると、気持ちが楽になるでしょう。「なんで意地を張り続けていたのか」と不思議に思えてくるはずです。尊敬する人と離れたり縁が切れることもありそうですが、新たな目標ができて、突き詰めたいことが変わるでしょう。

開運アクション

- 頑張っている人を認める
- 不要なプライドは捨てる
- 自分から挨拶する

金のイルカ座

命数

51 頑張り屋で心は高校1年生

もっている星

★部活のテンションで生きる星
★負けず嫌いの頑張り屋な星
★周りにつられて浪費する星
★身近な人を好きになる星
★運動しないとイライラする星

ラッキーカラー ダークブルー オレンジ
ラッキーフード お好み焼き ごぼうサラダ
ラッキースポット 公園 スタジアム

基本性格 少年の心をもった色気のない人

負けず嫌いの頑張り屋さん。ライバルがいることで力を発揮できる人ですが、心は高校1年生のスポーツ部員。つい意地を張りすぎてしまったり、「でも、だって」が多く、やや反発心のあるタイプ。女性は色気がなくなりやすく、男性はいつまでも少年の心のままでいることが多いでしょう。自分が悪くなくても「すみません」と言えるようにすることと、目標をしっかり定めることがもっとも大事。

2024年はこんな年

ハッキリとしたゴールを決めることでパワーや能力を発揮できるタイプなので、目標となる人を探してみるといいでしょう。何年後に追いつき、いつごろに追い越せそうか、具体的に考えることが大切です。とくに思い浮かばないなら、同期や同級生、同世代の有名人や成功者をライバルだと思って、少しでも追いつけるよう努力してみて。健康運は、スポーツをはじめるのに最高のタイミングです。ただ、頑張りすぎると年末に調子を崩してしまうため、疲れはため込まないように。

開運アクション

- 目標とする人を決める
- 運動をはじめる
- 異性の友人をつくる

金のイルカ座

命数

52 頑張りを見せないやんちゃな高校生

もっている星

★頭の回転が速い星
★団体行動が苦手な星
★ライブ好きな星
★刺激的な恋にハマる星
★健康情報が好きな星

ラッキーカラー ブラック オレンジ
ラッキーフード さばの塩焼き きんぴらごぼう
ラッキースポット スポーツジム 劇場

基本性格 団体行動が苦手な目立ちたがり

頭の回転が速く、合理的に物事を進めることに長けている人。負けず嫌いの頑張り屋さんで、目立つことが好きですが団体行動は苦手。ところが、ふだんはそんなそぶりを見せないように生きることが上手です。人の話を最後まで聞かなくても、要点をうまく汲み取って瞬時に判断できるタイプ。ときに大胆な行動に出ることや、刺激的な事柄に飛び込むこともあるでしょう。ライブや旅行に行くとストレスの発散ができます。

2024年はこんな年

頑張る姿や一生懸命さを表には出さないあなた。わざわざアピールする必要はありませんが、夢や希望は周囲に話してみるといいでしょう。黙っていては周りからの協力やいい情報は得られないので、自分がどこを目指しているのかなどを話す機会をつくるとよさそうです。雑用を避けるところもありますが、あえて面倒なことを引き受けるくらいの気持ちでいるほうが成長につながるでしょう。健康運は、ヤケ食いをして胃腸の調子を崩しやすいので注意すること。

開運アクション

- 自分の目標や夢を語ってみる
- 体験教室に行く
- 向上心のある友人をつくる

金のイルカ座

命数

53 陽気な高校1年生

もっている星
★笑顔の星
★ワガママな星
★勢いで恋をする星
★簡単に太る星
★食べ物に浪費する星

ラッキーカラー ピンク ライトブルー
ラッキーフード ねぎ焼き ポテトサラダ
ラッキースポット レストラン 動物園

基本性格 不思議と助けられる運のいい人

「楽しいこと」「おもしろいこと」が大好きな楽観主義者。つねに「なんとかなる」と明るく前向きにとらえることができますが、空腹になると機嫌が悪くなります。サービス精神が豊富で自然と人気者になる場合が多く、友人も多いでしょう。油断をするとすぐに太ってしまい、愚痴や不満が出て、ワガママが表に出すぎることがあるので気をつけましょう。基本的に運がよく、不思議と助けられることも多く、つねに味方がいる人でしょう。

2024年はこんな年

人生を楽しもうとするあまり、目の前の快楽に流されないよう注意しましょう。計画や目標を立てるより、「いまが楽しければいい」と思ってしまうタイプなので、努力や地道な積み重ねがおろそかになってしまいがちです。人生を楽しみたいなら、「自分も周囲も楽しませて笑顔にする」を目標にしてみるといいでしょう。もっと夢を大きくして、「自分と関わる人すべてを楽しませる」くらいまで目指すといいかも。健康運は、年末に鼻炎になったり気管が弱くなりやすいので気をつけて。

開運アクション

- 自分も周囲も楽しませる
- 異性をしっかり観察する
- 定額預金をする

金のイルカ座

命数

54 頭の回転が速い頑張り屋

もっている星
★おしゃべりな星
★勘がいい星
★短気な星
★一目惚れする星
★スタミナがない星

ラッキーカラー イエロー ターコイズブルー
ラッキーフード 焼き肉 ゆで卵
ラッキースポット 神社仏閣 劇場

基本性格 感性豊かでおしゃべり。一言多くて失敗も

直感が冴えていて頭の回転が速く、アイデアを生み出す能力も高く、表現力があって感性豊かな人。おしゃべりで、目立ってしまうことも多いのですが、一言多い発言をしてしまい、反省することも多いでしょう。負けず嫌いの意地っ張り。競争することでパワーを出せる面がありますが、短気で攻撃的になりやすく、ワガママな言動をしてしまうことも。根は人情家で非常にやさしい人ですが、恩着せがましいところがあるでしょう。

2024年はこんな年

頭の回転は速くても計画を立てるのは苦手なタイプ。自分の直感を信じて行動するのはいいですが、まずは2年後、5年後に自分がどうなっていたいかを考えてみましょう。現実的で具体的な目標を立てることが大切です。6月に突然夢ができて突っ走りたくなることがありますが、2か月間情報を集めてから本当に行動していいかを見極め、8月に動き出すといいでしょう。健康運は、スタミナが足りていないので、今年から定期的にランニングや水泳などの運動をするのがオススメ。

開運アクション

- ポジティブな発言をし周囲に感謝を伝える
- 勉強して語彙を増やす
- 直感で動く前に計画を立てる

金のイルカ座 命数 55

社交性がある頑張り屋

もっている星
★ 情報収集が得意な星
★ トークが軽い星
★ 買い物が好きな星
★ 貧乏くさい人が嫌いな星
★ お酒に飲まれる星

ラッキーカラー　ダークブルー　ブラウン
ラッキーフード　豚のしょうが焼き　しじみの味噌汁
ラッキースポット　温泉　水族館

基本性格　興味の範囲が広くて目立ちたがり屋

段取りと情報収集が好きで、フットワークが軽く、交友関係も広くて華のある人。多趣味で多才、器用に物事を進められ、注目されることが好きなので自然と目立つポジションをねらうでしょう。何事も損得勘定で判断し、突然交友関係や環境が変わることも。興味の範囲が幅広いぶん、部屋に無駄なものが増え、着ない服や履かない靴などがたまってしまいがちです。表面的なトークが多いので、周囲から軽い人だと思われてしまうところもあります。

2024年はこんな年

多趣味・多才で情報好き、計画も立てられるタイプのあなた。今年は「行動」をもっと意識してみましょう。興味をもったことを調べて知識としては知っているものの、実際に体験や経験はしていないということも多いもの。行動してから考えてもいいくらいなので、周囲を誘ったり、意識してリーダー的な役割にも挑戦してみましょう。健康運は、過労や予定の詰め込みすぎ、お酒の飲みすぎに要注意。

開運アクション
- 情報収集より行動を優先する
- 感謝と恩返しを忘れない
- 夜遊びはできるだけ避ける

金のイルカ座 命数 56

現実的な努力家

もっている星
★ 真面目でやさしい星
★ 自分に自信がない星
★ 小銭が好きな星
★ 片思いが長い星
★ 冷えに弱い星

ラッキーカラー　ホワイト　スカイブルー
ラッキーフード　さんまの塩焼き　レバーの甘辛煮
ラッキースポット　温泉　コンサート

基本性格　几帳面に物事を進められる陰の努力家

現実的に物事を考えられ、真面目で几帳面で地道に物事を進めることが好きな人。負けず嫌いで意地っ張りな面もあり、陰で努力をします。些細なことでもじっくりゆっくりと進めるでしょう。そのため何事も時間がかかってしまいますが、最終的にはあらゆることを体得することになります。本心では出たがりなところもありますが、チャンスの場面で緊張しやすく、引き癖があり、遠慮して生きることの多い断りベタな人でしょう。

2024年はこんな年

未来に向けて地道な努力をはじめる年。多少遠回りでゆっくりでも、自分のゴールや夢に近づく方法を思いついたら実践するようにしましょう。周囲に小馬鹿にされても、「うさぎと亀」の亀のように最後に笑うことができると信じ、自分のペースで頑張ってみて。1日10分でもいいので、目標を達成するための勉強や運動をしてみると、早ければ2年後にはいまの周囲との関係をひっくり返すことができそうです。健康運は、基礎代謝を上げる運動をスタートするといいでしょう。

開運アクション
- 1日10分、勉強と筋トレをする
- 「嫌われてもいい」と覚悟する
- 仕事の予習・復習を行う

金のイルカ座

命数

57 おだてに弱い高校生

もっている星
- ★リーダーになる星
- ★おだてに弱い星
- ★後輩にご馳走する星
- ★恋に空回りする星
- ★よく転ぶ星

ラッキーカラー　ダークブルー　ブラウン
ラッキーフード　冷麺　トマトサラダ
ラッキースポット　商店街　空港

基本性格　物事を前に進める力があるけど、おっちょこちょい

実行力と行動力があるパワフルな人。おだてに極端に弱く、ほめられるとなんでもやってしまうタイプ。やや負けず嫌いで意地っ張りなところがあり、正義感があるので自分が正しいと思うと押し通すことが多いでしょう。行動は雑でおっちょこちょいなので、忘れ物やうっかりミスも多くなりがち。後輩や部下の面倒を見ることが好きで、リーダー的存在になりますが、本音は甘えん坊で人任せにしているほうが好きでしょう。

2024年はこんな年

多少せっかちなところがありますが、パワフルで行動力があるタイプ。今年は、計画をしっかり立てることが重要です。自分にとって最高に幸せなポジションや状況を想像し、そのためには何が必要でどんな人脈が大事なのかを考えてみましょう。周囲に相談してもよさそうです。尊敬できる先輩や上司がいるのであれば一緒にいるといいですが、あなたはリーダーとしての素質があるので、まとめ役になってみても能力を発揮できるでしょう。健康運は、足腰のケガに気をつけて。

開運アクション
- 計画を立ててから行動に移す
- 勝手に諦めない
- 後輩や部下の面倒を見る

金のイルカ座

命数

58 上品な情熱家

もっている星
- ★礼儀正しい星
- ★恥ずかしがり屋の星
- ★見栄で出費する星
- ★相手を調べすぎる星
- ★肌が弱い星

ラッキーカラー　ピンク　ライトブルー
ラッキーフード　チーズ　いちご
ラッキースポット　庭園　コンサート

基本性格　意地っ張りで繊細な心の持ち主

礼儀正しい頑張り屋。挨拶やマナーをしっかり守り、上品な雰囲気をもっていますが、根はかなりの意地っ張り。自我が強く出すぎるのに、繊細な心をもっているので、些細なことを気にしすぎてしまうことがあるでしょう。常識やルールを守りますが、自分にも他人にも同じようなことを求めるので、他人にイライラすることが多いでしょう。清潔感が大事で、つねにきれいにしているような几帳面なところがあります。

2024年はこんな年

品格があり礼儀正しいタイプですが、今年は勇気と度胸を身につけることを意識して過ごしてみるといいでしょう。武道や格闘技など、ふだんなら避けていたことにも恥ずかしがらずにチャレンジしてみて。あえて人前に立つことや、自分の発言に自信をもつことも大切です。何事も慣れが肝心なので、目立つ服や露出の多い服を着て、視線を集めてみるのもいい訓練になりそう。健康運は、スキンケアをしっかりしておきましょう。

開運アクション
- 自分の気持ちを素直に伝える
- 幸せになる勇気と度胸を忘れない
- 素直にほめて認める

金のイルカ座 命数 59

熱しやすく冷めやすい努力家

もっている星

- ★天才的なアイデアを出す星
- ★飽きっぽい星
- ★才能に惚れる星
- ★目の疲れの星
- ★マニアックなものにお金を使う星

ラッキーカラー　ホワイト　ブルー

ラッキーフード　うなぎの蒲焼き　鮭の塩焼き

ラッキースポット　劇場　工芸品店

基本性格　負けず嫌いのクリエイター

根っからの変わり者で自由人。斬新で新しいことを生み出す才能があり、つねに人と違う発想や生き方をする人。負けず嫌いの意地っ張りで、素直ではないところがありますが、芸術系や美術、クリエイティブな才能を活かすことで認められる人でしょう。理論と理屈が好きですが、言い訳が多くなりすぎたり、理由がないと行動しないところも。心は中学1年生で止まったまま大人になることが多いでしょう。

2024年はこんな年

自分の才能や個性を活かしたいと思っているなら、思い切って環境を変える勇気が必要です。都会や海外など、チャンスがありそうな場所がわかっている人は、引っ越してでも飛び込んでみるといいでしょう。お金が足りないなど、すぐに動けない事情がある場合は、9月の実行を目標に上半期は節約を心がけ、しっかり貯金しておきましょう。今年はあなたの人生観を変えるような体験や出会いもあるので、素直に行動に移すことが大切です。健康運は、目の疲れに要注意。

開運アクション

- 興味のあることを見つけているなら行動に移す
- 好かれることを楽しんでみる
- 他人の才能や個性を素直に認める

金のイルカ座 命数 60

理屈が好きな高校生

もっている星

- ★冷静な星
- ★エラそうな口調になる星
- ★アートにハマる星
- ★肩こりの星
- ★尊敬できる人を好きになる星

ラッキーカラー　ホワイト　藍色

ラッキーフード　エビマヨ　しめじの味噌汁

ラッキースポット　書店　美術館

基本性格　芸術の才がある冷静な理論派

理論や理屈が大好きで、冷静に物事を考えられる大人なタイプ。知的好奇心が強く、深く物事を考えていて対応力があり、文化や芸術などにも詳しく、頭のいい人でしょう。人付き合いは上手ですが、本音では人間関係が苦手でめったに心を開かないタイプ。何事にも評論や批評をする癖もあります。意地っ張りで負けず嫌いでプライドが高く、認めない人はなかなか受け入れませんが、何かを極める達人や職人、芸術家の才能があるでしょう。

2024年はこんな年

プライドが高い一方で、ユーモアセンスもある知的なタイプ。つねに冷静な対応ができますが、言葉が冷たく聞こえてしまうことも多いので、今年は柔らかい言い方や、伝わりやすい言葉を選ぶよう心がけましょう。周囲の人の頑張りをねぎらったり、結果が出ていない人の努力を認められるようになると、味方が集まってくるはず。先輩や年上の人の話を聞き、情報をしっかり集めておくとよさそうです。健康運は、食事のバランスを整えるようにしましょう。

開運アクション

- 頑張りを認め、ねぎらう
- 誰に対しても尊敬できる部分を探す
- やさしい表現や伝え方を学ぶ

銀のイルカ座 命数 51

華やかで心は高校生

もっている星

- ★サッパリとした性格の星
- ★負けを認められない星
- ★お金に執着がない星
- ★異性の友達を好きになる星
- ★胃腸が弱い星

ラッキーカラー　ピンク　ブルー

ラッキーフード　かれいの煮付け　アサリの味噌汁

ラッキースポット　スポーツ施設　キャンプ場

基本性格　気持ちが若く、仲間から好かれる

負けず嫌いの頑張り屋で、目立つことや華やかな雰囲気が好き。やや受け身ですが、意地を張りすぎずに柔軟な対応ができ、誰とでもフレンドリーで仲よくなれます。心は高校1年生のまま、気さくで楽な感じでしょう。女性は色気があまりなく、男性の場合は少年の心のまま大人になった印象です。仲間や身近な人を楽しませることが好きなので、自然と人気者に。学生時代の友達や仲間をいつまでも大事にするでしょう。

2024年はこんな年

新たな友人や仲間ができる年。職場やプライベートで、これまでとは違ったタイプの人と仲よくなれるでしょう。親友や長い付き合いになる人に出会えることも。今年は、一歩踏み込んだ関係づくりに努めることが大切です。習い事をしたり、共通の目標がある人を探してみるのもいいでしょう。舞台や芝居を観賞すると刺激になり、表現力も学べそうです。努力している人を認めると、自分もパワーがわいてくるでしょう。健康運は、運動のスタートに最適なタイミングです。

開運アクション

- 新しい趣味をはじめる
- 舞台や芝居を観に行く
- 仕事関係者とプライベートで遊ぶ

銀のイルカ座 命数 52

刺激が好きな高校生

もっている星

- ★合理的な星
- ★刺激的な遊びに飛び込む星
- ★旅行で浪費する星
- ★野心のある人を好きになる星
- ★ヤケ食いで体調を崩す星

ラッキーカラー　ブラック　ダークブルー

ラッキーフード　いか飯　くるみ

ラッキースポット　リゾート地　ライブハウス

基本性格　頭の回転が速く、話題も豊富な人気者

家族の前と、外や人前とではキャラを切り替えることが上手な役者タイプ。目立つことが好きですが、全面的にそれを出すか、または秘めているか、両極端な人でしょう。何事も合理的に物事を進めるため、無駄と地味なことが嫌いで団体行動も苦手。一方で刺激や変化は好きなので、話題が豊富で人気を集めます。頭の回転が速くトークも上手ですが、「人の話の前半しか聞かない星」をもっているため、先走りすぎることも多いでしょう。

2024年はこんな年

興味のある場所にドンドン足を運ぶことで、いい刺激と学びを得られる年。多少出費がかさんでも気にせず、旅行やライブに行くなどして新たな経験を増やすと、素敵な出会いにもつながるでしょう。これまでとは違った目標ができることもありそうです。団体行動を避けていると大切な縁がつながらなくなってしまうため、苦手に感じても、人の輪に入るよう心がけましょう。雑用や面倒なことほど、率先して行うことも大切です。健康運は、ヤケ食いに注意すること。

開運アクション

- 団体行動を楽しんでみる
- 相手の内面を見るよう努力する
- 音楽フェスや食フェスに行く

銀のイルカ座

命数

53 陽気な遊び人

もっている星

★遊びが大好きな星
★文句が多い星
★かわいいものを買いすぎる星
★体の相性を大事にする星
★体が丸くなる星

ラッキーカラー　オレンジ　ライトブルー
ラッキーフード　麻婆豆腐　ロールキャベツ
ラッキースポット　音楽フェス　喫茶店

基本性格　欲望に素直な楽しい人気者

楽しいことやおもしろいことが大好きな陽気な人気者。人付き合いやおしゃべりが上手で、周囲を楽しませることが好きなタイプ。目立つことが好きで、音楽やダンスの才能があります。「空腹になると機嫌が悪くなる星」をもっているので、お腹が空くとイライラや不機嫌が周囲に伝わってしまいます。欲望に素直に行動し、つい余計なことをしゃべりすぎてしまうところがありますが、人間関係のトラブルは少ないほうでしょう。

2024年はこんな年

持ち前のサービス精神と人懐っこさが活かせる年。人気者のように注目が集まり、人とのつながりが増えて、慌ただしくなってくるでしょう。楽しく過ごすのはいいですが、もともと詰めが甘かったり誘惑に流されやすいところがあるので要注意。何かに取り組むときはメリハリをしっかりつけ、「やるときは最後までキッチリやる」ことを忘れないようにしましょう。また楽しむときは、自分も周りも、もっと楽しめるよう意識すること。健康運は、ダンスやヨガがオススメです。

開運アクション

- 締めくくりをしっかりする
- 周囲を楽しませる
- 本を読んで語彙を増やす

銀のイルカ座

命数

54 遊び好きの人情家

もっている星

★感性が豊かな星
★一言多い星
★気がついたら浪費している星
★デブが嫌いな星
★ストレスをためやすい星

ラッキーカラー　オレンジ　イエロー
ラッキーフード　ジンギスカン　大学芋
ラッキースポット　神社仏閣　お祭り

基本性格　根は人情家だけど、トークがうまい毒舌家

頭の回転が速く、何事も直感で決めるタイプ。遊び心がつねにあり、目立つことが大好き。トークが上手で、周囲を楽しませることが得意でしょう。しゃべりすぎて余計な一言が出てしまい、「毒舌家」と言われることもありますが、根は人情家で純粋な心をもっています。困っている人を見ると放っておけず、手助けをすることも多いでしょう。ストレートな意見を言えるので周囲からの相談も多く、自然と人脈が広がっていくでしょう。

2024年はこんな年

何事も人任せにしていると、愚痴や文句が増えて口が悪くなってしまいます。不満があるなら自ら動き、あえて愚痴の言えない状況をつくってみましょう。他人の努力や頑張りを認めると、あなたの才能や能力を認めてくれる人も現れるでしょう。年上の人からのアドバイスをしっかり受け止めることも大切です。直感を信じるのはいいですが、もともと短気を起こしやすい性格なので、早急に判断しないよう気をつけましょう。健康運は、基礎体力づくりが大切です。

開運アクション

- 他人の才能をほめる
- 上品さを意識する
- 周囲の見本となる人を目指す

銀のイルカ座

命数

55 華やかな情報屋

もっている星
★おしゃれで華のある星
★トークが薄っぺらい星
★ものが増える星
★流行に弱い星
★膀胱炎になりやすい星

ラッキーカラー オレンジ ネイビー
ラッキーフード まぐろ丼 レンコンのきんぴら
ラッキースポット 水族館 海水浴

基本性格 情報収集が得意でトークの達者な人気者

人当たりがよく、情報収集が好きで、流行に敏感なタイプ。おしゃれでフットワークが軽く、楽しそうな場所にはドンドン顔を出す人です。華やかで目立つことが好きなので、遊びや趣味の幅もとても広いでしょう。損得勘定で判断することが多いのですが、周囲の人間関係とのバランスを図るのもうまく、ウソやおだても得意。トークも達者で周囲を自然と楽しませる話ができるため、いつの間にか人気者になっているでしょう。

2024年はこんな年

あなたの社交性を活かせる年。フットワークがより軽くなり人脈が広がって、これまでにない新たな縁がつながるでしょう。損得勘定で人を判断すると相手に見抜かれてしまう場合があるので、「どんな人にもいいところがある」と思って接すること。また、気になる人ができたら、受け身にならず自分から遊びに誘ってみましょう。ゴルフをする、ジャズを聴く、BARに入るなどして「大人の時間」を楽しんでみると、いい経験と人脈ができそうです。健康運は、休肝日をつくること。

開運アクション

- 損得勘定で人付き合いしない
- 大人っぽい趣味をはじめる
- フットワークを軽くする

銀のイルカ座

命数

56 真面目な目立ちたがり屋

もっている星
★やさしい星
★チャンスに弱い星
★少しでも安物に目がいく星
★キスが好きな星
★むくみやすい星

ラッキーカラー オレンジ ラベンダー
ラッキーフード 納豆 杏仁豆腐
ラッキースポット 海 書店

基本性格 人に好かれるのに遠慮する癖がある

陽気で明るい性格ですが、とても真面目で受け身です。本音では目立ちたいと思っていますが、遠慮する癖があって自分を押し殺しているタイプでもあります。親切で、誰かのために役立つことで生きたいと思っていますが、根は遊びが大好きで、お酒を飲むとキャラが変わってしまうことも。几帳面で気がきくので、人に好かれ、交友関係も広げられますが、臆病になっているとチャンスを逃す場合もあります。

2024年はこんな年

華やかな「銀のイルカ座」のなかで、もっとも控え目でいつも受け身になりがちですが、今年は楽しそうだと思ったら素直に行動に移すといいでしょう。真面目な性格をコンプレックスに思う必要はありません。楽しみながら地道にコツコツできることに挑戦してみましょう。楽器の演奏や筋トレ、資格の勉強などをするのがオススメです。ケチケチせず、気になることに思い切ってチャレンジしましょう。健康運は、白湯を飲むとよさそう。

開運アクション

- 図々しくなってみる
- 自分磨きと自己投資をケチらない
- 新たなジャンルの音楽を聴く

銀のイルカ座 命数 57 華やかなリーダー

もっている星
- ★仕切りたがりの甘えん坊な星
- ★ドジな星
- ★どんぶり勘定な星
- ★押しに弱い星
- ★転びやすい星

ラッキーカラー　グリーン　ネイビー
ラッキーフード　五目焼きそば　抹茶アイス
ラッキースポット　動物園　球場

基本性格　人から注目されたい甘えん坊

面倒見がよくパワフルで、人から注目されることが大好きな人です。おだてに極端に弱く、ほめられるとなんでもやってしまうタイプ。行動力があり、リーダー気質ですが、本音は甘えん坊で人任せで雑なところがあります。それでもサービス精神があるので、自然と人気を集めるでしょう。注目されたくてドンドン前に出てしまうことも。正義感が強いので、正しいことは「正しい」と強く主張するところがあるでしょう。

2024年はこんな年

行動範囲が広がり、いい人脈ができる運気。ただし他人任せにしたり周囲に甘えすぎると、せっかくの運気を無駄にしてしまいます。誘いを待たず自ら周囲に声をかけ、積極的に行動しましょう。後輩や年下と遊んだり、「面倒見のいい人」を目指すのもよさそうです。いつも通りにしていると雑なところを見抜かれてしまうので、何事も「必要以上にていねいに」を心がけましょう。上下関係を気にしすぎないことも大切です。健康運は、足腰を鍛える運動をしましょう。

開運アクション
- 後輩や部下と遊ぶ
- 何事も勝手に諦めないで粘る
- ていねいな言動を心がける

銀のイルカ座 命数 58 常識を守る遊び人

もっている星
- ★清潔感ある星
- ★打たれ弱い星
- ★品のあるものを欲しがる星
- ★上品な人を好きになる星
- ★肌荒れで悩む星

ラッキーカラー　ピンク　ライトブルー
ラッキーフード　ニラ玉　そらまめ
ラッキースポット　映画館　公園

基本性格　上品で社交性がある負けず嫌いの頑張り屋

上品で華があり、ルールやマナーをしっかり守るタイプです。遊び心や他人を楽しませる気持ちがあり、少し臆病な面はありますが、社交性があり年上やお金持ちから好かれることが多いでしょう。そして下品な人は自然と避けます。やわらかい印象がありますが、根は負けず嫌いの頑張り屋で意地っ張り。自己分析能力が高く、自分の至らないところを把握している人です。しかし、見栄を張りすぎてしまうことも多いでしょう。

2024年はこんな年

視野を広げ、勇気を出して行動するといい運気。順序を守っててていねいに動くのもいいですが、慎重になりすぎたり失敗を避けてばかりいると、肝心の経験や体験をする機会が減ってしまいます。失敗や恥ずかしい思いをしたほうが、強く厚みのある人間になれると思って、勇気を出して行動してみましょう。気になる人がいるなら、自分から話しかけて友人になれるよう頑張ってみて。健康運は、好きな音楽を聴いてリラックスする時間をつくるとよさそう。

開運アクション
- 失敗から学ぶ気持ちをもって行動する
- 人生には努力と勇気が必要だと忘れない
- 他人のいいところを見る

銀のイルカ座

命数

59 屈理屈が好きな遊び人

もっている星

- ★ 独自の美意識がある星
- ★ 言い訳が多い星
- ★ 浪費癖の星
- ★ 不思議な人を好きになる星
- ★ 食事のバランスが悪い星

ラッキーカラー　パープル　ブルー

ラッキーフード　ひじきご飯　ほうれん草のごま和え

ラッキースポット　美術館　音楽フェス

基本性格　斬新なことを生み出す、自由が好きな変わり者

人と違う生き方や発想をする変わり者です。芸術や美術などが好きで、ほかの人とは違った感性をもち、新しいことに敏感で斬新なものを見つけたり生み出したりできるタイプ。屁理屈や理屈が多いのですが、人当たりがよく、ノリやおもしろいことが好きなので自然と周囲に人が集まります。ただ他人には興味が薄いでしょう。熱しやすく冷めやすく、自由と遊びを好み、芸能や海外など、周囲とは違った生き方を自然と選ぶでしょう。

2024年はこんな年

好奇心旺盛な性格を活かして、少しでも気になることは即行動に移し、いろいろ試してみましょう。周囲に「落ち着きがない」「飽きっぽい」などと言われても気にせず、視野や人脈、世界を広げるときだと思うこと。初対面の人にはしっかり挨拶し、礼儀や品を意識して「常識ある態度」をとるようにすると、才能や魅力を引き出してもらえ、チャンスをつかめそうです。発想力があるのはいいですが、自由と非常識を履き違えないように。健康運は、食事が偏らないよう注意して。

開運アクション

- 礼儀と挨拶をしっかりする
- 言い訳できないくらい自分を追い込む
- 他人の才能や個性を認める

銀のイルカ座

命数

60 プライドの高い遊び人

もっている星

- ★ 知的好奇心豊かな星
- ★ 上から目線の言葉を使う星
- ★ 渋いものにお金を使う星
- ★ 尊敬できる人を好きになる星
- ★ 肩こりや目の疲れに悩む星

ラッキーカラー　パープル　ホワイト

ラッキーフード　中華丼　サーモンのカルパッチョ

ラッキースポット　劇場　美術館

基本性格　好きなことは追求するが、他人には興味ナシ

やわらかな印象をもたれる人ですが、根は完璧主義の理屈人間です。好きなことをとことん突き詰める力があり、すぐに「なんで?　なんで?」と言うのが口癖。人間関係をつくることが上手ですが、本音は他人に興味がなく、尊敬できない人には深入りしないでしょう。最初は仲がいい感じにしていても、次第に距離をとってしまうことも。冗談のつもりもありますが、上から目線の言葉が出やすいので、やさしい言葉を選ぶ心がけが必要でしょう。

2024年はこんな年

学ぶべきことを見つけられたり、尊敬できる人に出会える年。興味がわいたら待っていないで、すぐ行動に移しましょう。プライドは捨て、失敗から学ぶ姿勢を大切に。恥ずかしい思いをしても、それを上回る度胸をつけるつもりで挑戦し続けましょう。気になる人がいるなら、考えるより先に行動するくらいがちょうどいいと思って話しかけてみて。笑顔と愛嬌を意識してリアクションをよくすると、いい関係になれそうです。健康運は、歩く距離を増やすといいでしょう。

開運アクション

- 興味のあることを即行動に移す
- 失敗を恥ずかしがらない
- どんな人にも自分より優れている部分があると思う

ゲッターズ飯田（げったーず いいだ）

これまで7万人を超える人を無償で占い続け、20年以上占ってきた実績をもとに「五星三心占い」を編み出し、芸能界最強の占い師としてテレビなど各メディアに数多く登場する。「ゲッターズ飯田の五星三心占い」は、シリーズ累計1000万部を超えている（2023年9月現在）。6年連続100万部を出版し、2021、22年は年間BOOKランキング作家別1位（オリコン調べ）と、2年連続、日本で一番売れている作家。
▶オフィシャルブログ　https://ameblo.jp/koi-kentei/

［チームゲッターズ］

デザイン班	**装丁 星座イラスト**　秋山具義＋山口百合香（デイリーフレッシュ）
	本文デザイン　坂川朱音＋小木曽杏子（朱猫堂）
DTP班	高本和希（天龍社）
イラスト班	INEMOUSE
校正班	株式会社ぷれす、溝川歩、藤本眞智子、会田次子
編集班	伊藤美咲（KWC）、吉田真緒
	大谷奈央＋小坂日菜＋鈴木久子＋白石圭＋富田遙夏＋稲田遼祐（朝日新聞出版）
企画編集班	高橋和記（朝日新聞出版）
後方支援班	海田文＋築田まり絵（朝日新聞出版）
資材調達班	井関英明（朝日新聞出版）
印刷班	小沢隆志（大日本印刷）
販売班	穴井美帆＋梅田敬＋村上“BIG”貴峰＋小林草太（朝日新聞出版）
宣伝班	長谷川拓美＋和田史朋＋神作英香（朝日新聞出版）
web制作班	川﨑淳＋松田有以＋浅野由美＋北川信二＋西村依泰（アム）
企画協力	中込圭介＋川端彩華（Gオフィス）
特別協力	おくまん、ポリプラス、カルメラ、市川康久、生駒毅
超絶感謝	読者のみなさま

※この本は、ゲッターズ飯田氏の20年以上におよぶ経験とデータに基づいて作成しましたが、必ずしも科学的な裏づけがされているものではありません。当然、ラッキーフードばかり食べればいいというわけではありませんし、アレルギーのある方は注意も必要です。健康に関連する記述についても、本書に書かれていなくても不調がある場合はしかるべき処置をとってください。投資などで損害を被っても、弊社は責任を負いかねますので、ご了承ください。また、戦争、暴動、災害、疫病等が起こった場合、必ずしも占い通りに行動することがいいとは言えません。常識の範囲内で行動してください。

ゲッターズ飯《いい》田《だ》の五《ご》星《せい》三《さん》心《しん》占《うらな》い2024　金《きん》のカメレオン座《ざ》

2023年９月４日 第1刷発行
2023年10月20日 第3刷発行

著　者　ゲッターズ飯田
発行者　宇都宮健太朗
発行所　朝日新聞出版
〒104-8011 東京都中央区築地5-3-2
電話　03-5541-8832（編集）
　　　03-5540-7793（販売）
こちらでは、個別の鑑定等には対応できません。あらかじめご了承ください。
印刷製本　大日本印刷株式会社

ISBN 978-4-02-251921-4
定価はカバーに表示してあります。落丁・乱丁の場合は弊社業務部（電話 03-5540-7800）へご連絡ください。
送料弊社負担にてお取り替えいたします。

ここから先はBonus Pageです。

「宝」にできるかは

あなた次第……。

あなたの近未来をのぞいてみよう！

人生は、毎日を大切に生きている人とそうでない人とでは、自然と差が出るもの。運気も同様に、努力を積み重ねてきた人とサボってしまった人とでは、当然差が出てきます。

この特別ページでは、**2024年を頑張った場合**と、**サボったりズルばかりした場合**とでは、1年後、3年後がどうなるか、それぞれの可能性を紹介します。

「運気は決まっているのでは？」。そうではありません。運気はあくまで向かう方向を示しているにすぎず、本人の努力の量や質により、目指す山の頂上まで行けるか、中腹までしか行けないかが変わってきます。

サボってしまった場合については、あえてちょっと厳しく書いていますが、それは、そうならないでほしいからです。感謝のない生き方をしている場合も同じ。お伝えしたいのは、**日々の思いや行動が運命を変えているという事実を忘れないでほしい**、ということ。

この本が示しているのも、ひとつの目安。努力したかサボったかで結果は大きく変わってきます。とはいえ、必死の努力が必要だというわけではなく、「毎年、毎月の開運3か条」を指針にし「運気カレンダーの運気のいい日」に決断や行動を繰り返す、それだけでいい流れに変わっていくのです。間違った努力や積み重ねをしないためにも、少し先の予測を知り、今後の頑張り方の参考にしてみてください。

頑張った人は……

サボっちゃうと……

	新たな環境を受け入れ、一歩でも前進した場合	新しいことや変化を恐れて、不満があっても現状維持を続けた場合
1年後 2025年	やることが増えるとともに視野も広がり、フットワークも軽くなっているはず。年上の友人ができたり仕事関係者との付き合いを楽しめたりと、人間関係の幅も広がっていそうです。忙しさも増しますが、成長のために必要な経験だと受け止めて。恋愛でも、自分のレベルに見合う人との出会いが増え、素敵な恋がはじまっていることでしょう。	不満や不安がたまり、現状を変えたくなる出来事が増えてきそう。ここで勇気を出して行動すれば、まだ人生を変えるチャンスはつかめます。ただ、最適なタイミングからは少しズレているので、流れを逃さないよう言い訳せずに動くこと。恋愛でも勇気が出なくなり、出会いを逃してしまいそう。
さらに 3年後 2027年	この年まで頑張れば、ある程度軌道に乗りはじめ、信頼を獲得しているはず。周囲からのサポートも得られ、忙しくも充実した日々を過ごせているでしょう。生活習慣の改善や基礎体力づくりは必要ですが、健康面での不安も少ないでしょう。恋愛では、この時点で1年くらい交際している人と年末に結婚の話が出たり、親に挨拶するような流れができているでしょう。	悪循環や不摂生を繰り返していると、この年に病気になったり、入院や手術をすることがあるかも。挑戦してこなかったために、実力不足や勉強不足を突っ込まれ、心身ともにつらい状態に。恋愛でも、変化を求めなかったせいで、魅力を活かせなくなってしまいそう。